100년의 헌법

국민생활의
균등한 향상을
위하여

3·1
운동으로
건립된
대한민국
임시 정부의
법통을 계승하고

모든국민은
인간으로서의
존엄과
가치를 가지며

대한민국은
민주공화제로
함

투표가
세상을 바꾼다

100년의
헌법

— 한인섭 —

국가는 불가침의
기본적 인권을
보장할
의무를 진다

모든 권력은
국민으로부터

남녀·귀천 및
빈부의 계급이 없고
일체 평등임

푸른역사

대한민국 임시헌장

大韓民國臨時政府의成立

國務總理 李承晩
內務總長 安昌浩
外務總長 金奎植
法務總長 李始榮
財務總長 崔在亨
軍務總長 李東寧
交通總長 文昌範

大韓民國臨時憲章宣佈文

神人一致로中外協應하야漢城에起義한지三十有日에平和的獨立을三百餘州에光復하고國民의信任으로完全히組織된臨時政府는恒久完全한自主獨立의福利로我子孫黎民에世傳키爲하야臨時議政院의決議로臨時憲章을宣佈하노라

大韓民國元年四月 日

大韓民國臨時憲章

第一條 大韓民國은臨時政府가臨時議政院의決議에依하야此를統治함
第二條 大韓民國은臨時政府가臨時議政院의決議에依하야此를統治함
第三條 大韓民國의人民은男女貴賤及貧富의階級이無하고一切平等임
第四條 大韓民國의人民은信敎·言論·著作·出版·結社·集會·信書·住所·移轉·身體及所有의自由를享有함
第五條 大韓民國의人民으로公民資格이有한者는選擧權及被選擧權이有함
第六條 大韓民國의人民은敎育納稅及兵役의義務가有함
第七條 大韓民國은神의意思에依하야建國한精神을世界에發揮하며進하야人類의文化及平和에貢獻하기爲하야國際聯盟에加入함
第八條 大韓民國은舊皇室을優待함
第九條 生命刑身體刑及公娼制를全廢함
第十條 臨時政府는國土恢復後滿一個年內에國會를召集함

大韓民國元年四月 日

宣誓文

尊敬하고敬愛하는我二千萬同胞國民이여

民國元年三月一日我大韓民族이獨立宣言함으로부터男女老少와모든階級과모든宗派를勿論하고一致코團結하야東洋의獨逸인日本의非人道的暴行下에生命을賭하고赤手로血戰함은世界에類例가稀罕한獨立運動의本領이라 우리民族은驅하야一致로團結하야

政綱

一. 民族平等國家平等及人類平等의大義를宣傳함
一. 外國人의生命財産을保護함
一. 一切政治犯人을特赦함
一. 外國에對한權利義務는民國政府와締結하는條約에一依함
一. 絶對獨立을誓圖함
一. 臨時政府法令을違越하는者는敵으로認함

大韓民國元年四月 日

大韓民國臨時政府

文牒 李東寧 李始榮 趙琬九 金奎植
李承晩 安昌浩 崔在亨 文昌範

대한민국 임시헌장

제1조　대한민국은 민주공화제로 함

제2조　대한민국은 임시정부가 임시의정원의 결의에 의하여 통치함

제3조　대한민국의 인민은 남녀·귀천 및 빈부의 계급이 없고 일체 평등임

제4조　대한민국의 인민은 신교·언론·저작·출판·결사·집회·서신·주소·이전·
신체 및 소유의 자유를 향유함

제5조　대한민국의 인민으로 공민자격이 있는 자는 선거권 및 피선거권이 있음

제6조　대한민국의 인민은 교육·납세 및 병역의 의무가 있음

제7조　대한민국은 신의 의사에 의하여 건국한 정신을 세계에 발휘하며 나아가
인류의 문화 및 화평에 공헌하기 위하야 국제연맹에 가입함

제8조　대한민국은 구황실을 우대함

제9조　생명형·신체형 및 공창제를 전폐함

제10조　임시정부는 국토회복 후 만1개년 내에 국회를 소집함

대한민국 원년 4월　일

책머리에

올해, 2019년은 '대한민국'이라는 국호가 탄생한 지 100년을 맞는 해입니다. 대한민국 이전에 한반도에 있던 나라는 임금이 주인인 왕국, 제국이었습니다. 1919년에 처음으로, 임금이 아닌 국민이 한반도 땅의 주인, 주권자로 선포되었습니다. 한 나라의 역사에서 국민이 주인 되는 나라의 탄생만큼 큰 사건은 달리 없습니다.

1919년 4월 10일, 29명의 독립운동가와 애국지사들이 중국 상하이의 한 다락방에 모여들었습니다. 밤샘 토의 끝에 새로운 국가를 만들기로 하고 10개조에 달하는 〈대한민국 임시헌장〉을 제정했습니다. 그 제1조는 "대한민국은 민주공화국으로 함"입니다. "민주"는 국민이 주인이라는 뜻이고, 민주주의를 국가 지표로 하겠다는 말입니다. 공화국은 군주 없이 통치하는 나라라는 뜻입니다. 그러니 민주공화국은 국민이 주인이 되는, 임금 없는 나라가 됩니다. 국민이 주인 되는 나라임을 거듭 거듭 못 박은 것입니다.

군주국에서 민주국으로의 대전환을 세계사에서는 혁명이라 부릅니다. 혁명 없이 그러한 대전환을 이룩한 나라는 하나도 없습니다. 그럼

1919년 4월 이전에 혁명이라 할 만한 사건이 있었을까요. 물론이지요. 1919년 3월부터 전국적으로, 나아가 한국인이 있는 전 세계로 퍼져나간 대운동을 일러 "3·1운동"이라 합니다. 사실 우리의 독립운동가들은 그 사건을 "3·1혁명"이라 불렀고, 프랑스대혁명에 비견하여 "3·1대혁명"이라 일컫기도 했습니다.

군주국에서 민주국으로 전환하기 위해서는 당시 한반도를 강점하고 있던 일본제국주의를 물리쳐야 했습니다. 1919년 3월 1일에 선포한 〈기미독립선언서〉는 다음과 같이 시작합니다. "우리는 조선의 독립국임과 조선인의 자주민임을 선언하노라." 미 대륙이 대영제국의 지배에서 벗어나기 위해 처음으로 선포한 것이 미국독립선언이듯이, 우리가 일제 지배를 벗어나기 위해 우선 필요했던 것도 "독립선언"입니다. 그래서 3월 1일은 독립선언일입니다. 독립은 일제의 양보에 의존하는 것이 아니라 우리 스스로가 '독립국'임을 '선언'하는 것입니다. 과거도, 현재도, 미래도 독립국이라는 자기선언입니다.

물론 독립은 선언문 하나로 되는 게 아니지요. 확실히 독립하겠다는 국민적 총의를 만천하에 알려야 하고, 침략자를 물리쳐야 합니다. 1919년 3월부터 5월까지의 독립운동은 전국 방방곡곡에서, 남녀노소와 빈부귀천을 가리지 않고 만세운동의 방법으로 전개되었습니다. 만세운동은 목숨을 거는 일이었습니다. 총칼을 들이대는 일제의 위협이 지속되었기 때문이지요. 그럼에도 우리 국민은 유혈 희생을 무릅쓰고 비폭력시위로 민족의 의사를 장쾌하게 표현함으로써 새 나라의 주인 자격을 당당히 얻게 됩니다. 상하이에 모인 애국지사들은 그 모든 사람들을 주인으로 세우는 바로 그런 나라를 만들겠다고 결의했습니다. 그래서 수립된 것이 대한민국이고, 그래서 민주공화국인 것입니다.

'그런 이야기는 100년 전의 한갓 에피소드 아니냐?' 이렇게 반문하는 분들도 있습니다. 그렇지 않습니다. 1919년부터 민주공화국이라는 신국가의 터전을 잡고, 국가 운영 경험을 쌓게 됩니다. 우리 국가의 법적 뼈대를 이루는 것이 헌법입니다. 1945년 일제로부터 나라를 되찾고, 3년의 우여곡절을 거쳐 1948년에 제헌헌법을 만들고 정식으로 정부를 수립합니다. 제헌헌법 전문에는 "3·1운동으로 건립된 대한민국"을 계승하여 "민주독립국가를 재건함에 있어서"라고 쓰여 있습니다. 대한민국의 원동력이 3·1운동이라는 사실, 3·1운동으로 대한민국이 건립되었다는 사실, 그 국가를 운영하기 위해 임시정부가 수립되었다는 사실, 1948년에 바로 그 대한민국을 재건한다는 사실, 그 대한민국은 민주독립국가라는 사실을 확실히 밝히고 있습니다. 1948년의 그 국가는 1919년에 기원하고 있다는 점을 분명히 하고 있는 것이지요.

현행 헌법은 1987년에 개정되었습니다. 6월 민주항쟁으로 일컬어지는, 온 국민이 참여한 반독재항쟁의 승리로 만들어낸 헌법입니다. 현행 헌법 전문에는 "3·1운동으로 건립된 대한민국 임시정부의 법통을 계승하고"라고 쓰여 있습니다. 법통이란 법적 계통, 법적 정통성이라는 뜻으로, 헌법상의 법통은 헌법의 계통이라는 말입니다. 대한민국의 헌법 계통을 거슬러 올라가면 그 출발점에 바로 〈대한민국 임시헌장〉이 있습니다. 임시정부의 헌법 문서들은 〈대한민국 임시헌장〉의 일부를 개정하는 식이었습니다. 해방 직후에는 그런 직접 개정 방식으로 진행되지 않았습니다. 하지만 1948년 제헌헌법의 주요 조문에는 대한민국과 임시정부의 헌법 알갱이들이 녹아들어 있었지요. 1987년에 이르러서는 그 법통 계승을 분명히 한 것이고요.

이런 과정을 거쳐 우리는 올해, 2019년, 100주년을 맞는 민주공화제의 대한민국, 그 100년의 헌법을 뜻깊게 기념할 수 있게 되었습니다. 여기저기에서 의미 깊은 기념식과 행사가 열릴 것입니다. 잊지 말아야 할 것은 진짜 기념이 일본제국을 물리치기 위해 우리들 대한 국민이 합심했던 그 정신을 각자 새기는 것이며, 국민이 주인 되는 나라를 지속하기 위해 주권자의 소임을 다하는 것이라는 점입니다.

《100년의 헌법》은 주권자인 우리 국민 한 분 한 분, 너와 나를 위한 책입니다. 우리가 진정 민주공화국의 주인이라면, 내가 언제부터 주인으로 인정받고 있는지, 주인 자격을 얻기 위해 얼마나 많은 분투와 희생이 있었는지를 느끼고 알아야 합니다. 또 주인으로서의 권리와 의무를 제대로 알아야 합니다. 이 책은 이러한 기본지식을 담고 있습니다.

원래의 사실에 충실하되 주석은 최소한으로 줄였습니다. 대체로 새로 썼지만, 제가 이 주제로 평소에 썼던 글 중에서 꼭 같이 읽었으면 하는 글들도 다듬어 포함시켰습니다. 전문 학술서가 아닌 대중서이기에, 오래전 다른 문서를 인용할 때도 오늘날의 문체로 약간씩 바꿨습니다. 당시의 글쓴이들도 가장 쉽게 읽힐 글로 쓰고자 고심했을 것이라는 생각에서입니다.

여러 분들이 이 책을 읽고 교실에서, 독서회에서, 세미나에서, 인터넷 공간에서 자유롭게 토론했으면 합니다. 개별 글자의 행간에 숨어 있는 참된 의미를 곱씹으면서 '100년의 헌법'이 지닌 맥박과 호흡을 함께하길 바랍니다.

한인섭 씀

II

국민에게 주권은

III
인권이다
헌법은

IV 투표가 세상을 바꾼다

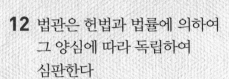

V
소수의견
사법부와

12 법관은 헌법과 법률에 의하여
그 양심에 따라 독립하여
심판한다

13 국민을 위한, 국민에 의한, 국민의 규범

I

헌법 한 세기

민주공화국의 탄생,

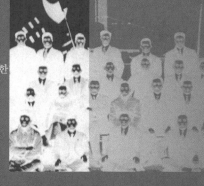

1

유구한 역사와 전통에 빛나는
우리 대한국민은

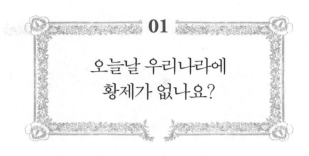

01

오늘날 우리나라에
황제가 없나요?

대한민국 2년, 그러니까 1920년 1월 1일, 중국 상하이에서 대한민국 임시정부의 요인들이 모여 신년 축하회를 열었습니다. 임시정부의 큰 어른인 도산 안창호 선생이 축하연설을 했습니다. 〈우리 국민이 반드시 실행할 6대사〉라는 제목입니다. 여섯 가지 큰일이란 군사, 외교, 교육, 사법, 재정, 통일을 말합니다. 안창호 선생은 먼저 정부 직원과 인민의 관계에 대해 말씀했습니다. 이 말씀만큼 민주공화제 대한민국의 핵심을 잘 짚은 것은 달리 없다고 봅니다. 전체 내용을 다 같이 낭독하면서 그 뜻을 되새겼으면 합니다.

오늘날 우리나라에는 황제가 없나요?

있소.

대한나라에 과거에는 황제가 1인밖에 없었지만 금일에는

2천만 국민이 모두 황제요.

여러분도 다 황제요.

여러분의 자리는 다 옥좌며 머리에 쓰는 건 다 면류관이외다.

황제란 무엇이오.

주권자를 이름이니 과거의 주권자는 유일했으나 지금은 여러분
이 다 주권자외다.

과거에 주권자가 1인이었을 때에는 국가의 흥망은 1인에게 있었
지만

금일은 인민 전체에 있소.

정부 직원은 노복이니 이는 정말 노복이오.

대통령이나 국무총리나 다 여러분의 노복이외다.

그럼으로 군주인 인민은 그 노복을 선하게 대하는 방법을 연구
하여야 하고 노복인 정부 직원은 군주인 인민을 선하게 일하는
방법을 연구하여야 하오.

정부 직원은 인민의 노복이지마는 결코 인민 각개의 노복이 아
니오.

인민 전체의 공복公僕이오.

그럼으로 정부 직원은 인민 전체의 명령은 복종하려니와 개인의
명령을 따라 마당을 쓰는 노복은 아닐 것이오.

그러니까 정부의 직원으로서 개인적인 친구나 개인 노비를 삼으
려 하지 마시오.

그러지 말고 공복을 삼으시오.

나는 여러 사람이 국무원을 방문하고 사정私情을 논하며 개인 일

대한민국 임시정부 신년 축하회

1920년 1월 1일, 중국 상하이에서 열린 대한민국 임시정부 신년 축하회에서 도산 안창
호 선생은 〈우리 국민이 반드시 실행할 6대사〉라는 제목의 축하연설을 했습니다. 서론
격으로 정부 직원과 인민의 관계에 대해 말씀하셨는데, 민주공화제 대한민국의 핵심을
꿰뚫고 있습니다. 아래는 1920년 1월 1일 대한민국 임시정부 신년 축하회를 맞아 찍은
기념사진입니다.

* 출처: 대한민국임시정부기념사업회·대한민국임시정부기념관 건립추진위원회 엮음, 《사진으로
보는 대한민국 임시정부 1919~1945》, 한울엠플러스, 2017, 66~67쪽.

을 부탁하는 것을 보았소.

이는 크게 불가한 일이니 공사를 맡은 자와는 결코 한담을 마시오.

이것이 평소 있는 일인 듯하지만 기실 큰일이오.

금일은 정부 직원은 아들이라도 아들로 알지 말고 개인적인

친구라도 친구로 알지 마시오.

친구를 위하여 공사를 소홀히 함은 죄요.

황제인 여러분은 신복인 직원을 부리는 법을 알아야 하오.

노복은 명령과 꾸짖음으로만 부리지 못하니 얼르고

추어주어야 하오.

칭찬받고 좋아하는 것은 못난이의 일이지만 잘난 이도 칭찬하면

좋아하는 법이오(웃음). 그러니까 여러분도 당국자를 공격만

말고 칭찬도 하여 주시오.

또 하나 황제 되는 여러분의 주의할 것은 여러분이 나눠지면

개인이 되어 삶의 권리를 상실하고 합치면 국민이 되어 주권을

향유하는 것입니다.

그러므로 여러분은 합치면 명령을 발하는 자가 되고 나눠지면

명령에 복종하는 자가 되는 것이오.

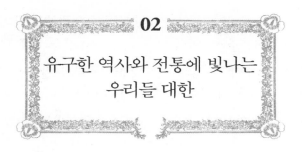

02
유구한 역사와 전통에 빛나는
우리들 대한

우리 헌법의 제일 앞부분에는 전문前文(preamble)이 있습니다.

헌법을 제외한 실정법은 바로 제1조로 들어가지 전문을 따로 두지 않습니다. 오직 헌법에서만 전문을 둡니다. 왜 그럴까요.

헌법은 모든 실정법률의 으뜸이고 원천입니다. 법률과 명령 등 모든 실정법률은 헌법에 의해 근거를 부여받습니다. 그래서 헌법을 누가, 왜, 어떤 목적에서 만들었는가를 정확히 할 필요가 있습니다.

우리 헌법만 그런 것이 아니고, 여러 나라에서 그렇게 하고 있습니다. 대표적인 예가 미국 헌법입니다. 1787년 아메리카에서 영국으로부터 독립을 선언한 여러 주들이 강한 결속력을 가진 하나의 국가를 만들기로 하고 헌법을 제정합니다. 그 헌법 제일 앞부분에 이렇게 썼습니다.

우리들, 단일화된 주들(합중국)의 사람들은 …… 미합중국 헌법을 제정한다.

We, the People of the United States …… establish this Constitution for the United States of America.

그 뒤 프랑스 대혁명 직후인 1789년 〈프랑스 인권선언〉(정확히는 〈인간과 시민의 권리선언〉)이 발표됩니다. 이 〈인권선언〉은 이후 만들어지는 헌법(1791)과 함께 프랑스 헌법의 일부를 구성합니다. 〈프랑스 인권선언〉이 프랑스 헌법의 전문 역할을 하게 된 셈이지요. 이후 많은 나라들은 헌법을 만들면서 전문을 두는 헌법적 전통을 갖게 되었습니다.

헌법 전문의 첫 핵심은 '누가 이 헌법을 만들었는가'입니다. 헌법 제정 권력자를 밝히는 것이지요.

우리의 경우는 "유구한 역사와 전통에 빛나는 우리들 대한 국민"이 바로 헌법 제정 권력자입니다. 대한이라는 땅(한반도)에서 살아온, 오랜 역사와 전통을 공유한 사람들이 우리들 대한 국민이고, 이 대한 국민이 바로 헌법을 제정하는 주체라는 것입니다.

우리 헌법 전문은 누가 썼을까요?

1948년 대한민국 제헌헌법 전문의 초안자는 유진오 선생입니다. 당시 만들어진 다른 헌법 초안에는 전문이 따로 없고, 문장상으로도 유진오가 초안을 만든 것이 분명합니다. 유진오의 초안 자료를 보면 문구가 어떻게 다듬어져갔는지 그 과정을 짐작할 수 있습니다.

초안은 "반만년의 광휘 있는 문화적 전통"으로 시작합니다. 이를 "장구한 역사와 전통"이라 고쳤다가, 다시 "장구"를 "유구"로 수정했습니다. 그리하여 최종적으로 "유구한 역사와 전통"으로 정리되었습니다.

초안에서 주어는 "우리들 조선 인민은"이었습니다. 당시 유진오가 나라 이름을 "조선"으로 생각했음을 보여줍니다. 사실 우리나라 이름

제헌헌법 전문 초안

1948년 유진오 선생은 대한민국 제헌헌법 전문 초안을 작성했습니다. 자필로 작성된 이 초안을 보면 문구가 어떻게 구상되고 고쳐졌는지를 뚜렷이 확인할 수 있습니다.

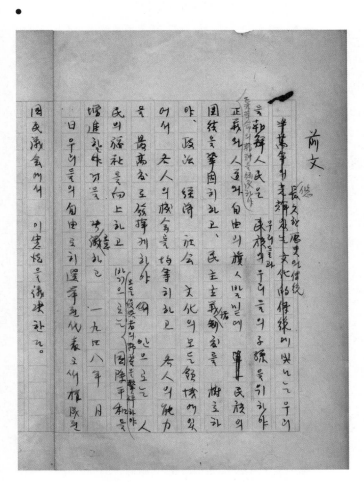

* 소장처: 고려대학교 박물관.

은 "조선", "고려", "대한" 세 가지 중에서 선택하게 될 겁니다. 그중에서 "조선"이 아니라 "대한민국"이 국호가 되고, "인민"이라는 글자를 "국민"으로 바꾸면서 "우리들 대한 국민은"으로 확정됩니다.

초안에서 3·1 관련 부분은 연필로 "기미혁명의 정신을 계승하여"라고 적혀 있었습니다. 이것이 국회 입법심의 과정에서 "3·1혁명의 정신"으로 바뀌었다가 최종적으로는 "3·1운동으로 건립된 대한민국"으로 정리됩니다. 대한민국이 "3·1혁명의 정신"을 계승하여 건립된 것이 아니라 "3·1운동" 자체로 건립되었다고 수정된 겁니다. 3·1이 원인이고, 대한민국 건립은 그 산물이라는 것이지요. 선후관계와 인과관계가 한층 분명해진 셈입니다.

이처럼 자필 초안을 곰곰이 살펴보면 전문과 본문의 각 문구가 어떻게 구상되고 고쳐졌는가를 생생히 확인할 수 있습니다.

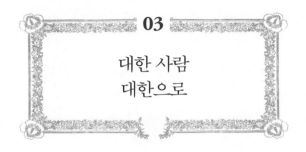

03

대한 사람
대한으로

헌법 전문을 소리 내서 읽어보라면 열에 아홉은 이렇게 읽습니다.

"유구한 역사와 전통에 빛나는 우리 대한민국은……."

그러다가 멈칫합니다.

습관적으로 "'대한' 다음에 당연히 "민국"이겠지' 하다가 '엇, 뭔가 다르네. "대한국민"이네' 이러면서 '과연 "대한국민"이라 한 이유가 뭘까' 잠시 곰곰이 생각하지요.

우리 헌법을 제정한 주체는 누구일까요?

헌법 전문에는 주어가 분명합니다.

"우리들 대한국민은 …… 제정한다"(1948),

"우리 대한국민은 …… 제정하고 …… 개정한다"(1987)고 되어 있기 때문에, 주어는 "우리 대한국민"입니다.

영어로 하면 'We, the People of Korea'가 됩니다.

〈애국가〉의 마지막 구절을 떠올려 봅시다.

대한 사람 대한으로 길이 보전하세.

여기서 "대한 사람"은 '대한이라는 땅에 사는 우리 민족 사람들'이라는 뜻이겠지요.

"대한으로"는 '그 사람들이 대한이라는 하나의 나라를 이루어서, 길이 이어가자'는 뜻으로 새겨집니다.

위의 헌법 전문에서 "국민"을 "사람"으로 다시 읽으면 오해 가능성이 싹 사라집니다.

"유구한 역사와 전통에 빛나는 우리 대한 사람들은"

이렇게 읽으면 애국가와 헌법의 글자가 정확히 일치하고, 의미도 분명해지겠네요. 그렇게 고칠 수는 없지만, 그렇게 이해하면 되겠습니다.

그럼 헌법 전문에서 주어와 술어를 요약해볼까요.

- 대한 땅에서 우리들이라 지칭할 수 있는 결속력 있는 사람들, 즉 대한 사람들이
- 이러저러한 목적에서 헌법을 제정(개정)한다.
- 그 나라의 이름은 대한민국으로 하고(제1조 1항)
- 대한민국의 주인은 국민이다(제1조 2항).
- 대한민국의 국민은 말하지 않아도 공감되지만, 실정법의 적용을 받는 그 국민의 요건은 법률로써 구체적으로 정한다(제2조 1항).
- 대한이라 할 땅의 범위는 한반도와 그에 딸린 섬들로 한다(제3조).

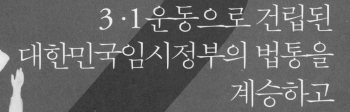

3·1운동으로 건립된
대한민국임시정부의 법통을
계승하고

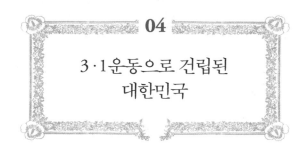

04
3·1운동으로 건립된 대한민국

우리 헌법 전문의 첫머리에는 "3·1운동으로 건립된 대한민국"이라는 문구가 나옵니다. 대한민국의 유래이자 성립 근거를 담은 표현입니다. 대한민국 탄생을 위한 원동력을 제공한 사건은 바로 3·1운동입니다. 1948년부터 1987년까지 헌법이 9차례 개정되고 그에 따라 헌법 전문도 바뀌지만, "3·1운동"이라는 말은 빠진 적이 없습니다. 그만큼 3·1운동은 중요합니다. 하지만 3·1운동이란 무엇인가, 왜 그토록 중요한가에 대해 진지하게 생각해본 적은 그리 많지 않을 겁니다. 과연 "3·1운동"이라는 단어를 빼고도 대한민국 헌법과 대한민국이 가능할까요.

3·1운동에 대한 상식—한국독립선언일

먼저 3·1운동이란 무엇인가를 한번 정리해볼 필요가 있겠습니다. 1919년 3월 1일에 일제 식민지 하의 '대한인', '조선인'들은 전국 각처에서 '독립을 선언'했습니다. 수만 장이 인쇄·배포되었던 〈선언서〉에서는 "우리들은 이에 우리 조선의 독립국임과 조선인의 자주민임을 선언하노라"고 했습니다. 3·1절은 '한국독립선언일'입니다. 세계 여러 나라에서 독립선언일은 가장 성대하게 기념합니다. 한 나라의 근대 역사에서 그만큼 중요한 사건이 달리 없기 때문입니다.

우리 역사에서 가장 거족적인 참여

독립선언의 방법은 무장투쟁이 아니라 비폭력의 만세운동이었습니다. 함께한 사람은 당시 대한사람 전체의 10분의 1인 2백만 명을 넘었으니 우리 역사에서 가장 거족적인 운동이었던 셈이지요. 전국각처, 남녀노소, 각계각층이 평등하게 두루 참여했고, 한국인이 있는 세계 모든 곳에서 독립선언과 만세운동이 일어났습니다. 시작된 때를 3월로 보더라도 3개월에 걸쳐 계속되었고, 그 절정기는 3월 하순부터 4월 중순이었습니다.

초기 조직화의 주역은 종교계와 학생들이었습니다. 종교계는 천도교, 기독교, 불교 대표가 참여한 33인 대표로 상징되고, 유교 측은 뒤늦게 독자적으로 〈파리장서〉를 보내는 방법으로 참여합니다. 희생자는 일제의 경우 7,500여 명이 사망한 것으로 추산했습니다. 부상자는 약 1만 5천 명이라 했는데, 부상자는 드러내기를 꺼렸으니 실제로는 훨씬 많았을 겁니다. 게다가 옥살이한 사람들은 5만 명을 넘습니다. 태형을 당한 이는 부지기수였고요.

이 거족적 독립운동은 달리 말하면 5천년 한국 역사에 가장 많은 사람들이 참여한 운동입니다. 종교적으로는 동학(천도교, 불교)과 서학(기독교)이 교리를 떠나 연합전선을 형성한 초유의 사건이었지요. 종교 간 화합, 종교의 민족운동에의 참여 등에서 비견할 것이 달리 없는 운동

3·1운동 참여자와 피해상황

대한민국 헌법은 1948년부터 1987년까지 9차례 개정되었고, 그에 따라 헌법 전문도
바뀌었습니다. 하지만 "3·1운동"은 빠진 적이 없습니다. 3·1운동은 전국각처, 남녀노
소, 각계각층이 두루 참여한 비폭력 만세운동으로서 "3·1운동"을 뺀다면 대한민국과
대한민국 헌법은 성립 불가능합니다. 일제는 비폭력 만세운동이었음에도 3·1운동을
무자비하게 탄압했습니다. 사망자는 7,509명, 부상자는 1만 5,961명, 옥살이한 사람은
4만 5,948명에 달할 정도였지요.

3·1운동
참여자와
피해상황

	집회 횟수 (총1,542회)	사망	부상	옥살이	불탄 교회	불탄 학교	불탄 민가
경기도	297	1,472	3,124	4,680	15		
황해도	115	238	414	4,128	1		
평안도	315	2,042	3,665	1만 1,610	26		
함경도	101	135	667	6,215	2	2	684
강원도	57	144	645	1,360			
충청도	156	590	1,116	5,223			15
전라도	222	384	767	2,900			
경상도	223	2,470	5,295	1만85			
용정/봉천/ 기타 만주	51	34	157	5	3		16

* 출처: 한인섭, 〈3·1운동이야말로 대한민국을 태동시킨 혁명〉, 《한국일보》 2019년 1월 2일.

이었습니다. 지역적으로는 국내의 모든 지역이 다 참여했고, 해외에서도 한국인이 있는 곳곳에 만세운동의 물결이 파급되었습니다.

3·1운동, 그것이 알고 싶다

이렇게 3·1운동을 정리해도 마음속에 여러 가지 질문이 남습니다. 하나씩 풀어봅시다.

첫째, 왜 비폭력이어야 했는가?

3·1운동의 비폭력과 관련해서 의문을 제기하는 이들이 있습니다. 일제가 순순히 물러날 리 없으니 폭력혁명으로 일제를 타도했어야 하지 않냐, 미국은 독립선언과 동시에 독립전쟁에 돌입하지 않았냐, 그런 면에서 좀 겁먹고 한 운동 아니냐, 뭐 이런 것들입니다.

사실 우리의 독립항쟁에서 무장투쟁의 비중은 아주 큽니다. 동학혁명과 의병항쟁이 있고, 안중근 의사와 같은 의열투쟁도 있고, 청산리 대첩도 있고, 독립군의 양성과 교전도 있습니다. 그런데 일제는 한국을 점령하면서, 한국인의 손에 있는 총포와 화약류를 다 빼앗았습니다. 역사학자 박은식 선생이 "민중의 손엔 촌철寸鐵도 없었다"고 한 이유입니다.

그럼 맨손이기에 가만히 있을 수밖에 없는가. 그때 떠올린 것이 만세운동입니다. 가장 평화적으로 우리가 일제의 일부가 아니라 독립국임을 대내외에 알리자는 것입니다. 일제는 그런 맨손 민중의 시위를 무자비한 총칼로 탄압했습니다. 비폭력은 시위하는 사람들의 양심과 결연함을 드러내는 동시에, 이를 탄압하는 권력의 부도덕성과 잔인성을 대비시키는 효과를 갖습니다. 3·1운동은 비폭력 만세운동을 벌이는 한국인과 탄압하는 일제권력의 무도함을 전 세계에 전파함으로써, 한국인은 물론 전 세계인의 양심에 공분을 불러일으켰습니다. 이렇게 비폭력은 약한 것 같아도 생각보다 힘이 셉니다. 맨손 비폭력의 대중에게 발포하는 권력은 이미 도덕적 정당성을 가질 수 없는 폭력집단입니다. 총칼은 사람을 짓밟을 수는 있어도, 필부의 마음을 사로잡을 수는 없습니다.

비폭력·무저항투쟁은 20세기 사회변혁을 위한 방법으로 전 세계에 널리 퍼졌습니다. 3·1운동은 절대적 폭력에 맞서는 비폭력·무저항운동의 효시였습니다. 비폭력운동은 중국에서는 5·4운동으로, 인도에서는 마하트마 간디의 사티아그라하운동으로, 미국에서는 마틴 루터 킹 목사의 민권운동으로 퍼져갑니다. 장기적으로 봤을 때 비폭력운동이 사회를 변동시키는 데 폭력 못지않게 효과적임을 3·1운동이 실증한 것입니다.

둘째, 3·1운동 대표자들은 얼마나 잘 했는가?

3·1운동은 누가 주도했나요. 흔히 33인 대표를 말하지만, 운동에 참여한 전체 한국인이 함께했다고 하는 게 정확합니다. 물론 초기에 희생을 각오하고 서명한 33인 민족대표들은 〈조선민족대표〉로서의 자격을 갖추고 있지요. 그런데 그 33인은 대중 앞에 나와 시위하고 전국각처의 운동을 이끌지 않았습니다. 그저 음식점에서 약식 선언을 하고, 종로경찰서에 전화까지 해서 순순히 끌려갔을 뿐입니다. 갑자기 궁금해집니다. 과연 그들이 겁먹어서 혹은 투항주의적이어서 그랬을까요.

답을 찾기 전에 명심해야 할 것이 있습니다. 당시 종로서로 끌려간다는 것은 혹독한 고문과 옥살이로 생사가 위태로운 지경에 이른다는 것을 의미했다는 점 말이지요. 3·1운동 주모자 중에서 재판도 받기 전에 감옥에서 옥사한 인사도 있고, 재판 후 얼마 지나지 않아 돌아가신 분들도 있습니다. 2·8독립선언의 주역들도 마찬가지였고요. 그들은 진심으로 자신의 생명과 신체의 위태로움을 무릅쓰고 잡혀가는 길을 택했다고 봅니다. 자신들이 체포되어 옥살이하고 있다는 사실이 감옥 밖의 조선 민중, 신앙인들의 운동을 추동하는 심리적 압력으로 작용할 것이라는 고려도 있었을 겁니다. 실제로 주모자들이 잡혀갔던 지역에서 교인들의 저항은 더욱 격렬했습니다. 확실히 초기에 운동의 열기를 고조하는 데 기여했다고 봅니다.

당시 지도자들 중에서 일제 말 변절하거나 전향한 분들이 있습니다. 그건 그것대로 비판받아야 합니다. 그러나 한 사람의 생각과 행적은 큰 역사의 흐름 속의 일부입니다. 3·1운동 때 그들은 순연한 희생을 각오한 애국지사였습니다. 그들 중 일부가 일제 말 바람직하지 못한 길을 걸었다고, 그러한 행위에 대한 평가를 소급시켜서 3·1운동에 참여한 그 대의, 그 자세까지 깎아내려서는 안 됩니다. 1919년 2월 8일 적의 심장부인 일본 도쿄에서 유학생들이 선포한 〈2·8독립선언서〉를 기초한 이는 이광수였고, 〈3·1기미독립선언문〉을 기초한 이는 최남선이었습니다. 이들은 일제 말기에 친일행적의 오명을 남겼습니다. 그러나 그들도 3·1운동 당시에는 체포되면 혹독한 문초를 각오해야 했음에도 온몸으로 독립과 해방을 열망했고 전면에 나섰습니다.

셋째, 3·1운동으로 독립을 못 얻었으니 실패한 운동 아니냐?

그까짓 독립만세 불러봐야 일제가 독립시켜줄 리가 만무하니, 앞으로 그런 힘 없는 방법으론 안 되겠구나 하는 씁쓸한 교훈만 남긴 것 아니냐는 의문입니다. 그런데 3·1운동의 지도자들 중에서 만세 몇 번 부른다고 독립된다고 생각한 사람이 어디 있겠습니까.

1918년 시점으로 돌아가 봅시다. 그때 일제는 자신들은 1차 세계대전의 승전국 대열에 서고 한국 땅에서의 독립 움직임은 완전히 제거되어, 식민지체제가 말 그대로 굳건해졌다고 확신했을 겁니다. 하지만 한국인은 1919년 엄청나고 끈질긴 항쟁을 통해, 한국이 절대로 일제의 일부일 수 없고 자주국이고자 하는 사실을 전 세계에 확고히 인식시켰습니다. 1943년 〈카이로선언〉에 "조선인의 노예상태에 유의하여, 적절한 절차를 밟아 독립시킨다"는 구절이 포함된 것도, 3·1운동을 위시한 일련의 독립운동에 대한 국제적 공인 성격이 짙다고 판단됩니다.

3·1운동으로 달라진 것들

'국민이 주인 되는 민국, 대한민국' 탄생

3·1운동은 이런 정치적 영향도 중요하지만, 진짜 중요한 성과가 있습니다. 우리가 독립하면 과연 어떤 나라를 만들어갈까에 대한 구상을 제도화했다는 점입니다. 1919년 움직임의 주역은 전체 한국 민중이었습니다. 일부가 아닙니다. 독립된 한반도에 새롭게 세워질 나라는, 독립항쟁에 참여했던 이들이 주인인 나라가 될 것이라 보았습니다. 이는 각계각층, 남녀노소, 신분귀천을 막론한 전체 인민(국민)입니다.

3·1의 피흘림에 남성과 여성이 두루 포함되었기에, 새 나라는 여성과 남성이 동등하게 만들어가는 나라였습니다. 귀천을 가리지 않고 독립선언에 나섰기에, 새 나라는 신분과 계급이 없는 나라였습니다.

이른바 왕족과 귀족은 불참했기에, 새 나라는 왕정의 흔적을 남길 필요조차 없었습니다. 이는 자연스럽게 국민이 주인이 되는 나라라는 구상으로 이어졌습니다. 독립항쟁에 참여했던 일군의 지도자들은 새 나라의 주인을 전체 한국 인민으로 하고, 이들이 주인이 되는 나라는 '왕국'이나 '제국'이 아닌 '민국'으로 만들기로 결의합니다. 이리하여 우리 역사상 처음으로 국민이 주인 되는 나라, 즉 대한민국이 탄생합니다. 3·1운동의 최대 성과는 바로 '국민이 주인 되는 민국, 대한민국'의 탄생입니다.

3·1의 정확한 명명은 뭘까요

"3·1운동"이라고 해왔지만, 근래엔 "3·1혁명"이라 부르기도 합니다. 우리의 독립운동가들은 "3·1혁명"이라고 종종 불렀습니다. 3·1은 과연 혁명이라 불릴 만한 사건일까요? 여러 나라에서 우리가 혁명이라 부르는 대사건이 벌어졌습니다. 영국혁명, 미국혁명, 프랑스대혁명, 러시아혁명, 신해혁명, 터키혁명, 멕시코혁명 등. 이들의 공통점은 왕정을 폐하고, 인민(국민)의 나라를 만들었다는 겁니다. 인류사에서 가장 큰 정치·사회적 변혁은 왕정체제로부터 공화정체제로의 전환이었습니다. 왕이 순순히 물러나지 않는 만큼 이 과정은 반드시 엄청난 유혈항쟁을 수반합니다. 그런 피흘림을 이겨내고 왕권을 물리쳐서 국민의 나라로 만들어가는 대사건을 역사에서는 바로 혁명이라 부릅니다.

과연 우리에게 그런 혁명이 있었나요. 우리에게 민주주의는 미국(미군정)의 선물이 아니었던가 하는 지적들도 없지 않습니다. 이럴 땐 잠시 궁하지요. 하지만 우리 역사에도 왕정을 폐하고 공화정으로 직진하려 했던 노력이 있었습니다. 바로 3·1운동입니다. 1919년 대한민국을 선포한 첫 공식 헌법 문서인 〈대한민국 임시헌장〉 제1조에는 "대한민국은 민주공화제로 함"이라고 명시하고 있습니다.

"이민족 전제"를 타파하고, "5천년 군주정치"를 타파해낸 3·1혁명!

독립운동가들은 3·1을 "대혁명"으로 파악했습니다. 인민의 피흘림을 통해 "이민족 전제를 타파"하고 5천년 군주정치의 낡은 껍질[구각舊殼]을 벗어버렸다는 의미에서 "3·1혁명"이라 불렀습니다. 그런 혁명의 성과 때문에 1919년 이후에는 군주체제로의 복귀를 내세운 복벽운동도 사그라져갔고, 1945년 광복 후 군주제는 물론 입헌군주제 주장조차 전혀 나오지 않습니다.

여성의 선거권도 마찬가지입니다. 3·1운동 하면 가장 많이 떠올리는 인물이 유관순 열사입니다. 남성과 동등하게 참여하고 피흘린 수많은 '유관순'들 덕분에, 대한민국은 처음부터 남녀동등선거권을 헌법화했고, 이는 이후 한 번도 논란이 되지 않은 헌법적 성취로 남았습니다. 대한민국은 실로 3·1혁명의 희생 속에서 태어난 것이고, 그 희생과 감옥의 고통에는 남녀, 빈부, 귀천, 노소의 차별이 없었던 것입니다.

3·1운동은 우리 민족의 기풍을 바꿨습니다

독립을 선언한 자주민은 당당합니다. 3·1운동 이후 일본인을 대하는 조선 사람들의 태도는 크게 바뀌었습니다. 일본 사람 앞에선 주눅이 들고 슬슬 피하던 조선 사람들이 만세운동을 겪고 나서는 기세등등해져서 피하지도 않고 길에서 부딪쳐도 당당히 맞서는 등 분위기가 많이 달라졌습니다. 한국인들은 3·1운동 이후 이렇게 당당하게 섰습니다. 3·1의 체험은 특히 운동의 주력이었던 청(소)년들에게 큰 영향을 미쳤습니다. 1920년대에 거세게 일어났던 청년·학생·노동·농민·여성운동의 주체는 바로 3·1운동 세대였습니다.

1920년대 이후에는, 1910년대엔 상상도 못할, 역동적 에너지가 넘쳐납니다. 사회운동도 기운찼고, 언론활동도 활발했습니다. 엄청난 인원이 해외로 독립운동하러 뛰쳐나가고, 의열활동의 의사들이 무수히 등장합니다. 심지어 일제 사관학교를 나온 장교들이 탈출하여 광복군의 주역이 되기도 했지요. 봉오동전투와 청산리대첩은 일본 정규군과 직접 전투하여 얻은 귀중한 승리입니다. 그런 분출되는 에너지는, 3·1운동으로 얻은 자주민으로서 자존심의 표현이고, 스스로 주권자라는 자부심의 표출입니다.

3·1운동은 전국과 세계 곳곳에서 기념될 수 있습니다

3·1운동은 전국 방방곡곡에서 일어났기에, 전국의 모든 지역은 자기 지역의 3·1운동을 기념할 수 있습니다. 수원(현 지명은 화성) 하면 제암리 학살사건이 떠오르고, 경기도 안성 하면 전국에서 가장 격렬한 투쟁의 역사를 자랑할 수 있습니다. 평안도 평양 하면 서울보다 더 격렬한 3·1운동 중심지였다고 내세울 만합니다. 충청도 천안 하면 아우내장터와 유관순 열사가 떠오릅니다. 경상도 창녕 하면 영남 최초의 운동을 기념하고 있고, 경남 진주, 밀양, 군북, 하동, 남해도 다른 곳에 뒤지지 않습니다. 함경도의 오지 중 오지인 삼수갑산에서도 3·1운동의 봉화가 타오릅니다. 한국인이 살았던 세계 각처에서도 마찬가지입니다. 따라서 3·1운동 100주년의 해에는, 자기 지역의 거사일에 맞춰 일제히 만세를 부르면서 3·1운동 확산의 역사를 기념하는 것도 좋은 방법일 것입니다.

박은식과 《한국독립운동지혈사》

3·1운동을 제대로 아는 데 가장 도움이 되는 책은 박은식 선생의 《한국독립운동지혈사》입니다. 《한국독립운동지혈사》는 1884년 갑신정변부터 1920년까지 한민족의 항일독립운동사를 상편(25장)·하편(31장)·부록(세계여론) 등 3편으로 나누어 다룬 책입니다. 특히 하편은 3·1운동의 발발과 전개 과정, 일제의 탄압 등을 구체적으로 그린 보고서입니다.

* 출처: 대한민국임시정부기념사업회·대한민국임시정부기념관 건립추진위원회 엮음, 《사진으로 보는 대한민국 임시정부 1919~1945》, 한올엠플러스, 2017, 58·104쪽.

3·1운동을 제대로 알려면?

가장 좋은 책은 박은식 선생의 《한국독립운동지혈사》입니다. 해외에서 3·1운동의 현장 상황을 전달받아 1920년 중국에서 간행한 생생한 보고서입니다. 1915년 박은식 선생은 '왜 우리가 망했는가'라는 문제의식을 담은 《한국통사痛史》를 썼는데, 이 《혈사》를 통해 아픔을 극복하는 새 역사를 써낼 수 있었습니다. 그는 말합니다.

통사는 눈물이요, 독립운동사는 피다. 전날의 눈물은 변하여, 2년간에 혁명의 피가 되고, 이날의 피는 온 세계의 눈물어린 동정을 널리 얻을 것이다.

3·1과 대한민국의 관계는?

1948년 제헌헌법의 전문으로 다시 돌아가봅시다.

전문은 "유구한 역사와 전통에 빛나는 우리들 대한국민은 기미 삼일운동으로 대한민국을 건립하여 세계에 선포한 위대한 독립정신을 계승하여 이제 민주독립국가를 재건함에 있어서……"로 시작합니다.

이 문장에는 제헌헌법이 제정된 당시의 역사인식이 고스란히 녹아있습니다. 대한민국은 기미 삼일운동으로 건립되었다는 생각, 대한민국은 1948년 창립된 게 아니라 1919년의 3·1로 건립된 그 대한민국을 계승하여 민주독립국가를 재건했다는 인식입니다. 여기서 대한민국 건국의 원동력으로 인식되고 있는 사건은 (기미) 3·1운동이었습니다. 그런데 갑자기 궁금해집니다. 3·1운동이 위대한 독립운동인 것은 잘 알겠는데, 그것과 대한민국 건국은 어떻게 직접 연결될까요. 역대 헌법 전문에 "3·1운동"이 들어 있는데, "3·1운동을 비롯한 독립운동의 정신을 계승하고"라고 바꾸는 게 더 타당하지 않나요. 이제 이런 의문을 풀어볼까요.

신라, 고려, 조선왕조, 그리고 이를 승계한 '대한제국'은 전제군주제 국가였습니다. 대한제국의 헌법에 해당하는 것이 〈대한국국제〉(1899)입니다. 대한국은 대황제가 혼자 지배하는 나라입니다. 전제정치를 자랑스럽게 내세웁니다. 황제의 권력은 무한합니다.

제1조 대한국은 세계 만국에 공인되어온 바 자주 독립하온 제국이니라.
제2조 대한제국의 정치는 이전부터 오백년간 전래하시고 이후부터는 항만세恒萬歲 불변하오실 전제 정치이니라.
제3조 대한국 대황제께옵서는 무한하온 군권을 향유하옵시느니 공법公法에 이르는 바 자립 정체이니라.

〈대한국국제〉에서 사람들은 그냥 "대황제"의 "신민"일 뿐입니다. 신민에게는 보장된 권리가 없습니다. 이러한 전제황제권 상태에서 대한국은 1910년 일본에 강점당하여 식민지로 전락했고, 대한제국의 백성들은 '대일본제국'의 신민인 조선인으로 전락하고 말았습니다. 식민지 조선은 "만세일계의 일본천황"이 통치하는 체제 하에 편입되었고, 조선 땅에서는 "한국"이라는 말을 아예 쓰지 못하게 되었습니다. 1910년 대의 한반도에서는 모두들 총독체제와 헌병정치의 강권 하에서 질식 상태로 살아야 했습니다.

1919년 3월 1일부터 거족적 봉기가 일어났습니다. 일제는 이를 "소요", "폭동"이라 깎아내리고 범죄로 처벌했습니다. 하지만 폭풍노도의 물결은 일제에게 엄청난 당혹감을 안겨주고, 세계 여론의 관심을 자극했습니다.

독립운동가, 애국지사들은 엄청나게 고무되었습니다. 그들은 기민하게 대응했습니다. 지사들은 이 거족적인 만세운동에서, 역사상 처음으로 인민(국민)이라는 주체적 존재가 전면적으로 드러난 점에 주목했습니다. 특정 지도부에 의해 일사불란하게 기획된 것도 아닌데 국민 스스로가 전국 각지에서 떨쳐 일어난 것입니다. 일제의 총칼에도 굴하지 않는 맨손 대중의 혁명적 궐기는 놀라웠습니다. 왕조가 망한 지 10년이 지나 국왕이 아닌 새로운 주권자로서의 국민, 그것도 전국 각처에서 각계각층의 국민이 자주국의 주권 담지자로서 스스로 일어선 것입니다.

우리는 "3·1운동"이라는 명칭에 너무 익숙해져 있습니다. 1948년 제헌헌법 이래 그 용어가 정부 차원에서 정립되었기 때문입니다. 하지만 "운동"이라는 명칭을 붙이면, 다른 독립운동사건과 구별되는 "3·1"의 헌정사적 의미가 제대로 드러나지 않습니다. 6·10만세운동, 광주학생운동, 신간회운동, 물산장려운동, 수양동우회운동, 조선어학회 등의 독립운동과 1919년의 사건은 무슨 차이가 있을까요. 단지 규모의 차이일 뿐일까요. 만일 그렇다면, 우리의 헌법 전문은 "기미년 3·1운동을 비롯한 일련의 독립운동의 정신을 계승하여……"라고 바꾸는 것이 더 합당할 겁니다.

그러나 어느 누구도 3·1을 여러 다른 독립운동 중 하나라고 생각하지 않았습니다. 일제 때에는 물론이고, 제헌헌법 제정 당시에도 그랬습니다. 3·1사건은 유일하고 최고의 사건으로 인식되었습니다. "3·1"에 다른 수많은 운동과 구별되는 "혁명"이라는 이름을 붙인 까닭입니

대한민국4년역서大韓民國四年曆書

대한민국 임시정부의 1922년 역서曆書(달력)입니다. '민국 4년'으로 민국 연호를 쓰고 있고, 개국기원은 단기 4255년이라고 선명하게 적혀 있습니다. 독립선언일(3월 1일), 헌법발포일(4월 11일), 개천절(11월 21일)이 국경일로 표시되어 있고요. 각 날짜에 대한 정확한 명명에 참고할 만합니다.

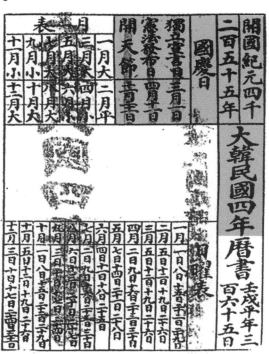

* 사료제공: 한시준 교수(단국대학교 사학과).

다. 1948년 제헌헌법 제정 과정에서의 헌법 초안과 헌법 문서에는 "3·1혁명"이라는 용어가 더 자주 쓰였습니다. 유진오와 행정연구회의 공동초안에는 "기미혁명의 정신을 계승하여"[1]라고 되어 있었습니다. 이승만 초대 국회의장도 헌법 전문에 "기미년 삼일혁명에 궐기하여 처음으로 대한민국 정부를 세계에 선포……"[2] 등의 문구를 포함시킬 것을 제안했습니다.

왜 "운동"이 아니고 "혁명"이었을까요. 왕정에서 민주공화정으로의 이행은 결코 순탄하게 이루어지는 경우가 없습니다. 그것은 어느 나라나 혁명적 전환의 산물입니다. 3·1혁명을 통해 우리는 왕정(조선), 제정(대한제국), 전제정(조선총독부)을 벗어버리고 민주공화정인 민국체제로의 전환을 이루어냈습니다. 영토는 찾지 못했지만, 주권자인 조선인민 전체의 의식은 왕정을 뇌리에서 지우고 민주공화정 체제의 대한민국을 채택하는 방향으로 결집되었습니다.

근대적 국가의 수립은 반드시 헌법 제정과 함께 이루어집니다. 입헌민주국가는 주권의 소재, 주권의 행사 방식을 헌법을 통해 정합니다. 새 국가라면 반드시 성문헌법의 형태로! "3·1"을 "혁명"으로 인식한 독립운동가들은 1919년 4월 11일 새벽에 헌법의 대강을 가결합니다. 〈대한민국 임시헌장〉이 그것입니다.

〈대한민국 임시헌장〉은 1919년 우리의 독립운동가들이 3·1혁명의 원기를 받아 만들어낸, 대한민국의 첫 헌법 문서입니다. 독립운동가들은 이 헌법을 통해 평등 및 인권의식이 충만한 민주공화제 국가의 밑그림을 그렸습니다. 1948년 이래 대한민국의 역대 헌법들은, 숱한 부침을 겪었지만, 1919년 이래 다져진 민주공화제 국가의 핵심적 법조항을 계승해왔습니다.

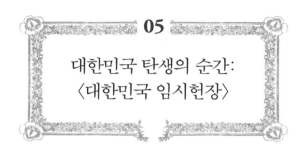

05
대한민국 탄생의 순간: 〈대한민국 임시헌장〉

　여기서는 "대한민국" 그 자체의 탄생 순간에 집중하겠습니다. 대한민국이라는 단어는 〈대한민국 임시헌장〉이 만들어져 공포됨으로써 공인되었습니다. 〈임시헌장〉은 3·1운동 직후 여러 독립운동가들이 중국 상하이에 모여 만든 것으로 시간상 매우 촉박했고, 작성 경위에 대한 기록도 극히 소략합니다. 가장 신뢰할 수 있는 공식문서는 《대한민국 임시의정원 기사록》인데, 작성 경위 및 작성자에 대해 다음과 같이 기록하고 있습니다.

　4. 본원 명칭의 결정
　4월 10일 개회 벽두에 본회의 명칭을 임시의정원이라 칭하기로 조소앙의 동의와 신석우의 재청으로 가결되니라.
　……
　8. 국호·관제·국무원에 관한 결의와 인선
　4월 11일에 국호·관제·국무원에 관한 문제를 토의하자는 현순의 동의와 조소앙의 재청이 가결되야 토의에 붙일 먼저 국호를 대한민국이라 칭하자는 신석우의 동의와 이영근의 재청이 가결되니라.

......

11. 임시헌장의 의결

4월 11일에 임시헌장을 기초토의할새 심사위원으로 신익희, 이광수, 조소앙 3인을 추천하고 심사안을 삼십분 이내로 보고케 하자는 현순의 동의와 신석우의 재청이 가결되야 30분 후에 심사보고가 있은 후에 아래와 같은 개정이 있느니라.[3]

임시정부의 역사적 기록으로는 정부 기록과 국회(의정원) 기록이 있습니다. 정부 기록은 1932년 윤봉길 의거 직후 일제의 급습으로 빼앗기고 맙니다. 그 뒤에 작성된 정부 기록과 의정원 기록은 임시정부에서 잘 보관하고 있다가 8·15광복 이후 한국으로 가져옵니다. 그런데 한국전쟁을 맞아 정부 기록은 행방이 묘연해지고, 의정원 문서만 국사편찬위원회에 기증됩니다. 위의 인용은 의정원의 《기사록》(의사록)입니다. 이 《기사록》에 따르면, 임시의정원 회의는 1919년 4월 10일 밤 10시에 시작하여 11일 오전 10시까지 진행되었습니다.[4] 29인의 대표적 독립운동가들이 상하이 프랑스 조계 김신부로에 모여 밤새워 국가 건설 방안과 국가의 모습을 정하고, 정부의 책임자까지 정한 것입니다.

4월 11일 의정원 회의에서 기초안을 작성할 심사위원으로 신익희, 이광수, 조소앙 3인이 선정되었습니다. 3인은 심사안을 30분 이내로 작성·보고할 책임을 맡았습니다. 그들은 30분 후에 위원들 앞에서 심사 보고를 했고, 뒤이어 그 초안에 대한 개정 토의가 있었습니다. 10개 조항 중 2개 조항의 일부 수정을 거쳐, 그날 〈임시헌장〉을 전부 통과했습니다.

〈임시헌장〉은, 위의 《기사록》대로라면, 심사위원들이 즉석에서 추천되어 단 30분 만에 조문화되었습니다. 이런 일이 실제로 가능했을까요? 회의 이전에 〈임시헌장〉 초안을 준비하고 있지 않았다면, 당일 30분 이내에 보고하게 하자는 의견 자체가 나오지 않았을 것입니다.

실질적 초안 작성자가 누구인지와 관련해서 조소앙 선생이 제1의 주역임은 한결같이 인정하고 있습니다. 조소앙은 이미 초안을 완비해 둔 후 회의에 임했다고 생각됩니다. 조소앙은 일본 메이지대학 법학부를 졸업(1909~1912)한 후[5] 중국으로 탈출하여 1919년 이후에도 임시정부에서 헌법 문서 작성을 주도했습니다.

조소앙은 1917년 〈대동단결선언〉을 작성하여 국내외 각계 인사들에게 발송했습니다. 〈대동단결선언〉은 "해외 각지에 현존한 단체"를 규합·통일하기 위한 강령으로 당시 폭넓은 반향을 불러일으켰습니다. 주목할 것은 이 선언문에 주권재민의 사상과 '정부' 형태까지 포함되어 있었다는 점입니다. 또 하나 눈길을 끄는 것은 〈대동단결선언〉의 강령 중에 "대헌大憲을 제정하야 민정에 합한 법치法治를 실행할 것"이 포함되어 있었다는 점입니다. 헌법 혹은 헌장 제정을 이미 필수요소로 주장한 것입니다. 이는 단순한 주장이 아니라 그가 대헌—헌법 내지 헌장—의 내용에 대해서도 준비를 해가고 있었음을 짐작하게 합니다. 그는 임시정부 조직의 필요성, 임시정부의 형태, 그리고 대헌(헌법) 제정의 필요성과 그 내용에 대해 확고한 구상을 가지고 1919년 4월 10일 밤을 맞았을 것으로 추측됩니다.

이러한 점을 종합해 볼 때, 〈대한민국 임시헌장〉의 기본 틀을 잡고 조문의 체계와 내용을 창출한 분은 조소앙 선생입니다. 그의 다년간의 법률적 지식도 크게 도움이 되었을 것이지만, 무엇보다 탁월한 점은 애국적 민족운동의 기류를 헌법적 표현으로 일관한 바탕 위에 주조해

냈다는 겁니다. 그뿐 아니라 조소앙은 임정 후기의 문서, 가령 〈대한민국 임시약헌〉(1940년 10월 9일), 〈대한민국 건국대강〉(1941년 11월 28일) 등도 작성했습니다. 현재에까지 이르는 한국 헌법의 원형을 만들고 다져나간 실질적 기초자였기에 조소앙 선생을 임시정부 헌법의 아버지라 불러도 손색이 없을 것입니다.

다음으로는 〈대한민국 임시헌장〉의 내용을 살펴보겠습니다.

〈대한민국 임시헌장〉은 전문 10개조로 이루어져 있습니다. 간단하지요. 하지만 민국 헌법의 핵심이 두루 포함되어 있는, 이후 100년간 영향을 미치게 될 결정적인 헌법 문서입니다. 몇 가지를 짚어봅시다.

대한민국 임시헌장

1. 대한민국은 민주공화제로 함
2. 대한민국은 임시정부가 임시의정원의 결의에 의하여 통치함
3. 대한민국의 인민은 남녀·귀천 및 빈부의 계급이 없고 일체 평등임
4. 대한민국의 인민은 신교·언론·저작·출판·결사·집회·서신·주소·이전·신체 및 소유의 자유를 향유함
5. 대한민국의 인민으로 공민자격이 있는 자는 선거권 및 피선거권이 있음
6. 대한민국의 인민은 교육·납세 및 병역의 의무가 있음
7. 대한민국은 신의 의사에 의하여 건국한 정신을 세계에 발휘하며 나아가 인류의 문화 및 화평에 공헌하기 위하야 국제연맹에 가입함
8. 대한민국은 구황실을 우대함
9. 생명형·신체형 및 공창제를 전폐함
10. 임시정부는 국토회복 후 만1개년 내에 국회를 소집함

대한민국 원년 4월 일

대한민국 임시헌장

1919년 4월 10일 여러 독립운동가들이 중국 상하이에 모여 논의한 후 4월 11일 〈대한민국 임시헌장〉을 제정·반포했습니다. "대한민국"이라는 국호가 만들어진 이 헌장은 전문 10개조로 구성되어 있는데, 민국 헌법의 핵심이 두루 포함되어 있는 결정적인 헌법 문서입니다.

●

大韓民國臨時憲章

第一條　大韓民國은民主共和制로함

第二條　大韓民國은臨時政府가臨時議政院의決議에依하야此를統治함

第三條　大韓民國의人民은男女貴賤及貧富의階級이無하고一切平等임

第四條　大韓民國의人民은信敎・言論・著作・出版・結社・集會・信書・住所・移轉・身體及所有의自由를享有함

第五條　大韓民國의人民으로公民資格이有한者는選擧權及被選擧權이有함

第六條　大韓民國의人民은敎育納稅及兵役의義務가有함

第七條　大韓民國은神의意思에依하야建國한精神을世界에發揮하며進하야人類의文化及平和에貢獻하기爲하야國際聯盟에加入함

第八條　大韓民國은舊皇室을優待함

第九條　生命刑身體刑及公娼制를全廢함

第十條　臨時政府난國土恢復後滿一個年內에國會를召集함

大韓民國元年四月　日

* 출처: 한국독립운동인명사전 편찬위원회 엮음, 〈부록 II—대한민국 임시정부 관련 법령〉, 《한국독립운동인명사전 3》, 독립기념관, 2019, 134쪽.

국호를 대한민국으로 함

국호는 "신석우의 동의와 이영근의 재청"을 통해 가결된 것으로 정리되어 있습니다. 그러나 국가의 명칭이 하루 사이에 쉽게 결정되었을리 없지요. 우선 1919년 4월 10일까지 '신한민국', '한양정부', '대한민국', '조선공화국' 등 국호에 대한 여러 안들이 제출됩니다. 나라명을 '대한'으로 하냐 '조선'으로 하냐 하는 논란이 있었고, 그다음에 붙일국체의 특성에 따라 '제국'을 붙이는가 '민국'을 붙이는가 '공화국'을붙이는가 아니면 아무것도 붙이지 않는가 등이 논의되었지요.

4월 11일 새벽에 공식 제기된 명칭은 '대한민국'이었습니다. 조선공화국이나 고려공화국이 어떠냐는 의견도 나왔다고 합니다.[6] '대한민국'의 실제 제안자는 조소앙입니다. 조소앙은 회고록에서 자신이 "대한민국의 명명론자"[7]였다고 말합니다. 그가 기초한 〈대한독립선언서〉(1919)에 "대한민주"가 등장하는 점, 그가 "민주공화제"라는 용어의 창시자인 점 등을 종합하면, 이런 주장에 무게를 실어줄 수 있겠지요.[8]

당일 논쟁에서 여운형은 '대한'의 용어를 쓰는 데 반대했다고 합니다. "그 대한 때문에 우리는 망했다. 망한 나라 일본에게 합병되어버린대한의 국호를 우리가 지금 그대로 부른다는 것은 감정상으로도 용납할 수 없다"는 것입니다. 반면 "대한"을 쓰자는 분들은 "일본에게 빼앗긴 국호이니 일본으로부터 다시 찾아 독립했다는 의의를 살려야 하고, 또 중국이 혁명 후에 새롭고 혁신적인 뜻으로 〈민국〉을 쓰고 있으니이를 따라 대한민국이라 하는 것이 좋다"고 주장했습니다.[9]

1919년의 시점에서 "대한"이라는 명칭은 이미 국민의 정서 속에 깊숙이 스며든 상태였던 것 같습니다. "조선" 혹은 "고려"라는 명칭을 거부활 이유도 굳이 없지만, "대한"이 "잠깐 있다가 망한 나라"의 명칭이므로 절대 거부해야 한다고 여길 이유도 별반 없었다고 할 수 있음직합니다. "대한의 혼"을 강조하고,[10] "대한국인"을 표방하며,[11] "대한의 독립"을 주창하는 일련의 흐름[12] 속에 "대한"은 뿌리 깊이 박혀 있었던 것입니다.

"대한"의 다음에 "민국"이 붙은 것은, 물론 전제국가가 아니라 주권재민의 민국임을 선포하는 것입니다. 중국이 중화'민국'을 쓰던 것이 하나의 참조 사례가 되기도 했고요.[13]

1919년 4월 11일 처음 등장한 이래 〈대한민국〉이라는 국호는 대한민국 임시정부의 명칭으로 정착되었습니다. 1945년 8·15해방 이후 헌법 제정 과정에서 '조선'이라는 명칭과 '대한민국' 혹은 '한국'이라는 명칭이 고려되었습니다. 김성수 측은 '고려민주공화국'을 생각하기도 했고요. 1948년 제헌헌법 초안 작성에 가장 깊이 관여한 유진오도, 첫 초안에는 '조선' 혹은 '조선민주공화국'을 썼다가 행정연구위원회와 공동안을 작성하면서 '한국'으로 바꿨고, 권승렬 초안(1948)에서는 '대한민국'을 쓰고 있습니다.

결국 국호는 1948년 제헌국회 헌법기초위원회에서 투표를 통해 최종 결정되었습니다. 투표 결과는 '대한민국' 17표, '고려공화국' 7표, '조선공화국' 2표, '한국' 1표였지요. 국회 본회의에서 '대한민국'이라는 국호는 표결 없이 통과되었습니다.[14] 이렇게 '대한민국'이라는 명칭이 다른 명칭을 누르고 통과될 수 있었던 것은 "대한민국이란 국호는 기미년에 2천만 민족의 피로 물들여 명명한 국호"이고, "이 국호로써 세계만방에 독립을 선포"[15]했기 때문입니다. 또한 "3·1운동 이후로 30여 년간이나 승계하여 왔고", "현금 국내에서 각 방면으로 사용"해온 "입에 익고 귀에 익은 국호"였기 때문입니다.[16] 즉 대한민국은 독립과 제헌으로 이어지는 상징의 중심축으로 자리잡고 있었던 것입니다.

전제왕조국가에서 민주국가로의 혁명적 전환

〈임시헌장〉 제1조는 "대한민국은 민주공화제로 함"이라고 규정합니다. 대한민국을 구성하는 인민이 주권을 갖는 민주주의를 국체로 한다는 것입니다. 국체를 "민주제"로 하고, 정체를 "공화정"으로 한다는 언급은 3·1운동 이후 국내에서 만들어진 "한성정부" 안에서도 나옵니

역대 헌법 문서	반포일자	제1조
대한민국 임시헌장	1919.4.11.	대한민국은 민주공화제로 함
대한민국 임시헌법	1919.9.11.	제1조 대한민국은 대한인민으로 조직함 제2조 대한민국의 주권은 대한인민 전체에 재함
대한민국 임시헌법	1925.4.7.	대한민국은 민주공화국임
대한민국 임시약헌	1927.3.5.	대한민국은 민주공화국이며 국권은 인민에게 있다.
대한민국 임시약헌	1940.10.9.	대한민국의 국권은 국민에게 있되, 광복완성 전에는 광복운동자 전체에 있다.
대한민국 임시헌장	1944.4.22.	대한민국은 민주공화국임
민주의원안	1946.	대한민국은 민주공화국으로 함
조선임시약헌	1947.9.2.	조선은 민주공화정체임
유진오안	1948.5.	조선은 민주공화국이다.
권승렬안	1948.5.	대한민국은 민주공화국이다.
제헌헌법~ 현행 헌법	1948.7.17.	대한민국은 민주공화국이다.

다. 국내외를 막론하고 당대의 선각자들이 공통적으로 도달한 결론이었던 셈이지요.

제헌헌법에서 현행 헌법에 이르기까지 우리 헌법 제1조는 늘 "대한민국은 민주공화국"입니다. 이 조항은 그야말로 대한민국 자체의 핵심 규정입니다. 이 규정은 1948년이 아니라 1919년 4월 11일에 시작된 것입니다. 바뀐 것은 문장의 뒷부분뿐입니다. "～로 함"이 "～이다"로 바뀐 것을 제외하고는 내용이 한결같다는 것이지요.

1948년 제헌헌법 제정 과정에서 참으로 논란—국호, 주권자, 국체, 정체의 핵심을 확정하는 쟁점—이 분분했을 법한 제1조가 별다른 이견 없이 최단 시일 내에 합의될 수 있었던 것은 이미 대한민국 헌정사(1919~1948) 30년간의 경험 속에서 의견 합치가 이루어졌기 때문입니다.

3·1운동의 법적 성격 및 〈임시헌장〉과의 관련성

대한제국은 황제가 무한한 군주권을 갖는 전제왕권이었습니다. 강제합병을 통해 한반도를 통치한 일본의 헌법 제1조는 "대일본제국은 만세일계의 천황이 통치한다"였습니다. 주권은 군주에게 있고, 군주는 대일본제국의 헌법을 "일본 신민"들에게 흠정(하사)하는 형식을 취했습니다. 이러한 체제 하에서 사람들은 인민이나 국민이 아닌 신민이었고, 천부인권론은 성립하기 어려웠습니다.

우리의 경우 1910년 이전까지 '민주공화국'을 주장한다는 것은 반역이었고, 따라서 표면적으로 제기될 수 없었습니다. 독립협회운동에서 입헌군주국으로의 개혁을 공개적으로 제기했으나 독립협회의 탄압과 함께 소멸했습니다. 전제군주제의 폐기와 공화제를 목표로 내건 신민회는 1907년 이후에도 지하단체였고, 이 주장을 표면화할 수 없었습니다.[17] 그런데 1910년 국치망국 이후 10년 만에 등장한 첫 헌법 문서에서 곧바로 전제왕권체제가 폐기되고 민주공화국이 선포된 것입니다. 어떻게 그런 변화가 10년 사이에 가능했을까요.

망국 직후 전개된 광복운동 내지 독립운동에는 독립 이후의 체제에 대해 두 가지 구상이 있었습니다. 하나는 광복 이후 폐위황제를 복위하여 대한제국으로 복귀하는 것입니다. 이를 복벽운동이라 합니다. 다른 하나는 망국과 함께 왕권(제국)체제도 붕괴한 것으로 보고, 독립은 곧 자주이자 민주의 체제를 수립함을 의미한다고 여긴 것입니다. 이는 공화주의운동이라 할 수 있겠지요. 1910년대 독립운동에서 구왕조의 대신들과 왕조 세력들이 일제의 통치에 의미 있는 저항적 역할을 거의 수행하지 못함에 따라 복벽주의는 급격히 기세를 잃게 됩니다. 더욱이 1911년 신해혁명을 통해 대청제국의 전제왕권이 종말을 맞고, 중화민국이 탄생했습니다. 1차 세계대전의 결과 왕정체제국가가 민주체제국가에 패배한 "세계대개조의 대기운"[18] 등은 민주공화국으로의 대전환을 자연스러운 흐름으로 받아들이게 만들었습니다. 1919년 초 민주공화국에의 물결은 거부할 수 없는 추세였던 것입니다. 물론 그런 추세가 있다고 해서 자동적으로 민주공화정을 받아들이지는 않습니다. 누군가의 의지와 노력이 들어가야 합니다.

1917년 애국지사들이 공표한 〈대동단결선언〉에는 융희황제가 폐위되면 일본에 주권이 넘어가는 것이 아니라 다시 대한의 주인인 국민에게 주권이 환원된다는 주권재민사상이 담겨 있습니다. 그러나 주권의 담지자로서 국민의 출현이 없다면 이러한 주권재민론은 공허한 이국적 담론일 뿐이지요. 1919년 3월 1일 33인의 이름으로 〈독립선언서〉를 반포했지만, 그들도 과연 독립선언의 효과가 어느 규모로, 누구의 주도 하에, 얼마나 오래 진행될지에 대해 충분한 예측을 할 수 없었을 것입니다. 그러나 1919년 3월의 폭풍노도가 전 한반도를 강타하고 전국각지에서 각계각층의 인사가 그야말로 범국민적 규모로, 그것도 목숨을 내걸고 참여하면서, 드디어 국민의 존재는 역사 한가운데에 확고히 드러났습니다. 1910년 이전에는 신민이었던 집단이, 1910년대에는 식민지 백성이었던 집단이, 1919년 3월 이후 스스로를 역사의 전면에 드러낸 것입니다.

1919년 발표된 모든 독립선언서에서 국민은 뚜렷한 주권자의 모습이었습니다. 비교적 온건한 표현을 담은 〈기미독립선언서〉에서도 제국의 그림자는 보이지 않고, 전제왕권에 대한 향수는 관찰되지 않습니다. 1919년 4월 초 국내에서 급박하게 만들어진 〈한성정부〉에서도 왕조의 흔적은 드러나지 않습니다.

〈민주공화제〉가 이의 없이 채택될 수 있었던 배경에는 바로 이러한 세계대개조의 물결을 탄 3·1운동이 있었습니다. 1919년 3월 1일 이후 전국에 들불같이 번져간 만세시위의 물결을 타고 만들어진 임시정부였기에, 국민의 목숨을 건 독립만세의 참여가 없었다면 결코 만들어질 수 없었던 정부였기에, 국민주권의 선언은 실로 당연한 것이었던 셈이지요.

한 가지 의미 있게 살펴볼 대목은 해방 이후의 헌법 작성 과정입니다. 헌법 전문이 실린 초안들은, 그 짧은 전문 속에, 한결같이 "3·1운동"에 대해 언급하고 있습니다.

유구한 역사와 전통에 빛나는 우리들 조선인민은 우리들과 우리들의 자손을 위하야 기미혁명의 정신을 계승하야……(유진오 초안)[19]

우리가 헌법 벽두에 전문에 더 써 넣을 것은 "우리들 대한국민은 유구한 역사와 전통에 빛나는 민족으로서 기미년 3·1혁명에 궐기하여 처음으로 대한민국 정부를 세계에 선포하였으므로 그 위대한 독립정신을 계승하여 자주독립의 조국 재건을 하기로 함" 이렇게 넣었으면 해서 여기 건의하는 것입니다(이승만).[20]

제헌 국회의원들은 이 1919년의 3·1사건을 헌법 전문에 포함시키는 데는 이의가 없었습니다. 이 사건이 다른 독립운동 사건에 비견될수 없는 무게를 갖고 있다는 점에 생각이 일치했기 때문입니다. 이 사건 이후 우리는 민주공화국의 국민임을 자각했고, 그러한 국민적 자각이 대한민국을 (전제왕조국가가 아니라) 민주공화국으로 건립하는 토대가 되었음을 깨닫고 있었기 때문입니다.

다만 그 명칭에 대해서는 이견을 보였습니다. 제헌헌법 제정기의 그짧은 시간에 의정단상에서 여러 표현이 대두되었습니다. "기미년 3·1혁명"(유진오 초안, 공동위원회안), '기미년 3월혁명'(윤치영 외 10명 의원의 수정안) 등이 큰 흐름을 형성했습니다. '혁명'이 아닌 '항쟁'(조국현), '독립운동'(이승만의 수정의견), '광복'(윤치영) 등의 표현이 속기록에서 발견되기도 합니다.[21]

이러한 논의를 거쳐 최종적으로 채택된 것은 "기미 3·1운동"이었습니다. "혁명"이라는 말이 사라지고, "운동"으로 바뀐 것이지요. 깊은토론을 거친 게 아니라, 시간에 쫓기면서 별 논리도 없이 그만 "혁명"이라는 초안이 "운동"이라는 단어로 대체되고 말았습니다. 그 영향력은 지금까지 이어져 국가의 공식 용어는 "3·1운동"으로 정착되었고, 대부분의 문헌들은 "3·1운동"이라는 표현을 따르고 있습니다.

100주년을 맞는 현 시점에서 다시 반문해봅니다. 1919년의 사건은 우리 민족에게 하나의 "운동"인가요 "혁명"인가요. 독립을 위한 운동의 차원으로 보는 관점이 틀렸다고 할 수는 없습니다. 일련의 독립운동 가운데 가장 규모가 컸고 지속적인 영향력을 미쳤다는 점에서 "3·1 대운동"이라 할 수도 있을 겁니다. 그러나 오늘날의 시점에서 종합적으로 평가해볼 때, 1919년 3월과 4월에 집약된 만세운동은 "3·1혁명"으로 부르는 것이 좀 더 타당하다고 판단합니다. 운동이라 부른다면 그 성격이 "혁명운동"이었음을 분명히 해야 할 것이고요.

1919년의 〈임시헌장〉 총10조에는 다음이 뚜렷합니다.

▲ 독립혁명: 일제의 식민지를 타파하고 독립국이 된다는 것.

▲ 민주혁명: 군주정치의 허울을 파괴하고 민주제도를 건립한다는 것.

▲ 신분혁명: 인민은 남녀귀천 및 빈부의 계급을 없애고 완전 평등이란 것.

▲ 자유혁명: 인민은 권리와 자유를 가지며, 평등한 의무를 진다는 것.

▲ 대의제혁명: 인민이 대표자를 선출하고 그 대표체(임시의정원)가 통치한다는 것.

이러한 내용은 구체제를 타파하고 대혁명을 법적 문서화한 프랑스의 〈인간과 시민의 권리선언〉(1789)과 질적 차이가 없습니다. 적어도 한국인의 의식적 '표현'에서 식민체제, 왕조체제, 신분체제는 모두 붕괴되었습니다. 다른 "운동"의 수준과 질적 차원이 다르므로 하나의 "혁명"이라고 부르기에 부족함이 없는 것입니다.[22]

둘째, 거대한 혁명은 대체로 유혈과 희생을 동반합니다. 과거 통치체제와의 질적 단절을 어떤 유혈도 희생도 없이 성취한다는 것은 실제 역사에서는 몽상에 불과합니다. 왕정에서 민주정으로의 이행은 특히 그러합니다. 이탈리아의 혁명가 마치니가 말한 대로 "민주주의는 시민의 피를 먹고 자라며 시민의 칼로 지켜"집니다. 영국의 명예혁명을 무혈혁명이라 하나, 그것은 1689년이라는 단기시점에서 봤을 때만 그렇습니다. 17세기 영국은 혁명과 반혁명의 소용돌이 속에 있었습니다. 찰스 1세를 비롯하여 많은 국왕 측 세력들이 죽임을 당했고, 혁명세력들도 상당수 피를 흘렸습니다.

1919년 일제의 폭압과 학살을 무릅쓰고 대한독립만세에 참여한 국민은 각계각층을 망라했고, 그럼으로써 모두가 평등한 주권자로서의 몫을 갖게 되었습니다. 이렇게 거족적인 항쟁과 희생을 통해, 한국인들은 이족 통치를 거부함과 동시에 전제왕권에 결별을 선언한 것입니다. 임시정부의 〈선서문〉(1919년 4월 11일)은 "전 국민의 위임/신임을 받아 조직되었음"의 근거를 다음과 같이 말하고 있습니다.

존경하고 열애하는 우리 2천만 동포국민이여
민국 원년 3월 1일 우리 대한민족이 독립을 선언함으로부터 남과 여와 노와 소와 모든 계급과 모든 종파를 물론하고 일치코 단결하야 동양의 독일인 일본의 비인도적 폭행 하에 극히 공명하게 극히 인욕忍辱하게 우리 민족의 독립과 자유를 갈망하는 실사와 정의와 인도를 애호하는 국민성을 표현한지라. 지금에 세계의 동정이 일제히 우리 국민에 집중하였도다. 이때를 당하야 본 정부는 전 국민의 위임을 받아 조직되었나니 본 정부는 전국민으로 더불어 전심코 힘을 모아 임시헌법과 국제도덕의 명하는 바를 준수하야 국토광복과 방기확고邦基確固의 대사명을 과果하기를 이에 선서하노라. 동포 국민이여 분기할 지어다. 우리의 흘린 한

대한민국 임시정부 선서문

1919년 3·1운동은 전국각처, 남녀노소, 각계각층의 국민이 두루 참여하여 일제의 통치를 거부함과 동시에 전제왕권과의 결별을 알렸습니다. 국민 모두가 평등한 주권자임을 대내외에 선포한 것이지요. 1919년 4월 11일 선포된 〈대한민국 임시정부 선서문〉도 "전 국민의 위임/신임을 받아 조직"되었다는 근거를 그러한 점에서 찾고 있습니다.

* 출처: 한국독립운동인명사전 편찬위원회 엮음, 〈부록 II—대한민국 임시정부 관련 법령〉, 《한국독립운동인명사전 3》, 독립기념관, 2019, 131쪽.

방울—滴의 피가 자손만대의 자유와 복락의 실사요 신의 나라의 건설의
귀한 기초이니라. 우리의 인도는 마침내 일본의 야만을 교화할지요. 우
리의 정의는 마침내 일본의 폭력을 이길지니 동포여 일어나 최후의 1인
까지 투쟁할지어다.[23]

뒤이어 완비된 형태의 임시헌법(1919년 9월 11일)이 제정되었는데,
이 임시헌법의 전문에서도 나라는 "독립국"이고 인민은 "자유민"임이
거듭 확인되고 있습니다. 대한민국의 인민이 민주독립국을 만들어냈
음을 재삼재사 강조했습니다. 대한민국의 국가기관은 3·1혁명의 주체
인 전 국민의 위임 혹은 민의를 체화한 것입니다.

셋째, 수많은 문헌에서 기미년의 운동을 "혁명"이라고 쓰고 있습니
다. 특히 독립운동을 추진했던 측의 문서가 그렇습니다. 몇 가지만 소
개하면, 다음과 같습니다.

〈대한민국 건국강령〉, 1941년[24]
제1장 총강 5. 우리나라의 독립선언은 우리 민족의 혁혁한 혁명의 발인
이며 신천지의 개벽이니 …… 이는 우리 민족의 자력으로써 이민족전
제를 전복하고 5천년 군주정치의 낡은 껍질[舊殼]을 파괴하고 새로운 민
주제도를 건립하여 사회의 계급을 소멸하는 제1보의 착수이었다.

〈조소앙의 견해〉, 1945년[25]
해외에 나가 있는 동안 우리의 운동이 혁명운동이냐 독립운동이냐 하
는 그 정의에 대한 물론이 많아서 어떤 때 그네들의 공동 분투한 총 결
과는 기미년 3월 1일에 와서 비로소 현저한 성격을 내외에 표창하였으

니 즉 4천년 조국의 광영 있는 독립을 선포함과 2천만 민족의 숙원이었던 자유와 평등을 세계에 선포하여 대한민국의 건립과 임시정부의 조직으로써 한국 민족의 위대한 민족성을 국제적으로 선양하였다. ……
정치, 경제, 문화, 교통 등 일체의 존재를 파괴하고 새 것을 수립하기 위하여 동지들이 한 목적으로 나가는 것이 혁명의 행동이며 갑신정변, 동학란, 기미운동 등은 전부 **혁명운동**이었으며 이 운동은 주지를 관철하고 성취하기 위하여 끊임없이 노력해야 하는 것으로 우리 임시정부의 운동도 이러하였다.

〈이승만, 김구의 견해〉, 1946년[26]
이승만: 3월 1일은 우리 한국역사뿐 아니라 세계역사에 빛난 날입니다. 27년 전 오늘에 우리나라에서 세계의 처음 되는 **비폭력혁명**이라는 것이 시작된 것입니다.
김구: 세계**혁명운동**사상에 찬연히 빛나고 있는 우리의 가장 큰 국경일…….

3·1혁명의 헌법적 의미를 음미해 봅시다. 1948년 제헌헌법은 전문에서 "기미 3·1운동으로 대한민국을 건립"했다고 하고 있습니다. 여기서 기미 3·1운동의 성격을 법적으로 어떻게 개념화할까요. 헌법적으로 본다면 기미 3·1운동, 즉 3·1혁명(운동)을 통해 군주가 아닌 〈인민〉이 헌법 제정 권력으로 출현한 것입니다. 그 인민의 헌법 제정 권력성을 법인法認한 것이 〈대한민국 임시헌장〉입니다. 원래는 헌법 제정 권력자인 국민이 국민투표를 통해 자신의 의지를 직접 표출해야 하지만, 일제강점하에서 그것은 애초 불가능했습니다. 그리하여 3·1혁명

을 통해 드러난 국민적 의사를 '위임' 혹은 '민의의 체화' 형태로 실현한 것이 〈임시헌장〉입니다.

민주공화제

'민주공화제'라는 말의 함의도 궁금한 대목입니다. 통상 민주제, 공화제 혹은 민주정, 공화정 등의 표현은 쉽게 볼 수 있지만, 당시까지 민주공화제라는 결합 개념은 존재하지 않았습니다. '민주공화제'라는 규정은 일본뿐 아니라 중국의 수많은 헌법 문서에서도 유례를 찾을 수 없는 독창적인 형식과 내용입니다.[27]

조소앙에 따르면, 민주공화제는 국민의 이익을 기초로 하여 정치적 권리를 민주적으로 균등화하고 국민을 균등하게 정치에 참여시키는 가장 좋은 제도라고 합니다. 조소앙은, 광복 후에는 특정 계급이 정권을 전횡하지 못하도록 하고, 광복한 나라를 국민 전체에 돌려 균등하게 향유케 해야 한다고 강조합니다. 그리고 이를 위해서는 먼저 민주공화의 국가체제를 완성해야 한다고 주장합니다.[28] 민주공화제 실현은 군주제를 폐기하고 공화제로 한다, 인민은 일체평등하게 한다, 모든 인민은 선거권 및 피선거권을 가진다는 조항 등으로 뒷받침됩니다. 군주제 폐지, 신분 내지 계급제 폐지, 정치참여 기회의 균등화를 통해 민주공화국이 실현된다는 것이지요.

다음은 〈임시헌장〉에 나와 있는 〈정강〉입니다.

1. 민족평등, 국가평등 및 인류평등의 대의를 선전함
2. 외국인의 생명재산을 보호함

政綱

一・民族平等・國家平等及人類平等의大義를宣傳함

二・外國人의生命財産을保護함

三・一切政治犯人을特赦함

四・外國에對한權利義務난民國政府와締結하난條約에一依함

五・絶對獨立을誓圖함

六・臨時政府의法令을違越하난者난敵으로認함

大韓民國元年四月　日

大韓民國臨時政府

● 대한민국 임시정부 정강

1919년 4월 11일 공표된 〈대한민국 임시헌장〉 제1조는 "대한민국은 민주공화제로 함"입니다. 〈임시헌장〉 초안 작성자인 조소앙은 민주공화제를 국민의 이익을 기초로 하여 정치적 권리를 민주적으로 균등화하고 국민을 균등하게 정치에 참여시키는 가장 좋은 제도라고 말합니다. 이 같은 관점은 〈임시헌장〉과 동시에 선포한 〈대한민국 임시정부 정강〉 제1항 "민족평등, 국가평등, 인류평등의 대의를 선전함"에서도 확인됩니다.

* 출처: 한국독립운동인명사전 편찬위원회 엮음, 〈부록 II —대한민국 임시정부 관련 법령〉,《한국독립운동인명사전 3》, 독립기념관, 2019, 131쪽.

3. 일체 정치범인을 특사함

4. 외국에 대한 권리의무는 민국정부와 체결하는 조약에 일의함

5. 절대독립을 서약함

6. 임시정부의 법령을 위반하는 자는 적으로 인정함

민주공화제 하에서 인민은 〈균등〉 내지 〈평등〉합니다. 인민은 일체 평등합니다. 평등하게 자유를 누리고, 의무를 지며, 정부 구성에 참여합니다. 이는 〈임시헌장〉과 동시에 선포한 임시정부 〈정강〉의 제1항이 "민족평등, 국가평등, 인류평등의 대의를 선전함"인 데서도 뚜렷이 드러납니다.

둘째로 인간의 존엄과 가치를 으뜸으로 삼는 것입니다. 인민이 주인이니, 주인의 존엄과 가치를 으뜸으로 삼는 것은 당연하지요. 이는 사형을 폐지하고, 태형과 같은 신체형을 형벌로 시행함을 금지하고, 공창제와 같이 여성의 존엄성을 침해하는 악폐를 완전히 폐지한다는 규정으로 구체화됩니다. 존엄한 인민은 권리·의무·참정에 있어 모두 평등하며, 그럼으로써 함께 대동화합[共和]하는 국가를 운영할 수 있다는 취지였지요.

조소앙은 이러한 사상을 더 체계화해서 삼균주의 철학을 완성합니다. 정치, 경제, 교육에서 균등하게 하면 인민은 권력과 재산과 지식에서 균등하게 된다는 것입니다. 가끔은 균권, 균부, 균지라고 표현하기도 합니다. 삼균주의의 영향력은 임시정부의 헌법 문서 전체를 관통하며, 1948년 제헌헌법에서도 밑바탕의 이념으로 자리잡고 있습니다. "정치, 경제, 사회, 문화의 모든 영역에 있어서 각인의 기회를 균등히 하고 능력을 최고도로 발휘케 하며 각인의 책임과 의무를 완수케 하여 안으로는 국민생활의 균등한 향상을 기하고……"라는 제헌헌법 전문

의 문구에서 보듯이 균등 이념은 중핵적인 것이었습니다. 균등이라는 문구가 유독 두드러지는 데서 임시정부 헌법이 현행 헌법에까지 이어져 내려온다고 볼 수 있습니다.

여성의 동등한 권리를 특히 강조

〈임시헌장〉 제3조는 평등권을 담고 있습니다. "대한민국의 인민은 남녀·귀천 및 빈부의 계급이 없고(無하고) 일체 평등임"이라는 조항이지요. 〈임시헌장〉은 여러 차별 금지 중에서 '남녀'를 가장 앞세웁니다.

제5조에서는 대한민국의 인민은 누구나 선거권 및 피선거권을 갖는다고 함으로써 여성을 포함한 모든 인민의 보통선거권을 인정하고 있습니다.

조소앙은 국민의 정치적 균등을 실현하는 제도로 보통선거제를 강조합니다. 보통선거제는 계급·성별·교파·빈부 차별 없이 1인 1표의 선거권과 피선거권을 가지고 국가 정치에 참여할 권리를 갖는 제도를 말합니다.[29] 보통선거권은 민주공화제(제1조)의 구체화인 동시에 대한민국의 인민이 "계급이 없고 일체 평등"(제3조)하다는 인식의 구체적 실현이기도 합니다.

정치에서 계급, 성별의 구분을 폐지한 점은 당시 시점에서 특히 주목할 가치가 있습니다. 1919년 현재 보통선거권이 제도화된 국가는 그다지 많지 않았습니다. 대한민국에서 최초로 보편적 선거가 가능하게 되었던 1948년 5·10총선거에서 20세 이상의 남성과 여성이 1인 1표를 행사하는 보통선거가 가능했던 것은, 미군정의 제도화에 기인한 바도 있겠지만, 1919년의 〈임시헌장〉 이후 1941년의 〈대한민국 건국강령〉[30]

에 이르기까지 일관되게 보통선거권을 헌법 조문에 넣었던 유산의 축적 때문임을 잊어선 안 됩니다. 여성의 투표권은 미군정의 선물이 아니라 우리 헌정사 30년간의 합의점이었기에 가능했다는 것이지요.

제9조 중 "공창제를 전폐함"이라는 항목도 주목할 만합니다. 공창제는 1916년 일제가 경무총감부령 제4호 유곽업창기취체규칙 제정을 통해 한반도에 법제화한 것입니다. 공창제는 여성을 모욕하고 비인간적인 삶을 살게 하는 대표적 문제로 인식되어, 근우회(1927~1931)를 비롯한 일제하 여성운동 단체들의 표적이 되었습니다. 이 단체들은 일제하였음에도 공창제 폐지를 위한 운동을 꾸준히 전개했지요.

해방 이후 북한은 일제의 모든 법령을 폐기했고 이에 따라 공창제도 무효화되었습니다. 남한의 경우 군정법령 제70호(부녀자의 매매 또는 가계약의 금지)에서 시발하여, 1947년 11월 14일 군정청법률 제7호 〈공창제도 폐지령〉으로 공창제도 및 일체의 매춘행위가 금지되었습니다. 1919년의 시점에서는 공창제의 문제점이 심각히 여론화되지도 않았으며, 이를 문제 삼은 여성운동도 대두하지 않았었지요. 그럼에도 공창제 폐지가 〈임시헌장〉 10개조의 하나에 포함된 것입니다.

태형과 사형의 폐지

제9조는 "생명형, 신체형 및 공창제"를 "전폐", 즉 완전히 폐지한다는 조항입니다. 여기서 생명형은 두말할 것 없이 사형을 말하며, 신체형은 당시의 식민지법 가운데 태형을 의미합니다. 이는 〈임시헌장〉을 번역한 일제의 비밀 문건에 "사형, 태형, 공창 금지의 조항을 부가하고 있음"이라고 기록되어 있는 데서도 확인 가능합니다.

한국 역사의 공식 문건에서 사형 폐지가 등장한 것은 〈임시헌장〉이 처음입니다. 1919년 시점에서 사형폐지론을 주창하고 그것을 첫 헌법 문서에 포함한 것은 매우 놀라운 일이지요. 1919년까지의 사형 남용, 특히 항일 의병과 독립운동가들에 대한 일제의 무자비한 사형선고와 집행이 사형폐지 규정을 만든 한 요인으로 작용하지 않았을까 싶습니다.

신체형의 전폐도 마찬가지입니다. 당시 일본은 형법에서 태형을 벌써 없앤 상태였습니다. 따라서 일본 형법을 '의용依用'한 조선에서도 태형은 당연히 없어질 형벌이었지요. 하지만 일제는 조선의 옛 관습을 존중한다는 이른바 구관존중舊慣尊重을 명분 삼아 〈조선태형령〉(1912)을 별도로 제정·집행합니다. "3월 이하의 징역 또는 구류에 처해야 할 자는 그 정상에 따라 태형에 처"할 수 있고, "벌금 또는 과료에 처할 자" 중에서도 미납 시 혹은 일정한 정상이 있을 때 태형에 처할 수 있다고 하여, 태형의 적용 범위를 매우 확대하기까지 했지요. 일제는 태형이 조선 국정에 맞고 범죄의 예방·진압에 유효적절하며, 단기 자유형 혹은 소액 벌금형에 비해 효과가 크고, 집행 방법도 간편하다고 강변했습니다. 실제로 태형은 1910년대에 가장 널리 쓰인 형벌이었고, 그 집행도 혹독했습니다. 특히 3·1운동 전야에는 태형의 빈도가 모든 형벌 집행건수 중 60퍼센트 이상에 달할 정도였습니다. 태형은 기미년 만세시위를 한 조선인들에게 가장 널리 가해진 형벌이었습니다.[31]

이러한 태형은 일제 악정의 표상이었을 뿐 아니라, 반문명적인 형벌이었습니다. 이른바 문명국가에서는 태형을 비롯한 신체형을 전폐하고 있습니다. 또한 태형은 일본(내지)에서는 적용되지 않고, 오직 조선인에 한해 적용되었다는 점에서 가장 대표적인 억압·차별적 형벌이기도 했습니다.[32] 조선인의 인권을 중대하게 유린한 태형의 폐해를 체감한 독립운동가들은 태형 전폐론으로 대응했던 것입니다.

3·1운동에서 비롯된 것이지만, 일제는 "만세시위" 내지 "조선소요사태"를 겪은 후 민심수습책의 일환으로 1920년에 태형을 폐지합니다. 우리 〈임시헌장〉에서는 신체형 폐지를 아예 헌법에 명문화했지요. 이런 점에서 좀 더 높이 평가할 수 있을 것입니다.

구황실 우대

제8조는 "대한민국은 구황실을 우대함"이라는 조항입니다. 이 조항에 대한 1919년 4월 11일 새벽의 논의 경과는 다음과 같이 간단히 적혀 있습니다.

제8조에 구황실 우대조건에 대하야는 일생이라는 기간을 삭제하기로 조완구의 동의와 조소앙의 재청으로 가결되니라.

구황실 우대 조항은 넣되 그 조건으로 '일생'(아마도 황실인물의 당대) 동안만 우대한다는 원안에 대해 조완구가 그 일생이라는 기간 조건을 삭제하는 데 동의해서 조소앙의 재청으로 가결되었다는 것입니다.

구황실 우대 조항을 둘 것인가, 둔다면 어떤 조건하에서 둘 것인가는 대단히 예민한 문제였습니다. 이에 대해 참석의원 중 한 명이었던 여운홍은 다음과 같이 회고합니다.

이씨왕가의 대우 문제에 있어서도 이를 우대해야 한다는 측과 그럴 필요가 없다는 측으로 나뉘었다. 조완구를 비롯한 비교적 연로한 측이 황실 우대파였고, 형님(여운형)을 위시한 청장년 측이 그 반대파였다. 우대파가 주장하는 주요 이유란 "이왕가는 5백 년 동안이나 조선을 통치해왔기 때문에 뿌리가 깊을뿐더러 나라를 팔아먹은 것은 이완용 등의 이른바 5적과 7적의 소행이지 고종은 헤이그에 밀사를 파견하는 등 그가 할 수 있는 데까지는 한국독립을 위해 노력하였다. 고종이 서거하자 헤아릴 수 없는 군중이 덕수궁 앞에 주저앉아 밤낮없이 통곡했던 일로 미루어서 다수 국민이 이왕가에 대한 강한 충성심과 추모정신을 알 수가 있다. 따라서 민심을 수습하기 위해서도 황실을 우대할 필요가 있다" 버티었다.

이에 대해 반대론자들은 "이조 5백년의 치적을 돌이켜 보건대 공보다는 죄가 많으며, 더욱이 합병조칙문에 〈국을 거하고 민을 솔하여 완전히 영원토록 일본 명치 천황에게 봉헌한다〉는 말을 쓴 것은 아무리 위협과 압력에 의한 불가피한 일이었다고 할지라도 국가와 백성에 대하여 범한 죄책은 면치 못할 일이며 또 한일합병 후 일본으로부터 작위를 받은 것도 대부분 황실의 근친자인 전주 이씨들이며, 돈과 작위를 받고 매국의 덕으로 잘들 살고 있으니 그들은 장차 국민 앞에서 벌을 받아야 할 것이다. 또 고종이 서거했을 때 대한문 앞에서 국민이 통곡을 한 것은 고종의 죽음이 슬퍼서이기도 하지만 그보다는 풀길 없이 맺히고 맺혔던 망국의 한이 국장이란 기회에 터져나왔던 것이었다"고 역설했다.[33]

여운홍의 회고는 이 쟁점을 둘러싼 우대파와 반대파의 기본 논지를 잘 보여줍니다. 연로자층과 청장년층의 주장이 선명히 대립되는 것도 특징적입니다. 프랑스혁명 때 루이 16세의 운명을 놓고 터져나온 온건파와 강경파의 의견 대립과 일맥상통한다고도 할 수 있겠지요. 논란 끝에 제8조와 같이 규정되자, 반대파를 대표하는 여운형이 임시정부에 대해 큰 실망감을 표출했던 것도 이해되는 대목입니다. 한편 조소 앙은 이 조항에 '재청'했다고 하는데, 통합을 중시하는 그의 평소 논지 에서 봤을 때 황실옹호론을 지지했다기보다는 (황실우대파라 할지라 도) 독립의 대의를 지지하는 세력이면 모두 포용하고자 했기 때문이 아니었을까 추론해봅니다. 어떻게 보면 이 조항은, 민주공화제의 〈임 시헌장〉을 만들긴 했지만 왕정에서 공화정으로 이행하는 과도기의 한 단면을 드러내는 사례라 할 수 있을 것입니다.

〈대한민국 임시헌장〉은 〈대한민국 임시헌법〉이 1919년 9월 11일 반 포됨으로써 개정되었습니다. 8월 28일 〈임시헌법〉 초안이 의정원에 제 출되었는데, 그 서문에는 "원년 4월 11일 발포의 10개조의 임시헌장을 기초"함을 밝히고 있습니다. 〈임시헌장〉도 하나의 헌법이긴 하나 "입국 의 강령을 보임에 불과하니, 이는 헌법의 제정을 예상한 것이 분명"하 다는 것입니다. 〈임시헌법〉의 제정을 당연시한 것이지요. 〈임시헌법〉 은 〈임시헌장〉의 '개정'이라 했지만 "기실은 10개조의 부연"이라고 밝 힘으로써 〈임시헌장〉과의 연속성을 분명히 합니다.[34] 〈임시헌법〉 초안 의 체계는 "강령/인민의 권리와 의무/대통령/의정원/국무원/법원/재 정/보칙" 등 모두 8장 57조로 성안됩니다. "대통령은 의정원에서 선거 하고, 국무총리 이하의 각부 국원은 대통령이 임명하고, 주권의 행사를 대통령에게 위임함이 현행 임시의정원법과 특이한 점이라"고 합니다.[35]

〈임시헌법〉 초안은 9월 11일 공포됩니다. "민국 원년 4월 11일에 발 포한 10개조의 임시헌장을 기본 삼아 본 임시헌법을 제정"했음이 거듭 확인됩니다.

〈임시헌장〉에서 논란이 된 채 제정되었던 구황실 우대 조항은 〈임시 헌법〉 초안에는 삭제된 상태로 임시의정원에 상정됩니다. 〈임시헌장〉

에 구황실 우대 조항을 포함시키려 했던 조완구가 왜 삭제되었는지 묻습니다. 이에 신익희는 "구황실 우대에 대하여는 달리 조례를 정하겠다"고 답합니다. 헌법이 아니라 하위의 조례로 정함으로써 구황실 우대의 비중을 약화시키겠다는 것이지요. 이에 대해 조완구는 "구황실 우대 조건을 삽입하는 의견을 제출"하면서, 그 필요성으로 "민족통일의 방침"이 될 것이고 이 조항을 삭제하면 "인민의 반항을 살까 두렵다"고 강조합니다. "전 황실이 적에게 주권을 피탈당한 것"이라는 점도 감안해야 한다는 것이지요.

이러한 조완구의 의견에 이미 4월 〈임시헌장〉 제정 시 반대 의견을 피력했던 여운형은 당시와 같은 논지로 반론을 폅니다. 서로 간에 설전이 오간 후 표결에 부친 결과 8대 6으로 구황실 우대 조항 존치로 결말이 납니다. 그러나 여기에 결코 승복할 수 없었던 폐지파들은 다음 회의에서 다시 삭제동의안을 냅니다. 안창호 역시 "나도 (삭제에) 찬성이라 우대의 필요가 없으니 황실도 자급자족함이 가할지니라. 장래에 필요하면 달리 대책을 강구할 수도 있나니라"면서 폐지론 쪽에 섭니다. 그럼에도 결국 동 조항은 유지됩니다. 조완구 등의 우대 조항 존치론이 여운형, 김태연, 안창호 (아마도 신익희) 등의 폐지론에 가까스로 앞선 덕분이었지요.

하지만 이 조항의 수명은 그리 길지 않았습니다. 1925년의 〈대한민국 임시헌법〉, 1927년의 〈대한민국 임시약헌〉 등 이후의 모든 헌법 문서에서 구황실 우대 조항은 사라져버립니다. 이런 점에서 보면 1919년 〈대한민국 임시헌장〉의 구황실 우대 조항은 과도기적 삽화이자 구황실의 마지막 그림자였으며, 고종황제의 국상이 3·1운동 발화시점과 일치했다는 사실에서 비롯된 하나의 에피소드에 지나지 않았던 셈이지요.

〈대한민국 임시헌장〉, 대한민국 헌정사의 시발점

〈대한민국 임시헌장〉은 대한민국 헌정사의 시발점을 기록한 역사적 문서입니다. 1948년 제헌헌법이 "3·1운동으로 대한민국을 건립"했고 1948년에 "민주독립국가를 재건"했음을 밝히고 있는 이상, 헌법사적으로 1919년의 〈대한민국 임시헌장〉은 대한민국을 건립한 헌법장전으로서 커다란 역사적 의미가 있습니다.

1919년의 〈대한민국 임시헌장〉은 국민주권을 선언한 대한민국의 최초의 헌법 문서로서, 내용의 선진성뿐만 아니라 다른 헌법 문서와 비교할 수 없는 역사적 유일성을 갖습니다. 대한민국이라는 국호의 탄생, 민주공화제, 인민의 평등, 자유권의 보장, 보통선거제 등이 여기서 비롯되었습니다.

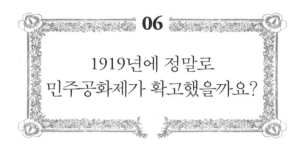

06

1919년에 정말로
민주공화제가 확고했을까요?

1919년에 대한민국의 탄생, 〈임시헌장〉에서 민주공화제 국가의 성립을 확인해도 반신반의하는 분들이 있습니다. 3·1운동은 그냥 일본으로부터의 독립만세운동이지, 그 이상의 의미를 부여하는 건 과장 아니냐는 것입니다. 이에 대해 앞에서 여러 근거를 들면서 반박했지만, 추가로 몇 가지 사료를 더 보여드릴까 합니다. 뒷날의 근거 말고, 당시의 근거 말입니다.

하나는 〈대한민국 임시정부 성립 축하가〉입니다. 임시정부의 기관지 신문인 《독립신문》 민국 원년(1919) 11월 15일자에 수록된 것입니다.[36]

자유민아 소리쳐서 만세 불러라.

1. 대한민국 임시정부 만세 불러라.
   대통령 국무총리 각부 총장과
   국제연맹 여러 특사 만세 불러라.

   (후렴) 대한민국 임시정부 만세

우리 이미 이민족의 노예 아니오.

2. 또한 전제정치하의 백성 아니라.
   독립국 민주정치 자유민이니
   동포여 소리쳐서 만세 불러라…….

대한민국 그리고 임시정부는, "이민족의 노예"임을 부정하는 동시에 "전제정치하의 백성"임을 거부한다는 확고한 의지가 담긴 노래입니다. 우리 대한민국은 "독립국"으로 "민주정치"를 하며, 사람들은 노예도 백성도 아닌 "자유민"이라는 것입니다. 민주공화제의 의식은 후일에 정당화한 것이 아니라, 1919년 바로 그 시기부터 확고했던 것이지요.

두 번째 소개하고 싶은 것은 〈임시헌장〉 초안을 작성한 조소앙이 쓴 시입니다. 대한민국 2년(1920) 1월 17일자 《독립신문》에 수록된 시입니다.[37]

고誥 독립
독립으로써 이끌고
자유로 다스리면
백성은 소나 말이 되는 것을 면하며
평등으로써 이끌고
평화로 다스리면
천하태평을 이루리라.

대한민국임시정부성립축하문

1919년 10월 31일 상하이에서 발표한 것입니다. 추후《독립신문》민국 원년(1919) 11월
15일자에도 수록됩니다. 2천만민이 더 이상 일본의 노예나 전제정치하의 백성이 아닌
민주국의 자유민임을 천명하는 내용이 담겨 있습니다. 박은식을 비롯한 30인의 대한민
족대표 명단과 〈대한민국 임시정부 성립 축하가〉도 들어가 있습니다.

조소앙은 이 시에서 새 나라의 원리로 독립과 자유, 평등과 평화를 내세우고 있습니다. 독립과 함께 자유와 평등을 기본으로 삼고 있는 것입니다.

물론 이러한 군주제 폐기와 공화제 혁명의 관념은 1919년에 돌연히 만들어진 것이 아닙니다. 1910년 이전에는 우리 땅에서 공화제 관념이 신민회를 중심으로 비밀리에 유포되다가 일제강점하에 탄압을 받게 됩니다. 1911년 중국에서는 신해혁명으로 대청제국이 순식간에 몰락합니다. 우리 애국지사들은 "중화의 이번 성공이 곧 반도의 선봉이라" 여겼습니다. 신해혁명 이후 군벌과 민국군의 전투를 "전제와 공화의 싸움이요, 자유와 압제의 싸움"으로 파악하면서 혁명의 열정을 일깨웁니다.[38] 1917년부터 러시아, 독일, 터키 등지에서 일었던 왕정 폐지 물결을 "세계를 개조하는 대기운"으로 인식했습니다. 그리하여 1919년 초에 "장래 조선의 정체의 이상에 대하여는 거의 이론 없이 공화대의제에 귀일"하는 데 이르게 된 것이지요. 3·1 전후의 모든 독립선언서에 왕국이나 전제정에 대한 언급조차 없었다는 사실은 이미 애국지사들과 민중의 마음속에 전제정치의 생각이 들어설 여지가 없었음을 보여줍니다. 3·1의 혁명운동의 거대한 격랑은 마침내 국민이 주인 되는 나라를 구체화하는 결정적 동력이 되었던 것입니다.

◎ 상해임시정부? 대한민국 임시정부!

임시정부는 1919년 4월 중국 상하이에서 출범했습니다. 흔히 임시정부를 '상해임시정부'라고 부릅니다. 그러나 이 명칭은 문제가 있습니다. 잘못된 명칭이라 해도 지나치지 않습니다. 임시정부 관계자들은 모두 '대한민국 임시정부'라는 정식 명칭을 쓰거나 그냥 '임시정부', '임정'이라 지칭했습니다. 당시 사진을 보면 '상해'라는 말을 쓸 때는 '재상해在上海'라고 표기했습니다. 일제는 임시정부를 감시하면서 종종 "상해가정부上海假政府"라고 썼고, 임시정부라 할 때는 "참칭 임시정부"라고 표기했습니다.

'상해임시정부'라고 하면 중국의 한 조각 땅에 있는 정부가 되니 이는 독립된 나라의 자존심 문제가 됩니다. 더욱이 임시정부는 상해시대(1919~1932), 이동시대(1932~1940), 중경시대(1940~1945)로 계속 이전합니다. 습관적으로 상해임시정부라고 쓰면 '중경임시정부' 등은 존재가 모호해지는 문제가 발생하지요. 중국의 한 조각 땅에 있을지언정 어디까지나 대한민국이라는 국가의 임시정부이니만큼, 앞으로는 항상 〈대한민국 임시정부〉라고 명명해야 합당하다고 생각합니다.

그런데 왜 중국의 상하이에 임시정부가 자리잡게 되었을까요. 상하이 중에서 임시정부의 청사가 자리한 곳은 프랑스 조계租界 내였습니다. 프랑스의 통치가 직접 미치는 치외법권 지대로, 중국이나 일본은 프랑스의 허가 없이 들어올 수 없는 곳이었지요. 반면 영국의 지배하에 있던 지역은 안전하지 않았는데, 영국이 일찍이 일본과 영일동맹을 맺어 일본 편이 되어 있었기 때문입니다. 프랑스 조계는 한국인뿐 아니라 중국인을 포함한 모든 나라의 정치 망명객들에게 안전지대 역할

대한민국 임시정부 국무원과 직원

1919년 4월 중국 상하이에서 출범한 임시정부를 흔히 '상해임시정부'라고 부릅니다. 하지만 '상해임시정부'라고 하면 독립된 나라의 자존심 문제, '중경임시정부'의 존재가 모호해지는 문제 등이 생깁니다. 임시정부 관계자들도 모두 '대한민국 임시정부'라는 정식 명칭을 쓰거나 '임시정부', '임정' 등으로 줄여서 말했고요. 어디까지나 대한민국이라는 국가의 임시정부이므로 〈대한민국 임시정부〉라는 명칭을 써야 할 것입니다. 사진은 1919년 10월 11일 촬영한 대한민국 임시정부 국무원들(위)과 직원들(아래)의 모습입니다.

* 출처: 대한민국임시정부기념사업회·대한민국임시정부기념관 건립 추진위원회 엮음, 《사진으로 보는 대한민국 임시정부 1919~1945》, 한울엠플러스, 2017, 64~65쪽.

을 해주었습니다.

당시 상하이는 명실공히 국제도시였습니다. 상하이는 태평양을 건너 미국으로 가거나 인도양을 거쳐 유럽으로 가는 관문이었습니다. 국제 교통의 요충지였기에, 각처에 있던 우리의 독립운동가들이 모일 수 있는 최적의 장소였지요.

1차 세계대전의 종전을 맞아 미국의 윌슨 대통령은 1918년 1월 의회에서 전쟁을 끝내기 위한 조건으로 '14개조'(14 points)의 평화 원칙을 발표했습니다. 그중 제5조에는 민족자결주의에 관한 언급이 있었습니다. "모든 식민지에 관해서 자유롭고 허심탄회하고 절대로 편견 없는 조정을 해야 하며, 이 과정에서 연관된 민족의 주권과 요구가 완벽하게 보호되어야 한다"는 내용이었지요. 1918년 11월 윌슨 대통령의 특사인 찰스 크레인Charles Crane이 상하이에서 연설을 했는데, 그 자리에 참석한 여운형은 연설을 듣고 크게 고무되었습니다. 크레인이 곧 파리에서 만국평화회의가 열리는데, 거기서 피압박민족의 해방을 강조하는 윌슨의 조건도 토의될 것이므로, 약소민족은 대표를 파견하여 피압박 상황을 잘 알려서 여러 나라로부터 해방의 지원을 얻기 위해 노력해야 한다고 했기 때문입니다.

여운형은 장덕수와 함께 파리강화회의에 보낼 청원서의 문안 초안을 작성하는 한편, 당시 중국 톈진에 머물고 있던 김규식과 만나 파리에 가줄 것을 요청했습니다. 김규식은 어린 시절에 고아가 되어 언더우드 선교사 집에서 자라면서 영어를 익혔고, 미국 대학에 유학하여 영어 논문을 유창하게 쓸 수 있었습니다. 여운형의 파리행 제안을 쾌히 승낙하면서, 김규식은 한국 내에서 독립의 목소리가 크게 나와야만 파리에서 소기의 사명을 달성할 수 있을 것이라고 했습니다. 여운형은 이에 크게

파리강화회의 대한민국 임시정부 대표단

1918년 11월 미국 윌슨 대통령의 특사인 찰스 크레인은 상하이에서 연설을 합니다. 파리에서 열리는 만국평화회의에서 피압박민족의 해방을 위한 윌슨 대통령의 메시지도 논의될 예정이므로 약소민족이 대표를 파견하여 다른 나라의 지원을 얻을 필요가 있다는 내용이었지요. 이 자리에 참석했던 여운형은 연설 내용에 고무되어 김규식을 중심으로 대표단을 꾸렸습니다. 파리강화회의에 참석한 대한민국 임시정부 대표단은 외국 사신과 기자를 만나 독립 탄원서를 돌리고 한국홍보국을 만드는 등 최선을 다했습니다.

* 출처: 대한민국임시정부기념사업회·대한민국임시정부기념관 건립추진위원회 엮음, 《사진으로 보는 대한민국 임시정부 1919~1945》, 한울엠플러스, 2017, 32쪽.

공감하고, 일본 도쿄와 만주 지역과 쪽에 인편을 보내 독립선언을 할 것을 제안했습니다. 해당 지역에서 나름의 운동을 전개하고 있던 이들에게 이 소식은 커다란 흥분감을 불러일으켰습니다. 도쿄에서의 2·8학생독립선언, 만주의 대한독립선언에 이어 국내에서의 기미독립선언으로 폭발된 독립항쟁에는, 파리강화회의에서 한국의 독립을 국제적으로 인정받겠다는 목적이 결정적인 역할을 한 거지요.

김규식을 중심으로 한 대표단은 파리에서 나름 눈부신 활동을 했습니다. 1919년 3월 중순부터 6월 말까지 한국홍보국을 만들고, 독립 탄원서를 돌리고, 〈한국민족의 주장〉을 작성하여 배포했습니다. 기자들을 만나고, 외국 사신들을 초청하고, 각종 모임에서 연설했습니다. 이들 외교 대표단의 노력은 전체 독립운동의 사기를 높였습니다. 국내외 여러 운동들이 서로 긴밀히 연락해가면서 1919년을 민족독립운동의 해로 만드는 데 일익을 담당했지요.

1919년 3월 중순부터 국내외의 애국지사들은 중국의 상하이로 자연스럽게 모여들었습니다. 당시 상하이의 한인 인구는 400명 정도였는데, 그해 가을에는 700명 정도로 늘었다고 합니다. 이들 애국자들은 4월 초부터 본격적인 논의를 진행했습니다. 그 성과가 바로 대한민국의 수립이고, 임시정부의 수립이고, 〈임시헌장〉의 제정이었습니다. 독립운동의 중심은 국내여야 했습니다. 3·1운동에 참여한 이들의 압도적 다수도 국내인이었지요. 하지만 일제강점하에 있던 한국 땅에서는 오랜 기간 활동할 수 있는 구심체를 만들 수 없었습니다. 이로 인해 중국 상하이가 임시정부의 탄생지가 되었던 것입니다.

중국 상하이에 가는 우리 관광객들은 거의 대부분 〈대한민국 임시정부〉가 있던 곳을 찾습니다. 때로는 윤봉길 의거가 일어난 홍구공원(현

루쉰공원)을 방문하기도 하지요. 지나칠 정도로 초라하고 협소한 건물 계단을 오르내리면서, 선각자들의 고단한 삶과 뜨거운 열정을 같이 호흡하기 바랍니다.

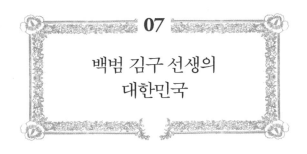

07

백범 김구 선생의
대한민국

이명박, 박근혜 대통령 때 건국절 주장이 정부 차원에서 크게 대두되었습니다. 우리나라의 건국일은 1948년 8월 15일이고, 그 이전은 건국의 전사前史일 뿐이라는 것입니다. 이런 시각에서는 건국의 공로자로 미군정이 크게 부각되고, 반공세력이 건국의 주역으로 자리하게 됩니다.

그러면서 독립운동가들에 대한 폄하가 여기저기서 나왔습니다. 예컨대 "김구 선생은 독립운동가로는 훌륭하지만, 대한민국 건국에는 반대했기에 대한민국 공로자로 거론하는 게 옳지 않다"는 발언이 있었지요. 이인호 전 KBS이사장의 말입니다. "상해임시정부는 임시정부로 평가받지 못했고, 우리가 독립국민이 된 것은 1948년 8월 15일 이후"라고까지 했습니다.

이 발언을 접하고 우선 황당했습니다. 뒤이어 우리 역사의 소중한 부분이 더럽혀진 듯한 불쾌감이 일었습니다. 마음을 가라앉히고 다시 생각해 봅니다. 김구 선생은 어떤 분이고, 그와 대한민국의 관계는 어떠한가요?

누구나 알다시피 김구 선생의 호는 백범白凡입니다. '백정白丁'과 '범부

凡夫'에서 한 글자씩 따왔습니다. 우리 사회의 밑바닥을 받치고 있는 사람을 지칭하는 용어로, 가장 낮은 지위를 상징하지요. 그는 일제 초기에 혹독한 옥살이를 하고 감옥 청소를 하면서, 독립정부가 되면 청사의 문지기로 독립청사의 뜰을 쓸고 죽을 수 있기를 소망했습니다. 실제로 1919년 임시정부가 상하이에서 만들어진다는 소문을 듣고 중국 쪽으로 피신하여 마침내 상하이에 도착합니다. 임시정부의 자리를 놓고 이런저런 잡음과 분란이 있었습니다만 그는 임시정부 청사의 경비원을 자청했습니다. 낮은 위치에서 독립에 헌신하겠다는 거였지요. 스스로를 희생하고 헌신하는 그 자세만으로 커다란 울림을 안겨줍니다.

1919년 3월 1일부터 온 동포가 독립만세를 부르고 피를 흘렸습니다. 그 함성과 피흘림에 고무되어 한 달 뒤인 4월 중국 상하이에 애국지사들이 모였습니다. "민주공화제"로 다스려질 "대한민국"이 거기서 탄생했습니다. 일본은 이를 가짜정부라 칭했지만, 우리 민족에게는 "대한민국 정부"였습니다. 김구 선생은 대한민국 임시정부를 몇 십 년간 주지主持해온 절대공로가 있습니다.

1948년 제헌헌법에서는 "3·1운동으로 대한민국을 건립"했고, "이제 민주독립국가를 재건"함을 밝혔습니다. 1919년 건국 사실을 재확인하면서 이를 재건한 게 1948년입니다. 이렇듯 대한민국은 1919년부터 1948년까지의 30년에 가까운 독립운동 과정의 산물입니다. 1948년 정부가 수립되었을 때, 〈대한민국 헌법〉이 게재된 첫 관보에도 〈대한민국 30년〉이라는 글자가 선명하게 인쇄되어 있었습니다. 현행 헌법(1987)도 "대한민국 임시정부의 법통을 계승"한다고 했습니다. 그런데 그 법통을 지켜낸 김구 선생을 삭제한다니요? 이는 역사 말살이고 헌법 왜곡입니다.

38선 위에 선 김구

김구 선생은 미-소 냉전으로 인해 하나의 조국이 남과 북으로 쪼개지는 것을 결사적으로 막기 위해 단독정부 수립에 반대하면서 북행길에 올랐습니다. 사진은 1948년 4월 19일 오후 6시 45분, 북행 도중 38선 위에 선 백범 김구(가운데)와 아들 김신(오른쪽), 비서 선우진(왼쪽)의 모습입니다.

* 출처: 선우진, 최기영 엮음, 《백범 선생과 함께한 나날들》, 푸른역사, 2009, 15쪽.

일제가 물러난 1945년 8·15는 불행히도 분단을 내포한 해방이었습니다. 강대국이 일방적으로 그은 38선을 지우고 온전한 상태로 독립해야 한다는 건 절대과제가 되었습니다. 선생이 "대한의 완전한 자주독립"은 "나의 소원"이라고 한 그대로입니다.

그러나 미-소 냉전과 함께 우리의 영토는 남과 북으로 쪼개지고 맙니다. 거기에 적극 가담한 국내외의 정치세력도 있습니다. 어차피 쪼개질 수밖에 없다면 반쪽이라도 차지하자면서 열을 올리기도 했지요. 선생은 이를 도저히 받아들일 수 없었습니다. 한 아이를 쪼개서 나눠 갖자는 엄마가 진짜 엄마일까요. "38선을 베고 쓰러질지언정 구차한 안일을 위해 단독정부를 세우는 데 협력하지 않겠다"는 김구 선생의 읍소는 솔로몬 재판에서 진짜 엄마의 마음 바로 그것이었을 겁니다.

백범 김구와 우사 김규식 선생의 북행길도, 분단을 막기 위해 최후의 일각까지 분투하겠다는 의지의 표출이었습니다. 가능성이 있다고 생각했던 것이 아니라, 분단을 면하기 위해 최후의 노력까지 다하겠다는 당위의 몸부림이었습니다. 북측과의 교섭이 무위로 끝난 뒤, 그들은 북에 남지 않고 서울로 돌아왔습니다. 그들이 서울에 머문다는 것 자체가 대한민국에 안겨준 후광효과도 적지 않습니다.

선생에게 민족분단은 전쟁을 초래할 "시한폭탄"이었습니다. 1949년 6월 26일 백범 선생이 흉탄에 쓰러진 지 정확히 1년 뒤, 그의 우려대로 "시한폭탄"은 한국전쟁으로 터지고 말았습니다. 엄청난 참화를 겪었지요. 전쟁의 악몽은 그것으로 끝나지 않았습니다. 휴전협정을 체결한 지 70여 년이 지난 지금까지도 우리 민족은 분단의 사슬에 발목 잡히고 가위눌려 있습니다. 선생의 발걸음은 민족적 재앙의 항구화를 막기 위한 충정이었습니다.

현행 헌법에서 "대한민국은 통일을 지향하며 평화적 통일정책을 추진"함을 명시했습니다. 40년의 시행착오를 거쳐, 우리 국민은 분단 아닌 통일, 무력 아닌 평화를 추진하자고 합의했습니다. 선생의 깃발을 이어가겠다는 선언에 다름 아닙니다.

이렇듯 선생의 생애는 대한민국의 바탕이고 상징입니다. 현실정치에서의 패배에도 불구하고 선생은 뚜렷한 이정표를 남겼습니다. "눈 덮인 들판을 걸어가면서 발걸음을 어지럽게 말라, 오늘 내가 디딘 발자국은 뒷사람의 길이 되리라"는 말씀과 함께 말입니다.

선생의 삶을 감히 흉내 내기도 어렵습니다만, 그의 애국충정에 재 뿌리는 짓은 막아야 합니다. 그것은 선생의 헌신에 터 잡아 만들어진 나라의 국민으로서 수행해야 할 의무입니다.[39]

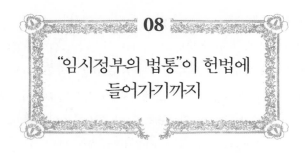

08

"임시정부의 법통"이 헌법에
들어가기까지

1948년 제헌헌법 전문에는 "기미 3·1운동으로 대한민국을 건립하여"라고 되어 있습니다. 여기에 "임시정부"라는 글자는 들어 있지 않습니다. 대한민국이라는 나라를 건립했지만, 임시정부의 지위에 대한 언급은 없었던 것입니다. 임정의 주요 인사들이 1948년 남한만의 단독선거에 불참했다는 점을 강조하면서 단절성을 부각하는 견해도 있긴 합니다. 긴 역사의 흐름에서 보면 개인적 단절보다 역사적 연속성을 확인할 수 있는 자료들이 훨씬 풍부함에도 불구하고 말입니다. 더욱 아쉬운 것은 이후 헌법 개정에서 "3·1운동의 정신을 계승하고"라고 하여그 의미를 더욱 모호하게 처리했다는 점입니다. "3·1운동"과 "대한민국"을 헌법 전문에 명기한 이유를 제대로 모르는 역사의식의 빈곤 탓입니다.

다행히 1987년 헌법에는 "3·1운동으로 건립된 대한민국 임시정부의 법통을 계승하고"라고 하여, "임시정부"와 "법통"이라는 단어가 확실히 명기되어 있습니다. 이렇게 되기까지 어떤 우여곡절이 있었을까요.

헌법의 글자 하나하나는 누군가가 공들여 창안한 것입니다. 글자새김이니 저절로 될 리가 없지요. 그 내력을 하나하나 살펴보겠습니다.

워낙 중요한 주제인데도, 별로 알려져 있지 않습니다.

1987년 6월 민주를 향한 국민의 뜨거운 열기가 결집하자 전두환 군사정권은 전술적으로 양보할 수밖에 없었습니다. 6월 29일, 당시 집권당(민주정의당) 측 대통령 후보인 노태우 씨가 직선제 개헌 등 헌법 개정을 약속한 것이지요. 이를 정치권과 국민이 받아들여 국회에서 본격적으로 개헌작업에 들어갑니다. 그때 헌법 개정의 실무 책임을 맡은 8인이 있었습니다. 여당(군사정당인 민정당)에 4인, 야당(민주정당인 신민당)에 4인, 이렇게 여야 동수로 꾸려졌습니다. 당시 의석 분포대로 하면 여당 6인, 야당 3인이어야 했지만, 6·10민주항쟁의 결과 여당 쪽이 6·29선언으로 직선제 개헌을 약속하면서 이루어진 헌법개정팀이기에 여·야 동수로 구성된 것입니다. 그 자체가 6월 민주항쟁의 성과였던 것이지요.

헌법 개정 과정에서 가장 많은 역할을 한 사람은 민정당 쪽에서는 현경대 의원이었습니다. 그는 법조인이었고, 제주도에서 무소속으로 당선되었기에 군사정당의 앞잡이라는 비난을 덜 받는 위치였습니다. 8인 소위에서 "임시정부의 법통을 계승하고"라는 문구를 제안한 것은 현경대 의원이었습니다. 야당도 같은 취지의 주장을 하고 있던 터라, 이 안은 여야 합의로 통과되었습니다.

현경대 의원은 어떻게 이를 성안했을까요. 여기서 이종찬 의원과 김준엽 선생이 등장합니다. 이종찬 의원은 당시 영향력 있는 여당(민정당) 의원이었습니다. 이종찬 의원은 "3·1운동으로 건립된 대한민국 임시정부의 법통을 계승하고"라는 문구를 작성한 후 헌개특위 위원인 허청일 의원에게 헌법 전문에 관한 각종 자료와 함께 전하면서 그대로 반영해줄 것을 주문했습니다. 그러나 군장성 출신이었던 허 의원은 그 의미를 제대로 파악하지 못한 채 오히려 부정적 반응을 보였습니다. 이에 이종찬 의원은 헌개특위 간사인 현경대 의원에게 같은 요구를 했습니다. 현 의원은 이해가 빨랐습니다. "동감입니다. 저에게 맡겨주시지요."[40] 이런 과정을 거쳐 여·야 합의로 헌법 전문에 포함된 것입니다.

이종찬 의원은 어떻게 이런 생각을 했을까요. 이종찬은 1980년 군사 정당인 민주정의당 창당에 중요한 역할을 하고 80년대 초에 원내총무를 다년간 역임합니다. 육사를 나온 군장교 출신인데, 중앙정보부의 국외 파트를 맡아 영국에서 무관도 역임했습니다. 전두환 보안사령관이 중앙정보부장을 겸임하던 1980년대 초 중앙정보부의 상급자들은 김재규와 관련하여 줄초상이 났습니다만, 이종찬은 화를 면했습니다. 실무에 밝아 전두환이 중용하기까지 했지요. 여기까지만 보면, 그가 이런 임시정부의 법통을 어떻게 생각해낼 수 있었는지에 대한 궁금증이 풀리지 않습니다.

그런데 그에게는 통상의 군인, 중정 간부와 다른 그만의 특별한 면모가 있었습니다. 바로 그의 가계입니다. 그의 할아버지는 우당 이회영 선생입니다. 구한말과 일제하의 애국자 중의 애국자지요. 이회영 선생을 포함한 6형제는 구한말까지 거대한 토지를 가지고 있던 세족이었는데, 한일병합이 되자 재산을 모두 처분하고 만주에 가서 신흥무관학교를 세웁니다. 상하이에서 대한민국 임시정부를 수립하는 데도 앞장서고, 끝까지 독립항쟁을 합니다. 그 와중에 이회영 선생은 일제에 잡혀 고문사하고, 동생 이시영 선생은 해방 이후 환국하여 초대 부통령까지 역임합니다. 말 그대로 애국자 가문이지요. 이종찬의 부친도 왜경에게 붙들려 고문당하고 불구의 몸이 됩니다. 중국 상하이에서 태어난 이종찬은 해방 당시 10살이었습니다. 해방을 기념하여 임시정부

요원들이 찍은 사진 중에 소년, 소녀가 앞자리에 선 사진이 있는데 그 소년이 바로 이종찬입니다.

이종찬의 부모는 일제강점하에서 군사의 중요성을 뼈저리게 느꼈던 터라 그에게 육사를 가라고 권유했습니다. 이종찬 역시 애국의 기초는 국방을 수호하는 진짜 군인이 되는 것이라는 생각에 육사에 입교했지요. 민정당 창당 과정에서 일정부분 역할을 하게 되었지만, 그는 창당 과정에 유석현 같은 의열단원을 원로로 모시는 등 독립정신을 이어가

이종찬
1945년 11월 5일, 임시정부 요인이 환국을 위해 상하이에 도착한 후 장완 비행장에서 찍은 사진 앞자리에 태극기를 들고 서 있는 소년이 이종찬 의원입니다. 독립운동 가문의 일원이었기에 이종찬 의원이 '임정 법통 계승'이라는 대명제를 헌법 전문에 넣는 데 힘쓸 수 있었던 것이지요.

* 출처: 대한민국임시정부기념사업회·대한민국임시정부기념관 건립추진위원회 엮음, 《사진으로 보는 대한민국 임시정부 1919~1945》, 한울엠플러스, 2017, 270쪽.

100년의
헌법

기 위해 애쓴 점이 적지 않습니다. 마침내 1987년 절호의 기회가 생기자 자신의 지위를 활용하여 '임정 법통 계승'이라는 대명제를 헌법 전문에 넣는 데까지 이릅니다. 독립운동 가문의 숨은 승리라고 할까요.

그런데 이 문구는 이종찬 의원의 독창적 아이디어였을까요. 해방 이후 임시정부 출범이 3·1운동과 함께 대한민국 정사 제1장에 기록되어야 한다는 주장이 꾸준히 제기됩니다. 이를 학술적으로 강력히 뒷받침한 중심인물은 김준엽 선생입니다. 고려대학교의 아세아문제연구소를 세계적인 연구소로 발전시킨 공로자, 《한국공산주의운동사》(전5권)라는 역작의 저자, 고려대 총장으로서 군사정권의 압력을 물리치고 학생들을 옹호한 민주총장으로 지금까지 존경받는 분이지요.

김준엽 선생은 고려대 교수와 총장을 역임한 뒤 퇴임하여 존경받는 야인으로서 지성의 사표 역할을 하고 있었습니다. 1986년부터는 임시정부의 법통성을 강하게 주장하는 학술대회를 열고, 칼럼을 통해 이를 공론화합니다. 1987년 헌법 개정 국면에서는 노태우 민정당 대표의 정치참여 권유를 거절하면서, '임시정부 출범'과 '3·1운동'을 헌법 전문에 반드시 포함시켜줄 것을 요청했습니다. 그리고 이종찬 의원을 직접 불러서 이렇게 강조했습니다. "이번 기회에 임정의 법통을 잇는다는 내용을 반드시 헌법 전문에 명시해야 합니다. 이 일을 이 의원 말고 누가 하겠소. 현재 민주당안은 '대한민국 임시정부의 법통을 계승한다'인데, 민정당안에는 '임시정부의 정신을 계승한다'고 되어 있어요. 정신과 법통은 대단히 큰 의미의 차이를 낳습니다. 이 점을 명심해서 틀림없이 '법통을 계승한다'로 반영해주시오."[41] 바로 그 문구를 이종찬 의원이 가져가서 헌법 전문에 넣은 것입니다. 그러니 진짜 창안자는 김준엽 선생인 셈입니다.

이종찬 의원은 당시 광복회장인 이강훈 선생을 만나 자문을 구했고, '임시정부 법통 계승'이라는 문구를 꼭 넣어야 한다는 독려와 성원을 들었지요. 그 덕분에 개헌특위에 강력히 요청할 수 있었던 것이고요. 이렇게 헌법 전문이 통과된 뒤, 김준엽 선생은 '대한민국 임시정부 법통계승 기념회'를 열어 "광복 42년 만의 감격적인 일"이고 자신의 "숙원"을 성취했다고 자평합니다.[42]

김준엽 선생은 역사의식이 깊은 역사가이자 현대정치사상가입니다. 그러나 그것만으로는 그가 왜 그토록 임정 법통을 강조했는지 잘 설명되지 않습니다. 그의 생애 전체가 바로 그런 지향점을 갖고 있음을 알아야 어느 정도 이해가 가능하지요. 일제 말기 일제는 중국 침략을 단행하는 대동아전쟁(2차 세계대전)을 일으킨 뒤 병력을 충당하기 위해 우리 청년들을 징병하고 강제로 징용합니다. 김준엽은 학병으로 자원합니다. 하지만 그는 일제의 병사로 전쟁을 수행할 생각이 처음부터 없었습니다. 중국 서주까지 간 뒤 바로 탈영을 감행합니다. 일본 병영을 탈출한 제1호 병사였지요. 뒤이어 장준하, 노능서 등 학병 출신 징집병들도 탈출합니다. 그들은 합류하여 일본의 체포 위협을 뚫고 온갖 역경을 이겨내며 6천 리를 걸어, 마침내 충칭에 있던 대한민국 임시정부에까지 도달합니다. 청년들이 충칭에 도착하자, 김구 임시정부 주석은 "모두가 왜놈의 개가 된 줄 알았는데, 이런 청년들이 탈출해 오니 너무나 기쁘다"면서 눈물을 흘렸다고 합니다.

김준엽, 장준하 등 열혈청년들은 광복군에 편입되어 활동하다가 그들의 특출함을 눈여겨본 미군에 의해 OSS부대의 일원이 되기도 하고, 8·15 직후 국내 진공작전의 선발대로 여의도에 있던 군 공항에 착륙하기도 합니다. 김준엽은 해방 후 중국어 공부를 더 열심히 해서 학자의 길을 걸었지만, 평생동지 장준하와 함께 잡지《사상계》를 냈던 실천적 학자였습니다. 그런 그였기에 1987년 우리 헌법 개정, 민주 개정이 박두한 시점에 "임정 법통 계승"을 명기하도록 촉구한 것이지요. 우리의 헌법 속에 '임시정부의 법통 계승'이라는 문구를 포함시킨 대업을 이룬 것은 바로 임시정부의 광복군에 몸담았던 청년애국자 김준엽의 평생 숙원의 달성이었습니다.

"임시정부의 법통"이라는 구절에는 그러한 법통이 끊기지 않도록 하기 위해 혼신의 힘을 다했던 애국선열들의 피눈물, 그러한 지혜를 간직한 지식인과 후손들의 한평생 삶이 녹아 있습니다. 말 그대로 마지막 광복군과 독립운동가의 후손이 이루어낸 쾌거이지요. 이 구절은 단순한 미사여구가 아닙니다. 헌법 전문에 명기하기까지의 피와 눈물과 지성의 역사, 시대의 맥박을 함께 읽어내야 합니다.

아울러 김준엽 선생이 강조한 점 하나를 주목할 필요가 있습니다. "정신과 법통은 대단한 의미의 차이를 갖는다"는 언급입니다. '정신 계승'은 여러 가지로 해석될 수 있고, 별다른 의미를 갖지 못할 수도 있습니다. 너무나 주관적이니까요. 반면 '법통 계승'은 의미가 확실하고 객관적입니다. 대한민국을 기념하려면, 그 대한민국의 출발점까지 법적 계통을 소급해야 한다는 것입니다. 이 문구에 의해 3·1운동-대한민국-임시정부-8·15해방-7·17헌법 공포-8·15정식정부수립이 일관된 계통으로 연결됩니다. 역사학자였기에 다른 누구보다 법통의 이 같은 의미를 정확히 이해했던 것이지요.

김준엽 선생이 말한 정신과 법통의 커다란 의미 차이는 2008년 이후 비로소 확연해집니다. 뉴라이트 쪽에서 건국절 주장을 펴기 시작한 겁니다. 1948년에 대한민국이 건국되었기 때문에 건국절은 1948년 8월

15일이고, 이명박 대통령이 집권한 2008년은 건국 60주년이라는 얘기였지요. 5천년 역사를 가진 나라에서 갑자기 건국을 별도로 입에 올리는 것도 이상하지만, 1948년을 건국절로 삼으면 항일독립운동과 민주국가수립운동은 건국 이전의 역사가 되어버립니다. 1948년 정부수립 시엔 임시정부의 주역인 김구와 김규식 등이 불참했고, 38선이 그어져 한반도가 남과 북으로 분단되었습니다. 남쪽 정부엔 친일파가 일각을 차지하기도 했지요. 반쪽 정부의 수립에 반대하고 통일정부를 만들어야 한다는 애국자들의 주장은 건국 반대 세력으로 낙인찍힐 판이었습니다. 광복이 일제하 독립운동이 아니라 미국 덕분이라는 그들의 견해는 반쪽 단독정부를 앞장서 외친 이승만만이 '국부' 자격을 가지고 있다는 주장으로 이어집니다. 이들은 정권의 지지를 등에 업고 막대한 이념공세를 폈습니다.

그들에게 눈엣가시 같은 건 다름아닌 1987년 헌법 전문이었습니다. 헌법 전문에 현재의 대한민국이 "3·1운동으로 건립된 대한민국 임시정부의 법통을 계승"한다고 못 박아 놓은 덕분에, 1948년 건국절 주장이 헌법에 반하는 결과를 가져온 겁니다. "법통"을 명기해야 한다는 김준엽 선생의 선견지명이 뚜렷이 확인된 것이지요. 결국 온갖 수단을 동원하여 물량공세를 폈음에도 불구하고, 건국절 주장은 헌법 규정과 민족정기의 압력을 이겨내지 못하고 사그라들었습니다.

이명박 정부는 2008년 '건국 60년 기념행사'를 열었습니다. 이들은 대한민국의 건국의 모태는 독립운동이 아니라 '미군정 3년'이라는 주장까지 폈습니다. 광복회를 비롯한 민족운동단체들이 그 행사를 일제히 거부한 것은 불 보듯 뻔한 일이었지요. 해방 이후에 건국되었다면 자신들의 피나는 독립운동은 아무것도 아닌 것이 되니 건국훈장을 받을 자격이 없다면서 반납하겠다고까지 결의했습니다. 그러자 이명박 대통령은 "임시정부는 실로 대한민국의 뿌리요, 정신적 토대라고 할 수 있다"면서 한발 물러섰습니다. 하지만 이명박 대통령은 정신은 말하면서도 법통 언급은 하지 않았습니다.

박근혜 정부도 마찬가지였습니다. 2015년 〈8·15경축사〉에서 박 대통령은 "오늘은 광복 70주년이자 건국 67년을 맞는 역사적인 날"이라고 했습니다. 이 때문에 2016년 8월 12일에 독립유공자·유가족과 애국지사들을 초청해 오찬을 함께한 2016년 8월 12일에는 한 독립운동가의 일갈을 듣기도 했지요. 그런 자리는 주로 덕담만 오가고 참석자들은 대통령의 말씀을 수동적 자세로 듣기 마련입니다. 그러나 광복군 출신이자 91세의 연로한 독립운동가인 김영관 선생은 대통령의 면전에서 건국절 주장에 대해 "역사를 외면하는 처사"라고 반박했습니다. '건국절 주장은 헌법에 위배되고 실증적 사실과도 부합되지도 않고 역사 왜곡이고 또 역사의 단절을 초래한다. …… 왜 우리 스스로 역사를 왜곡하면서 독립투쟁을 과소평가하고 나라를 되찾으려 투쟁한 임시정부의 역사적 의의를 외면하는지 이해할 수 없다'는 것이었지요.

왜 임정 법통성을 부인하고 1948년을 건국절로 삼으려 할까요. 보십시오, 민족독립과 민주주의에 헌신했던 독립운동가와 광복군 출신들의 기개를요. 김구, 장준하, 김준엽, 김영관 등 목숨 걸고 항일운동을 전개한 애국자들은 일본군이든 독재정권이든 무서워하지 않는 기백을 보여줬습니다. 이들의 기백과 당당함을 후세대들이 온전히 배우게 된다면, 독재자들이 설 땅이 어디 있겠습니까. 그러니 임정 법통설이냐 건국절이냐 하는 논쟁은 단지 역사학적 논쟁이 아니라, 우리가 어떤 인물을 모델로 배워갈 것인가에 대한 근본 논쟁입니다.

김준엽과 장준하
김구, 장준하, 김준엽, 김영관 선생 등은 모두 목숨 걸고 항일운동을 전개한, 기개와 위엄을 갖춘 인물입니다. 사진은 1945년 8월 20일 촬영된 김준엽(가운데)과 장준하(오른쪽)의 모습입니다.

법통 계승과 관련하여 김준엽 선생은 임정 법통을 관철하기 위해 여러 글을 썼습니다. 긴 글도 있고 짧은 글도 있습니다. 그중에서 칼럼한 편을 전재합니다. 임정 법통을 전반적으로 이해하는 데 큰 도움이될 겁니다.

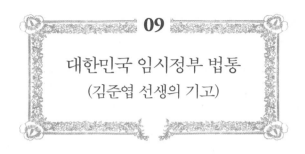

09
대한민국 임시정부 법통
(김준엽 선생의 기고)

우리 한민족은 오랜 역사를 통하여 민족국가의 자주의지와 역사적으로 장구한 문화사적 연속성을 견지해 왔다. 아직은 분단상태에 있으나 우리 민족은 수많은 외래침략과 국난기國難期를 거치는 동안에 을지문덕, 이순신 등 민족적 영웅을 배출하여 한민족의 자기동일성의 원천인 국혼國魂을 견지하면서 빛나는 국난극복의 민족사를 창조해 왔다. 민족사의 정통성의 사관史觀에서 독립운동과 그 대표적인 표현인 3·1독립정신 그리고 그 민족혼이 민족국가의 잠재적 형태로 구현된 1919년의 대한민국 임시정부의 역사는 근대화 과정에서 한국사의 주체인 동시에 조선왕조의 왕조사가 종말되면서 정치사적 공백을 메우는 채로 대두된 우리 민족의 정통적 공권력의 원천이었다는 점에서 그 역사적 의의는 높이 평가되어야 한다.

〈대한민국 임시정부〉의 민족사적 정통성 문제는 이 상해임시정부가 항일독립운동 특히 3·1운동 정신의 산물일 뿐만 아니라 1945년 일제 패망까지의 국외에 존재한 민족주권이며 우리 민족의 유일한 정부였다는 사실의 인식으로부터 찾아야 한다.

해방 후 중경重慶에서 돌아온 임시정부나 모든 광복운동자 전체가 건국에 있어서 집권에서 소외되었다고 하더라도 오늘의 대한민국 건국이념에서 그 헌법의 기본정신 중 가장 중요한 민족사적 정통성의 근원은 역시 광복운동자 전체의 대표기관인 대한민국 임시정부의 역사적 존재임을 아무도 부인할 수 없을 것이다.

이제 우리나라 헌법의 전문에 명시되어야 할 그 건국정신으로서 〈대한민국 임시정부〉가 민족사적 정통성의 근원이 된다는 명제를 차례로 논증해보고자 한다.

첫째로 대한민국 임시정부는 그 임시헌장의 전문에 나타난 바와 같이 1919년 3·1 독립운동과 그 독립선언에 의해 탄생된 3·1 독립정신의 정통적 계승자요, 그 소산이라는 점이다.

둘째로 3·1 독립정신에 의해 독립국가를 건설할 민족자결의 권리를 선언하고 난 다음, 세 갈래의 임시정부 즉 한성漢城 임시정부, 노령露領 대한국민 의회정부, 상해 임시정부가 세워졌으나 곧 세 정부는 통합절차를 거쳐서 상해 및 노령 임시정부를 해소하고 3·1 정신을 계승하여 한성 임시정부의 법통을 존중하는 〈대한민국 임시정부〉의 국호가 확정되고 그 정부 소재지를 상하이로 정했다.

셋째로 대한민국 임시정부는 근대적 민주헌정의 신기원을 이룩했을 뿐만 아니라 대통령중심제, 내각책임제, 집단지도체제, 주석제 등 갖가지 권력구조를 모두 체험해 보고 1944년 제4차 개헌에서는 삼균주의三均主義를 반영하여 민주사회주의적 경제정책을 가미한 복지국가형 민주주의의 이념도 제시해 보았다.

넷째로 우리는 대일전쟁에서 대한민국 임시정부가 그 국제적 승인의 문제를 차치하고라도 교전국의 자격을 자인했다는 점을 중시하지 않을 수 없다. 대한민국 임시정부는 1940년 9월 17일 국내에 진입하여 자력으로나 연합국군의 일원으로 참전하여 자력에 의한 민족해방을 위해 광복군을 조직하고, 1941년 12월 9일 〈대일선전성명〉을 발표한 역사적 사실을 중요시해야 한다.

그러나 해방 후 복국復國 과정을 살펴보면 광복운동자 세력을 소외시킨 미군정의 무정견 탓으로 대한민국 임시정부의 환국을 열렬하게 고대하던 국내 민족주의 세력을 실망시켰고 정치적으로 불리한 입장을 마련해 준 결과가 되었다. ……

여기서 보다 심각한 문제는 해방 후 중경 임시정부나 광복운동 세력이 정치적으로 소외된 결과와 아울러 5·16 이후 대한민국 임시정부 27년의 역사적 존재와 그 민족사적 정통성 원천으로서의 건국정신을 헌법 전문前文에서까지 삭제한 것은 더욱 중대한 문제로 제기되어야 할 것이다. 5·16 이후의 헌법 전문에서 삭제된 대한민국 임시정부와 그 광복운동사적 정통성을 복원하는 일은 오늘의 개헌작업에서 기필코 성취되어야 할 과제다.

헌법의 전문은 헌법 제정의 유래와 헌법 제정권자, 제정 목적, 헌법의 기본원리 등을 선언하는 선언적 의의를 가지며 그 요소 중에서도 가장 중요한 것은 건국정신과 그 통치권원權原의 민족사적 정통성의 명시다. 우리나라 헌법은 1919년 대한민국임시헌장(1919년 4월 11일)으로부터 해방 후 제헌국회가 제정한 제헌헌법 이래 현행 헌법에 이르기까지 전문을 채택해왔고 그 전문에는 우리나라의 건국이념으로 3·1 독립정신의 계승을 명시해왔다. ……

1948년 제헌국회의 헌법전문은 대한민국 임정의 건국을 제1공화국으로 인정하고 그것을 오늘의 대한민국의 민족사적 정통성의 근원인 동시에 정당한 통치권원임을 확인하고 있다.

그러나 5·16 이후 1962년 12월 26일의 공화당 정권 시 헌법의 전문에서는 대한민국 임시정부의 정통성 부분을 삭제하고 다만 "3·1운동의 숭고한 독립정신"이라는 표현만 남긴 다음 "4·19의거와 5·16혁명의 이념에 입각하여"가 새로 추가되었던 것이다. 5·16 이후의 개헌에서 "대한민국 임시정부의 건국과 그 민족사적 정통성"의 내용을 그 전문에서 삭제한 것은 헌정사상 묵과할 수 없는 중대한 사건이다.

1972년의 유신헌법은 〈통일주체국민회의〉를 만든 반민주적 헌법으로서 5·16 후의 헌법 전문과 다름없이 대한민국 임시정부와 그 광복운동의 헌법 제정 유래로서의 지위를 부정했다. 제5공화국 출발에 있어서 1980년 10월 27일 헌법 개정에서도 5·16 후의 헌법 전문과 다름없이 대한민국 임시정부의 정통성은 그 전문에서 되살리지 못했다.

새로 개정되는 헌법의 전문에서는 3·1 독립정신의 계승과 더불어 첫째로 대한민국 임시정부가 우리 민족이 세운 민주공화국의 효시로서 제1공화국이라는 사실과, 둘째로 1919년의 상해 임시정부의 〈임시헌장〉이 우리 헌정사의 시점으로서 그 헌법 제정의 유래로서 명시되어야 하고, 셋째로 광복운동이 헌법 전문 속에 표현된 건국정신의 원천으로서 제자리를 잡아 일제에 의한 피침사 35년만을 알리는 데 그치지 말고, 그 역사를 민족저항의 독립운동사로 재해석하여 오늘의 모든 국민뿐만 아니라 대대로 후손들에게 국난극복의 보람진 민족사를 길이 전해야 할 것이다.[43]

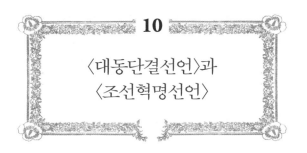

10

〈대동단결선언〉과
〈조선혁명선언〉

1917년 발표된 〈대동단결선언〉은 보통 잘 배우지도 않고 익숙하지도 않습니다. 문재인 대통령은 2017년 첫 〈8·15경축사〉에서 바로 이 생소한 〈대동단결선언〉부터 언급하고 있습니다. 대통령 경축사를 한번 살펴볼까요.

국민주권은 이 시대를 사는 우리가 처음 사용한 말이 아닙니다. 백 년 전인 1917년 7월, 독립운동가 14인이 상하이에서 발표한 〈대동단결선언〉은 국민주권을 독립운동의 이념으로 천명했습니다. 경술국치는 국권을 상실한 날이 아니라 오히려 국민주권이 발생한 날이라고 선언하며, 국민주권에 입각한 임시정부 수립을 제창했습니다. 마침내 1919년 3월, 이념과 계급과 지역을 초월한 전 민족적 항일독립운동을 거쳐, 이 선언은 대한민국 임시정부를 수립하는 기반이 되었습니다.

2017년이 〈대동단결선언〉을 한 지 100주년이 되는 해여서 대통령이 특별히 언급했을 수도 있습니다. 1917년은 윤동주, 박정희가 태어난 해이기도 합니다. 박근혜 대통령이 탄핵되지 않고 집권 중이었다면 박정희 탄신 100주년 기념사업이 떠들썩하게 벌어지고, 그를 둘러싼 찬반양론이 팽팽했을 테지요. 하지만 역사의 엄정함은 2017년을 박정희가 아니라 윤동주의 100주년을 기념하는 해로 만들었습니다.

그런데 〈대동단결선언〉이 무엇이기에 그토록 주목받을 수 있을까요. 일부를 살펴봅시다.

융희 황제가 삼보(영토, 인민, 주권)를 포기한 경술년(1910) 8월 29일은 즉 우리 동지가 삼보를 계승한 8월 29일이니, 그동안에 한순간도 숨을 멈춘 적이 없음이라. 우리 동지는 완전한 상속자니 저 황제권 소멸의 때가 곧 민권 발생의 때요, 구한국의 마지막 날은 즉 신한국 최초의 날이니, 무슨 까닭인가. 우리 대한은 무시無時 이래로 한인의 한이오 비非한인의 한이 아니라. 한인 사이의 주권을 주고받는 것은 역사상 불문법의 국헌이오, 비한인에게 주권 양여는 근본적 무효요, 한국의 한민성이 절대 불허하는 바이라. 고로 경술년 융희 황제의 주권 포기는 즉 우리 국민 동지에 대한 묵시적 선위니, 우리 동지는 당연히 삼보를 계승하여 통치할 특권이 있고 또 대통을 상속할 의무가 있도다.

한국의 주권은 전체 한국인의 것이기에, 비한인에게는 애당초 양여될 수 없다는 것입니다. 조선국왕, 대한제국의 황제가 가진 주권은 바로 한국인들이 일시적으로 위임한 것이고, 1910년 순종(융희황제)이 주권을 포기했을 때 그 주권은 일본에게 가는 것이 아니라 바로 "우리 국민에 대한 묵시적 선위"라고 본 것이지요. 국민이 황제에게 위임한 것을 황제가 포기했으니, 다시 국민에게 돌아온 것이라는 언명입니다.

1923년 신채호는 의열단의 창립취지문으로 〈조선혁명선언〉을 발표

대동단결선언·조선혁명선언

〈대동단결선언〉은 1917년 임시정부 수립을 위해 신규식·박은식·신채호·조소앙 등 14명이 발기하여 작성한 선언문입니다(위). 〈대한민주〉라는 나라의 수립을 처음으로 제창했지요. 〈조선혁명선언〉은 신채호가 1923년 1월 의열단의 독립운동 이념과 방략을 이론화해 천명한 선언서입니다(아래). 일본을 조선의 국호와 정권과 생존을 박탈해간 '강도'로 규정하고 이를 타도하기 위한 수단으로 혁명을 강조합니다.

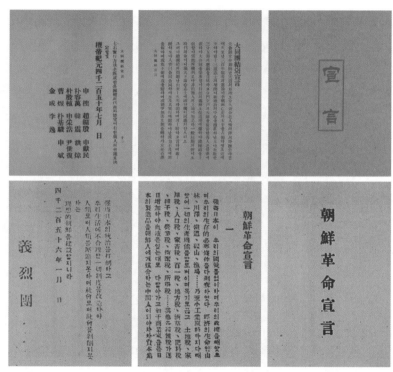

* 출처: 대한민국임시정부기념사업회·대한민국임시정부기념관 건립추진위원회 엮음, 《사진으로 보는 대한민국 임시정부 1919~1945》, 한울엠플러스, 2017, 28~29쪽.

합니다. 첫머리에는 "강도 일본이 우리의 국호를 없이 하며, 우리의 정권을 빼앗으며, 우리 생존적 필요조건을 다 박탈하였다. …… 우리는 일본 강도정치 곧 이족통치가 우리 조선민족 생존의 적임을 선언하는 동시에, 우리는 혁명수단으로 우리 생존의 적인 강도 일본을 살벌함이 곧 우리의 정당한 수단임을 선언하노라"고 썼습니다. 그는 일본을 시종일관 '강도'라고 칭합니다. 강도가 우리의 안방을 차지하고, 재물과 인명을 마음대로 유린한다고 해서 강도가 주인이 될 수는 없는 법이지요.

1910년 강도(일본)가 우리 집(대한국)을 강점하고, '대일본제국'이라는 문패를 붙였습니다. 다른 힘센 강도들(제국들)의 동의도 얻었습니다. 그러나 우리에겐, 엄연히 우리 집입니다. 영토 피탈/문패 박탈과 상관없이 우리 국민이 주인(주권자)입니다. 분명 대한제국 때는 주권자가 군주였습니다. 주권자였던 군주가 주권 박탈에 동의하는 도장을 찍기도 했고요. 하지만 그랬다 한들 그건 군주의 주권 포기일 뿐입니다. 오히려 진짜 동의하는 주인인 국민의 주권은 회복되는 것이지요.

그런데 주인이 내가 주인이라는 생각을 속으로만 되뇐다고 주인이 될까요. 주인은 대내외에 주인임을 천명하고, 강도와 싸워나가야 합니다. 〈대동단결선언〉에서 "우리는 국가 상속의 대의를 선포하여 해외동포의 단결을 주장하며 국가적 행동이 진급적 활동을 표방한다. 국가적 행동을 성취하기 위해서는 통일기관, 통일국가, 원만한 국가의 달성이라는 3단계가 필요하다"고 한 것은 이 때문입니다. 이를 위해 "해외 각지의 단체를 통일하여 유일무이한 최고기관을 조직하고, 중앙총본부를 설치하고, 대헌大憲을 제정하여, 민정民情에 일치하는 법치를 실행하자"고 강령도 냈고요.

이 〈대동단결선언〉에 해외에 있던 14인의 애국자들이 서명했습니다. 왕조가 끝났지만 새로운 나라의 수립 방향은 전혀 정하지 못한 시점에, 〈대동단결선언〉은 〈대한민주〉라는 나라의 수립을 처음으로 제창했습니다.

하지만 대한이라는 땅에서 실제로 주인 노릇을 할 존재는 아직 모호한 상태였습니다. 관념으로만 존재했던 것이지요. 좀 더 구체적으로 보면 "우리 국민 동지"라 했을 때의 그 '국민'이 공허했습니다. 새 나라를 짊어질 사람들의 실체가 손에 잡히지 않았으니까요.

그로부터 2년 뒤 3·1혁명을 통해 새로운 주권자가 당당히 자신의 실체를 드러냈습니다. 3·1혁명에 목숨 걸고 참여한 각계각층, 남녀노소, 전국방방, 국내외의 한인들(조선 인민들)이 그들이지요. 일본, 러시아, 한국, 중국, 미주 등 한인들이 거주하던 곳에는 모두 '국민'이 있었던 겁니다. 세 달간 궐기한 끝에 그 '국민'을 주인으로 하는 새 나라가 탄생했으니, 그게 바로 대한民국이었습니다.

이렇듯 대한민국의 탄생은 어느 한 시점point이 아니라, 일련의 과정process을 통해 이루어졌습니다. 1917 – 1919 – 1945 – 1948 – 1987 – 2019, 이렇게 이어지는 거지요. 대한민국 탄생의 주역(국부)도 어느 한 인물이 아니라, 우리 국민 전체이고요.

그럼 우리의 역할은? 각자 제 위치에서, 제 시기에, 자기 몫을 잘 해내고, 다음 세대에 힘 있게 바통을 넘겨주면 됩니다.

◎ 대한민국의 연호: 민국→단기→서기

나라가 바뀌면 연호도 달라집니다. 조선시대에는 홍무 5년, 영락 10년 등 중국의 연호를 가져다 썼습니다. 중국이 황제국이고 우리는 왕국이라 황제국의 연호를 받아 썼던 겁니다.

1897년 대한제국을 선포하면서 우리도 황제국이 되었습니다. 그래서 연호도 광무 5년 등으로 쓰게 됩니다. 고종황제는 "광무"라고 썼고, 순종황제는 "융희"라고 썼습니다. 융희 4년에 '대일본제국'에 강점당한 후 일제는 식민지인 조선에 "대정大正", "소화昭和"라는 일본 '천황'의 연호를 쓰라고 강요합니다.

1919년 대한민국을 건립하면서, 임시정부는 모든 활동에 "민국" 연호를 쓰게 됩니다. 〈대한민국 임시헌장〉 제정공포일은 "대한민국 원년 4월 11일"로 표기했지요. "민국 원년"은 1919년입니다. "민국" 연호가 적힌 문서, 사진은 아주 많습니다.

민국 연호를 계속 쓰게 된다면 1948년은 "대한민국 30년"이 됩니다. 이와 관련하여 아주 흥미로운 자료가 있습니다. 대한민국 헌법이 공식적으로 인쇄된 〈대한민국 관보〉 제1호입니다. 여기에는 "대한민국 30년 9월 1일"이라는 표기가 선명하지요. 〈대한민국 30년〉 연호는 관보 제1호(9월 1일)부터 제5호(9월 22일)까지 쓰입니다. 발행처가 대한민국 정부 공보처이니, 공식문서 중의 공식문서입니다.

이승만 초대 대통령도 민국 연호를 사용했습니다. 대통령 취임선서, 취임사에서 "대한민국 30년"이라고 낭독했습니다. 부통령 이시영도 마찬가지였습니다. 다음은 제헌국회 속기록에서 발췌한 것입니다.

○ 사무총장 전규홍 지금은 대통령 취임선서가 있겠읍니다.
  (대통령 등단, 일동 박수)
○ 대통령 이승만 나 이승만은 국헌을 준수하며 국민의 복리를 증진하며
  국가를 보위하여 대통령의 직무를 성실히 수행할 것을
  국민과 하나님 앞에 엄숙히 선서한다.
  대한민국 30년 7월 24일
  대한민국 초대 대통령 이승만

○ 사무총장 전규홍 지금은 부통령 취임사가 있겠읍니다.
  (이시영 부통령 등단, 일동 박수)
○ 부통령 이시영 (취임사 낭독)
  대한민국 30년 7월 24일
  대한민국 부통령 이시영

○ 국무총리 이범석 (취임사 낭독)
  대한민국 30년 8월 2일
  국무총리 이범석

○ 사무총장 전규홍 (낭독)
  정부문서제3호
  대한민국 30년 8월 5일
  대한민국 대통령 이승만
  대한민국 국회의장 귀하
  대법원장임명승인에관한건
  대한민국 헌법 제78조에 의하여 김병로를 대한민국 30년 8월 5일 대법원장으로
  임명하였으니 승인하여 주심을 앙청하나이다.

이승만 대통령은 민국 연호 사용에 대해 자부심을 갖고 있었습니다. 그는 "우리나라의 민주정치제도가 남의 조력으로 된 것이 아니요, 30년 전에 민국정부를 수립 선포한 데서 이뤄졌다는 것과 기미년 독립선언이 미국의 독립선언보다 더 영광스럽다는 것을 드러내고자 함"이라고 했습니다.

관보 제1호를 보면, 국무총리, 각 부 장관, 대법원장 임명 소식이 나오는데, 모두 〈대한민국 30년 ○월 ○일자〉로 되어 있습니다. 임명장에도 단기나 서기가 아닌 대한민국 연호가 찍혀 있는 것입니다.

대한민국 관보 제1호

1948년 9월 1일, 대한민국 정부 공보처는 대한민국 헌법이 담긴 〈대한민국 관보〉 제1호를 발행합니다. 주목할 부분은 발행일을 "대한민국 30년 9월 1일"이라고 한 것이지요. 대한민국 임시정부는 1919년 대한민국을 건립하면서 "민국" 연호를 사용합니다. 1919년은 "민국 원년"이었지요. 이승만 정부도 대한민국 임시정부를 잇는다는 뜻에서 1948년을 "대한민국 30년"이라 한 것입니다.

* 사료제공: 국가기록원.

이렇게 이승만 대통령과 행정부는 민국 연호를 씁니다. 반면 국회는 처음부터 단기 연호를 씁니다. 제헌헌법 전문前文의 마지막에 "단기 4281년 7월 12일 이 헌법을 제정한다"라고 표기하기도 했지요. 이로 인해 혼선이 빚어지니까, 결국 국회가 연호에 관한 법률을 제정하여 통일합니다.

"연호에 관한 법률"(법률제4호)이 9월 11일 국회를 통과하고 9월 25일자로 제정되었는데, 거기서 "대한민국의 공식연호는 단군 기원으로 한다"고 정리합니다. 단기와 서기의 차이는 2333년이니, 서기 1948년은 단기 4281년이 됩니다. 1948년 9월 28일자 발간 〈관보 제6호〉에는 '단기 4281년'으로 표기되어 있지요.

이 단기 연호는 1962년 "대한민국의 공용연호는 서력 기원으로 한다"는 법률 개정에 따라 서기로 바뀌게 됩니다. 모든 공문서도 서기 연호를 쓰기 시작했고요.

주목할 것은 〈대한민국〉이라는 연호가 1919년부터 1948년 정부 수립 이후까지 쓰였다는 사실입니다. 제헌헌법 전문에 '기미 3·1운동으로 건립된 대한민국'과 '민주독립국가를 재건'이라는 문구가 왜 포함됐는지를 이보다 더 분명하게 보여주는 문서는 달리 없다고 할 만합니다.

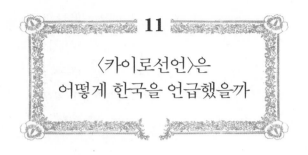

11

〈카이로선언〉은
어떻게 한국을 언급했을까

일제 식민지로 있던 한국이 독립할 수 있는 계기가 된 첫 국제문서가 〈카이로선언〉임은 다 배워 알고 있지요. 1943년 11월 27일 미국의 루스벨트 대통령, 영국의 처칠 수상, 중국의 장제스 주석은 이집트의 카이로에 모여 선언했습니다. 이 회담에서 연합국은 승전하더라도 자국의 영토를 확장하지 않겠다고 약속했고, 일본에는 1차 세계대전 이후 약탈한 영토를 반환할 것을 요구했습니다.

특히 한국에 대해서는 특별조항을 만들어 언급합니다.

세 강대국은 현재 한국민이 노예상태에 놓여 있음을 유의하여, 적절한 절차를 밟아 한국이 자유롭고 독립적인 국가가 되도록 결의한다.

The three great powers, mindful of the enslavement of the people of Korea, are determined that in due course Korea shall become free and independent.

이 조항을 통해 처음으로 한국의 독립이 국제적인 보장을 받게 되었습니다.

그런데 미·영·중의 대표가 "한국민이 노예상태에 놓여 있음"을 어찌 알게 되었을까요. 강대국 대표들이 일제의 식민지가 된 한국의 운명을 처음부터 알 리가 있겠습니까. 바로 독립운동의 힘이지요. 일제의 노예 살이에 머무르지 않고, 나라를 만들고 임시 망명정부를 만들고, 외교전도 치열하게 펼치고, 폭탄도 던지고, 군대도 만들어 싸우면서 끊임없이 "우리는 싸우고 있다, 우리는 절대로 식민지임을 원치 않는다"고 절규한 덕분이지요.

카이로회담
1943년 11월 27일 미국의 루스벨트 대통령(가운데), 영국의 처칠 수상(오른쪽), 중국의 장제스 주석(왼쪽)은 이집트 카이로에서 가졌던 회담의 결과를 발표합니다. 〈카이로선언〉이지요. 여기에서 한국은 특별조항을 통해 처음으로 독립을 국제적으로 보장받게 됩니다. 미·영·중의 대표가 일제의 식민지 노예였던 한국의 상황을 알 수 있었던 것은 지속적인 일제의 억압에도 굴하지 않고 치열하게 독립운동을 전개한 독립운동가들의 노력 덕분이었습니다.

〈카이로선언〉에 한국 부분을 넣자고 주장한 장제스 주석은, 1932년 윤봉길 의거에 감동받은 후 김구의 임시정부에 군사적 지원을 하고, 김구-김원봉의 군관학교 설립을 돕습니다. 장제스는 임시정부를, 마오쩌둥은 조선의용군 등을 통해 한국의 독립을 고무하고 지원하지요. 한국이 일본의 일부가 아님을 너무나 잘 알고 있었던 겁니다.

몇 백 명밖에 안 되는 독립군으로 나라를 독립시킬 수 있었겠냐고 비아냥대는 친일파와 친일파적 사고가 횡행하고 있습니다. 그런 자들에게 자신 있게 되물어봅시다. 임시정부, 안중근, 윤봉길이 없었다면 강대국의 그런 선언이 나왔겠느냐고요.

태극기가 그려진 미국 우표
1944년 11월 2일 미국 워싱턴 D.C.에서 발행한 5센트짜리 우표입니다. 재미한족연합회의 요청에 따라 발행한 우표로, 'KOREA'라는 글자가 선명하고 태극기가 그려져 있습니다.

한국인은 대한이 독립국임을 알리기 위해 각종 국제회의에 끈질기게 참여합니다. 몇 십 년 동안 헤이그, 파리, 워싱턴, 모스크바, 상하이, 블라디보스토크, 브뤼셀, 샌프란시스코 등 온갖 국제회의장을 돌아다니며 대한은 독립국임을 외친 사람의 아우성이 꽉 막혀 있던 강대국의 귀를 연 것입니다. 그게 없었다면, 아마도 한국은 오키나와처럼 일본의 일부가 되거나, 사할린처럼 소련의 일부가 되거나, 대만처럼 중국의 일부가 되어 있을지 모르지요. 친일파─민족반역자들이 원하는 그런 모습으로 말입니다.

독립운동이 실패했나요? 아닙니다. 독립을 이뤄냈잖아요. 스스로의 힘이 부족해 강대국에 휘둘렸지만, 결국 "일제로부터의 독립"을 쟁취해냈다는 점에서 독립운동은 성공한 것입니다. 창씨된 이름도 되찾았고, 우리말과 글도 되찾았습니다. 일본인들은 재산 한 푼 못 갖고 싹다 쫓겨났고요.

독립운동이 없었다면 어떻게 되었을까요? 분명 우리는 엄청나게 초라했을 겁니다. 독립운동은 인간의 존엄성과 민족의 자존이 걸린 문제입니다. 생명을 희생하면서까지 독립을 외치는 것은 인간의 숭고함과 존엄성을 확인시켜줍니다. 친일파, 민족반역자들은 늘 그 길 외에는 선택의 여지가 없었다고 변명합니다만 독립운동가들은 다른 길이 있었음을 일깨워줍니다. 이처럼 대조되는 사례를 명확히 제시해야 친일파를 단죄할 기준을 만들 수 있으며 민족정기를 세워나갈 수 있습니다. 독립운동은 우리의 독립을 가능케 한 원천임과 동시에, 인간적 자부심과 민족정기의 원천임을 잊지 말아야 합니다.

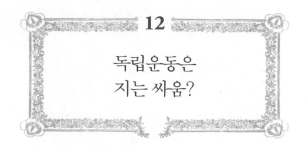

12

독립운동은
지는 싸움?

"독립운동가들이 지는 싸움을 했다."

이런 말을 자주 듣습니다.

의열단 영화에 그런 대사가 나오나 봅니다.

왜 지는 싸움일까요?

폭탄을 못 던지고 체포되어서?

그럼 이봉창은 폭탄이 불발되었으니 지는 싸움, 윤봉길은 폭탄으로 일본군을 살상시켰으니 이기는 싸움을 한 것인가요?

윤봉길 폭탄 거사는 계획대로 성사되었고 윤봉길은 처형당했습니다. 그럼 윤봉길은 이기는 싸움을 한 건가요? 윤봉길의 거사에도 불구하고 일제는 중국 침략을 가속화하고 한국인을 더욱 괴롭혀댔으니 오히려 크게 지는 싸움을 한 것은 아닌가요?

도대체 지는 건 뭐고, 이기는 건 뭔가요?

왜놈의 개돼지가 되라는 억압을 이겨내고 독립된 인간으로 당당하게 우뚝 서는 것, 그게 이기는 것 아닌가요?

불의에 굴종하지 않고 자신이 옳다고 생각한 대로 행동하는 것, 자신이 생각한 옳음이 보편적 정의라는 공감을 얻어내는 것, 그게 이기는 것 아닌가요?

폭탄 거사는 실패해도 법정에서 언론에서 소신을 전파할 기회를 최대화하는 것, 그게 이기는 것 아닌가요?

안중근의 예를 보고 이봉창이 생겨나고, 이봉창의 실패를 거울삼아 윤봉길이 거사하고……. 그게 이기는 것 아닌가요?

1944년 김준엽, 장준하가 일본군을 탈출하여 임시정부를 찾아 6천리 길을 걸어서 마침내 충칭에 도착하여 김구 선생을 만났을 때, 김구 선생은 일제의 개가 되어 있을 식민지 상황에서도 조국 청년들의 기백이 살아 있음에 감격했습니다. 김구 등이 있었기에 장준하 등이 존재할 수 있었습니다. 안중근, 김구가 없었다면 김준엽, 장준하는 없었을 겁니다. 이처럼 관점을 달리해서 보면 안중근, 김구는 진 것이 아니라 이겼다고 해야 맞지 않을까요?

힘든 독립운동의 역정歷程이 없었다면 한국이 독립국임을 끊임없이 선언할 수 있었겠니까. 자유와 독립을 향한 투쟁이 없었다면 어찌 〈카이로선언〉에서 "한국인의 노예상태에 유의하여 적절한 절차를 밟아 독립시키기로 한다"는 말이 나올 수 있었겠습니까. 중·영·미가 조선인의 노예상태와 독립 열망을 알게 된 것이 바로 우리의 독립운동에 대해 국제사회가 어떻게 평가했는지에 대한 귀중한 증거 아닐까요?

한국의 독립이 한국인의 독립운동만으로 이루어진 것은 아닙니다. 그러나 국내적·국제적 역량을 총동원하는 데 하나의 매개적 역할을 한 것은 분명합니다. 그것만으로도 독립운동은 성공한 것이지 실패한 것이 아니지 않습니까?

독립운동을 폄하하려는 자들은 '독립운동은 실패'라고 결론 내리고 싶어 하지요. 그러나 성공은 인간적·민족적·세계적 차원에서 두루 살펴야 합니다. 독립운동은 인간적 주체성을 회복하고, 민족의 정기를 세우고, 세계 속에 독립한국의 필수성을 각인시킨 그 자체로 성공한 겁니다.

독립운동을 제대로 알고 제대로 평가하는 것은 반드시 해야 하는 역사적 과업입니다. 독립운동을 두고 실패다 성공이다 나뉘어 외치는 싸움은 과거 한때의 이야기가 아니라 현 시기 논쟁의 축이기 때문입니다. 역사를 '과거와 현재의 대화'라 하는 건 이런 이유에서일 겁니다.

인간이 개돼지냐 존엄 가치의 자유인격체냐의 싸움은 과거에도 지금도 계속되고 있다는 점, 잊지 말아야 합니다.

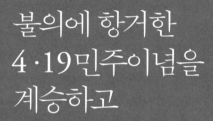

불의에 항거한
4·19민주이념을
계승하고

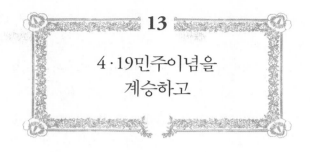

13

4·19민주이념을
계승하고

현행 헌법 전문에서 "3·1운동"과 어깨를 나란히 하고 있는 것은 "4·19민주이념"입니다. 4·19는 1960년 부정선거에 항거하고 이승만의 종신독재에 반대하는 학생과 시민들의 혁명이었습니다. 지금은 4·19민주혁명이라 자주 불리고 있습니다.

그럼 이 "4·19"는 언제부터 우리 헌법 전문에 들어가게 되었을까요. 4·19의 성공 이후 제3차 헌법 개정이 이루어집니다. 대통령제에서 내각책임제로의 근본적인 변혁을 꾀하다 보니 실제로는 새로운 헌법 제정과 다름없는 대대적인 개정(1960)이 이루어집니다. 그런데 이상하게도 그때 "4·19"라는 단어가 헌법에 들어가지 않습니다. 헌법 전문을 건드리지도 않았습니다. 헌정 중단과 헌법 개정이 단기간에 진행되었던 터라, 전문은 손대지 않았습니다. 사실 손댈 필요성을 느끼지 못했던 듯합니다. 거의 모든 국민이 4·19의 대의에 합치했기 때문에 더 부각할 필요도 없던 것이었겠지요.

뜻밖에도 4·19는 박정희 군사정권에 의한 헌법 개정(제5차, 1962) 때 헌법 전문에 들어갑니다. 군사정권이 시민들의 의거를 아주 높이 평가해서였을까요. 그럴 리가요. 군사정변으로 민간정부를 무너뜨린 것 자체가 4·19정신에 근본적으로 반하는 행위입니다. 5·16은 군사정변으로서 헌법을 파괴한 내란죄이자 군사반란죄가 될 중대범죄였으니까요. 5·16에 대한 헌법적 정당화와 면죄부 마련이 그들의 최우선 과제가 된 건 이 때문입니다. 이를 위해 그들은 우선 헌법 전문에 "5·16혁명"을 아예 넣어버리자고 작정합니다. 그런데 5·16만 넣으면 너무 속보이니까 4·19를 끌고 들어옵니다. 개정된 헌법 전문에 "4·19의거와 5·16혁명의 이념에 입각하여 새로운 민주공화국을 건설함에 있어서……"라고 써 넣은 거지요. 민심을 달래기 위해 4·19를 끼워 팔기한 겁니다. 뿐만 아니라 면죄부 마련을 위해 헌법 부칙에 "국가재건비상조치법에 의거한 법령과 조약은 이 헌법에 위배되지 아니하는 한 그 효력을 지속한다"고, 5·16 군정하에서 이루어진 각종 특별법과 재판 등은 그 효력을 지속하고 이의를 제기할 수 없다고 못 박았습니다. 군정하에서 각종 인권 침해 법령이 제정·집행되고 관련 재판이 엄청나게 자행되었는데, 이들은 이를 혁명입법, 혁명재판이라면서 헌법심사를 아예 면제해버렸습니다. 아주 최근에야 당시의 인권유린적 재판과 입법에 대한 재심이 진행되어 무죄판결이 내려지고, 그 입법 중 상당수가 원천 위헌이라는 결정이 내려지고 있을 정도입니다.

그럼 이후에는 4·19가 헌법 전문에서 확고한 위치를 차지할까요. 불행히도 그렇지 않습니다. 1980년 또 하나의 군사쿠데타를 통해 군권과 국권을 장악한 전두환 등 신군부도 자기 정당화가 필요했습니다. 그들은 내심 "4·19의거와 5·16혁명, 그리고 5·17혁명" 이렇게 열거하고 싶었을 것입니다. 5·17(1980)을 구국의 결단으로 미화했으니까요. 그러나 1980년 5·17 비상계엄 확대조치는 직후 5·18 광주 시민들의 민주항쟁으로 이어졌고, 군부의 시민들에 대한 대량학살로 귀결되

4·19민주혁명

1960년 부정선거와 이승만의 종신독재에 반대하는 학생과 시민들의 혁명이었던 4·19 민주혁명은 현행 헌법 전문에서 "3·1운동"과 어깨를 나란히 하고 있습니다. 사진은 시민들이 계엄군의 탱크 위에 올라가 환호하고 있는 모습입니다.

* 사진제공: 3·15의거기념사업회.

었습니다. 그러니 도저히 5·17을 혁명으로 내세울 수는 없었던 것이지요. 게다가 5·16과 박정희의 존재는 신군부세력의 입장에서도 거추장스런 짐이었습니다. 그들의 권력 원천이 박정희 대통령 때 키워진 하나회 등의 특혜 받은 군부 수뇌부였음에도 그랬던 것입니다. 결국 그들은 5·17도 써넣기 꺼림칙하고, 5·16은 빼내야겠고, 그러다보니 4·19도 빼버렸습니다. 그 대신 헌법 전문에 모호하게 "조국의 평화적 통일과 민족중흥의 역사적 사명에 입각한 제5민주공화국의 출범에 즈음하여"라는 문구를 짜 맞춰 넣었습니다.

박정희 정권과 전두환 정권은 "3·1운동"에 대해서도 실질적 폄하를 단행했습니다. 제헌헌법에서는 "3·1운동으로 건립된 대한민국"으로 명기하고 있지만, 1963년부터 1987년까지의 헌법 전문에서는 "3·1운동의 숭고한 독립정신을 계승하고"라고 모호하게 해버렸습니다. 3·1운동의 정신을 계승하는 것은 물론 바람직한 일입니다. 하지만 3·1운동으로 대한민국이라는 민국체제를 건립했음을 아주 분명하게 명기한 제헌헌법상의 문구와는 질적으로 다릅니다.

1987년의 개헌 국면은 4·19는 빠져버리고, 3·1운동의 실질적 의미는 대폭 축소된 이 같은 상황에서 시작됩니다. 앞서 말씀드렸듯이, 3·1은 김준엽 선생과 이종찬 의원 등에 의해 명백한 의미 부여를 받게 됩니다. 그럼 4·19는 누가 다시 넣자고 했을까요. 여러 분들이 그런 생각을 했겠지만, 제가 확인한 바에 의하면 바로 신용하 교수였습니다. 신용하 교수는 4·19세대이고, 지금도 4·19만 생각하면 가슴이 벅차오른다고 고백하는 분입니다. 조선 후기부터 현대까지를 중심으로 연구를 진행하여 수많은 논저를 간행했고, 특히 독립운동사 관련 다수의 역저를 썼습니다.

신용하 교수는 1987년 3·1운동 기념 관련 각종 심포지엄을 진행하면서 김준엽 선생과 여러 차례 만났습니다. 김준엽 선생이 3·1운동의 헌법 명기를 강조하자 적극 호응하면서 동시에 4·19도 다시 헌법에 포함되어야 한다고 역설했습니다. 그런 노력 끝에 4·19가 1987년 헌법에 명기되었지요. "불의에 항거한 4·19민주이념을 계승하고"라는 문구가 들어간 것입니다. 이 문구에서는 4·19를 민주주의를 되살린 민주혁명으로, 그에 대적되는 이승만 정권 말기의 행적을 "불의"로 단정합니다.

이렇게 하여 우리 헌법 전문에는 두 개의 대사건, 즉 3·1과 4·19가 포함됩니다. 하나는 독립된 국민의 나라를 만들자는 국민 항쟁이고, 다른 하나는 정권의 독재화에 맞서 민주주의를 지키려는 국민 항쟁입니다. 대한민국의 주권자인 "우리 대한국민은" 바로 그러한 민족적·민주적 저항정신을 계승해야 한다는 것입니다. 그러한 계승의 예가 5·18광주민주화운동이고, 6·10민주항쟁이고, 또 최근의 촛불시민혁명이지요.

얼마 전 문재인 정부는 헌법개정안(2018)을 발의했습니다. 거기에는 전문의 개정도 포함되어 있습니다.

유구한 역사와 전통에 빛나는 우리 대한국민은 3·1운동으로 건립된 대한민국임시정부의 법통과 불의에 항거한 4·19혁명, 부마민주항쟁과 5·18민주화운동, 6·10항쟁의 민주이념을 계승하고……

다소 모호하던 이전의 "4·19민주이념"을 분명하게 "4·19혁명"으로 명명하고, 이후 민주이념을 계승한 대표적인 사건들, 즉 부마민주항쟁(1979), 5·18민주화운동(1980), 현행 헌법의 토대가 된 6·10민주항쟁(1987)을 넣자는 것입니다. 역사적 검증을 통과한 대표적인 사건을 명기하고 그 민주이념을 계승하자는 취지이지요. 물론 이 사건들은 헌법 전문에 넣지 않더라도 "4·19민주이념의 계승"의 예로 해석해야 합니다.

현 정부는 2016~2017년의 국정농단과 적폐 청산을 내세우면서 "촛불혁명"을 계승하는 "촛불정부"임을 표방하고 있습니다. 그러한 기조를 반영하여 헌법 개정 시에 "촛불혁명의 이념을 계승하고"와 같은 문구를 넣으면 어떻겠느냐는 의견도 있습니다. 물론 "촛불혁명"의 결과와 의의 등을 보면 충분히 가능할 겁니다. 다만 "촛불혁명"에 따른 적폐 청산은 지금껏 지속되고 있는 현재진행형입니다. 그 성격을 어떻게 규정할 것인가에 대해서는 상당한 시간이 지나야 가능할 것입니다. 현 단계에서 바로 헌법화하는 것은 다소 무리라는 견해에 무게가 실리는 건 이런 점 때문이지요. 그렇기에 절제의 미학을 살려 현 개정안에는 포함시키지 않은 것으로 이해합니다. 헌법의 장기지속성을 감안하면 그런 판단이 오히려 헌법을 더욱 존중하는 자세로 여겨지기도 합니다.

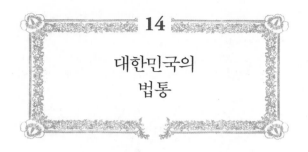

14

대한민국의
법통

"우리 대한국민은 3·1운동으로 건립된 대한민국임시정부의 법통과 불의에 항거한 4·19민주이념을 계승하고 ……"(1987년 현행 헌법)의 의미를 재정리해 봅니다. 이 부분이 너무 중요하기에, 다른 방식으로 요약해보지요.

법통이란 법적 정통성이고 법적 계통을 말합니다. 비유하자면, 조선 왕조에서 8대 왕 예종의 법통은 태-정-태-세-문-단-세-예로 이어지는 정통성의 계보이니, 법적 계통이라 보면 되겠습니다. "법"통에서 법은 기본적으로 "헌법 문서"로 나타납니다.

대한제국과 대한민국의 관계

대한민국은 대한제국에서 이어지는 면이 있습니다. "대한"이라는 국명도 대한제국에서 가져왔고, 태극기도 대한제국의 것이고, 영토도 대한제국의 영토이고, 인민도 대한제국 영토 안의 사람과 동일합니다. 독도영유권을 둘러싸고 대한민국과 일본 간 외교 공방이 자주 벌어지는데, 이는 대한민국이 영토 면에서 대한제국을 승계했기 때문에 발생

대한제국 태극기와 대한민국 임시정부 태극기
대한제국 시기의 태극기(위)와 대한민국 임시정부 시기에 제작, 사용한 태극기(아래)입니다. "대한"이라는 국명도, 영토와 인민도, 국기도 대한제국에서 이어지는 측면이 있지요.

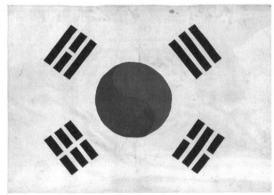

* 소장처: 국립중앙박물관·대한민국역사박물관(www.much.go.kr).

하는 것입니다.

대한제국은 1910년 일본과 "강제합병"됩니다. 일본은 "조약"을 체결했다고 말하지만, 한국 측은 그 조약이 무효라 주장합니다.

1910년부터 1919년까지는, 애매하긴 하지만, 우리의 법통적 인식으로는 대한(제)국이 이어진다고 볼 수도 있을 겁니다. 그러나 주권재민 사상을 받아들인 〈대동단결선언〉은 1910년에 황제로부터 인민에게로 주권이 환원되었다고 해석합니다. 일본은 그냥 우리의 문패와 땅을 가로챈 강도이고요. 내 집이 강도의 소굴이 되었다고 하더라도 강도에게 소유권이 넘어간 것은 아닙니다.

대한제국으로부터 "국가성"은 이어받되 "체제"는 완전히 변화하는 것이 대한민국입니다.

1919년의 대한민국, 1948년의 대한민국

1919년 3·1운동(독립국, 자주민의 독립선언)의 피흘림 위에 일제로부터 독립을 선포합니다. 〈제국〉에서 〈민국〉으로 바뀌었고, "대한민국"이라는 국호가 제정되었습니다. "대한민국은 민주공화제로 함"(〈대한민국 임시헌장〉, 1919)이라 하여, 전제정에서 공화제로의 혁명적 전환이 촉발됩니다. 이는 국왕세력이 아닌 전 국민이 목숨 걸고 싸운 3·1운동의 헌법적 표현입니다. 왕정이 아닌, 국민주권의 "공화제"를 내세운 "대한민국"이 5천년 역사에서 처음으로 탄생한 것입니다.

1919년 국가는 '대한민국'이라는 민주공화국을 세웠습니다. 하지만 일제강점하에서 정식 정부를 탄생시킬 수는 없었지요. 그래서 정부는 '대한민국 임시정부'가 되었습니다.

그러나 임시정부는 '대한민국the Republic of Korea'이라는 이름으로 대외 활동을 합니다. 파리강화회의에서도 마찬가지였지요. 1948년 헌법 전문에 "대한민국을 건립하여 세계에 선포한"이라는 표현이 나온 것은 이 때문입니다. 연속성을 강조하기 위해 'The Republic of Korea'라는 영어 표기를 1919년 이래 계속 쓰고 있습니다.

1945년 "일제의 패망과 민족의 해방"이 왔습니다. 미·소는 정치적으로는 점령군이겠지만, 법적으로는 조선의 독립을 도와주러 온 것이지 식민지화를 위해 온 게 아닙니다. 식민지로 만들기 위해 온 일제와는 출발도, 목표도 달랐습니다. 그런데 미·소 간 협조를 전제로 한 전후질서의 구상이 냉전으로 인해 어그러지면서 우리나라는 결국 통일국가가 아닌 분단국가가 되고 말았습니다. 비극이었지요. "적당한 절차"를 거쳐 "Korea"를 독립시키려 했는데, 방법에 대한 이견과 배후 이익의 충돌로 통일국가 수립에 실패합니다. 냉혹한 국제정세와 그에 부화뇌동하는 국내세력으로 인해, 남북이 쪼개지고 말았지요.

1945년 이후 헌법 문서를 만드는 과정에서 '대한민국'이라는 국호가 계속 등장합니다. 제헌국회에서는 '대한민국'이라는 국호가 압도적 다수의 선택을 받아 채택됩니다. 1948년 제헌헌법 제정 단계에서 "대한민국"이라는 나라 이름을 그대로 가져다 쓴 것입니다.

법적 문서 및 법통의 면에서 보면 '대한민국'의 국호와 임정 헌법 문서는, 임시정부 측 주요 인사들의 불참에도 불구하고, 1948년 대한민국 정부수립 과정에서 그대로 이어집니다. 국가의 영어명도 'The Republic of Korea'로 1919년 이래 죽 계속됩니다.

1948년 헌법은 '3·1운동으로 건립된 대한민국……을 계승하여 민주독립국가를 재건한다'고 전문에서 명시합니다. 1948년에 신생국가를 건국한 게 아닙니다. 건국이 아니라 재건이고, '정부가 새롭게 수립'된 겁니다.

1948년에는 "대한민국 정부수립"이 있었습니다. "조선민주주의인민공화국"의 경우는 국가 수립과 정부 수립이 동시에 있었습니다. 1948년에 대한민국의 "건국"이 있었던 게 아닙니다. 대한민국의 실체는 이전부터 있었습니다. 미-소는 인정하지 않았지만 한국인들은 이를 인정하여, 1948년 제헌헌법을 제정하면서 나라 이름부터 "대한민국"이라는 이전의 이름을 그대로 승계했습니다.

1948년의 대한민국, 1987년의 대한민국

5·16 이후 3·1운동의 역사적 의미를 정확히 알지 못했던 집권세력들은 헌법 전문에 '3·1운동의 숭고한 독립정신을 계승하고'라고 써서, 3·1운동으로 대한민국을 건국했다는 점을 모호하게 처리하고 말았습니다.

그래서 1987년 현행 헌법에서는 '우리 대한국민은 3·1운동으로 건립된 대한민국 임시정부의 법통……을 계승하고'라고 확실하게 못 박아 놓은 것입니다.

1948년 건국설 주장은, 헌법을 찬찬히 읽어보지 않은 이들의 주관적 주장에 불과합니다. 문제는 1948년 건국설을 주장하는 쪽이나 반대하는 쪽 모두, 이러한 역사적 전개에 대한 충분한 이해가 되어 있지 않다는 겁니다.

민주공화국 수립은 장기적 과정

1919년 "대한민국"이라는 국가체제가 건립되었습니다. 정부는 정식이 아닌 "임시정부"였지요.

1948년 (38선 이북, 100석의 대표가 빠진 상태에서) 정식 정부가 수립되었지만, 한반도 전체를 하나로 묶는 통일한국의 정부 수립은 아직도 미완입니다. 헌법 전문과 제4조에 '평화통일의 과제'가 명시되어 있는 것은 우리 대한민국이 완성태가 아니라 완성을 지향하는 국가임을 시사합니다.

그러니 "1948년에 대한민국 건국"이라는 말은, 역사적으로도 헌법적으로도 합당하지 않습니다. 대한민국이 1948년에 "건국"되었다면, 한반도 지역의 법통은 '조선 – 대한제국 – 대일본제국 – 미군정 – 대한민국'이 될 수 있습니다. 독립운동의 모든 투쟁의 성과는 모호해지거나 사라져버립니다. 분단한국에의 기여도에 따라 공적이 기록되므로 독립운동가는 그리 필요 없는 존재가 됩니다. 통일국가 수립을 위한 몸부림은 모두 건국 방해 행위가 됩니다.

이민족의 침략에 맞서 국권을 수호하고, 빼앗긴 나라를 되찾고(광복), 왕정이 아닌 민주공화국을 수립한 것은 피와 땀과 눈물이 내재된 장기적 과정long – term process입니다. 국민이 주인 되는 나라는 지속적인 노력이 뒷받침되어야 완성될 수 있습니다.

4

조국의 민주개혁과
평화적 통일의 사명에
입각하여

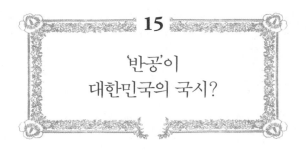

15
'반공'이
대한민국의 국시?

1961년 5월 16일 박정희 등 군 장교들이 군사쿠데타를 일으켜 정권을 장악합니다. 쿠데타에도 확실한 명분이 필요합니다. 5·16쿠데타 세력이 사전에 준비한 〈혁명공약〉 제1호는 다음과 같습니다.

1. 반공을 국시의 제일의第一義로 삼고 지금까지 형식적이고 구호에만 그친 반공태세를 재정비 강화한다.

모두 6호로 이루어진 〈혁명공약〉에서 가장 두드러진 것은 "반공을 국시"로 한다는 조항입니다. 실제로 5·16 이후의 군사정권은 반공체제를 강화하기 위해 법률을 만들고, 정보부체제를 강화하고, 여러 관련 시책을 폈습니다. 국가 우위의 사회동원체제가 정치·경제·사회·문화 곳곳에 미쳐 반공체제를 구축했습니다.

반론도 만만찮았습니다. 반공은 공산주의를 반대한다는 것인데 무언가를 반대하는 것을 국가이념으로 삼을 수 있는가, 공산주의의 반대말은 자본주의·파시즘·봉건주의·왕조체제 등 여러 가지가 있을 수 있는데 공산주의에 반대하기만 하면 되는가 하는 주장들이었습니다.

1960년대 중반에는 우리나라의 국시가 '반공'이 아니라 '자유민주주의'여야 한다는 의견도 제기되었습니다. 하지만 군사정권은 요지부동이었습니다. 군사정권은 '반공'을 최고의 통치 명분으로 삼았습니다. 반공의 이름으로 민주주의 가치를 약화하거나 유린하는 경우도 적지 않았고요. 반공의 남용이라 할까요.

'반공'과 관련하여 가장 알려진 사건은 1986년 10월 14일 유성환 의원의 국회 대정부질의입니다. 유성환 의원은 본회의에서 다음과 같이 소신을 피력했습니다.

총리, 우리나라의 국시가 반공입니까? 반공을 국시로 해두고, 올림픽 때 동구 공산권이 참가하겠습니까?('무슨 소리야' 하는 이 있음) 나는 반공 정책은 오히려 더 발전시켜야 된다고 보는 사람입니다. 그러나 이 나라의 국시는 반공이 아니라 통일이어야 합니다. 오늘날 강대국들의 한반도 현상고착 정책에 많은 국민이 우려하고 있습니다. 적어도 분단국에 있어서의 통일 또는 민족이라는 용어는 이데올로기로까지 승화되어야 합니다. 먹고, 자고, 걷는 것, 국군이 존재하는 것 모두가 통일을 위한 수단이어야 합니다. 통일이나 민족이라는 용어는 공산주의나 자본주의보다 그 위에 있어야 합니다('적화통일이야?' 하는 이 있음)('확실히 얘기해' 하는 이 있음). 통일원의 예산이 아세안게임 선수 후원비보다 적은 것은, 사실상 통일을 기피하는 것 아닙니까? 국가의 모든 정책, 사회기풍, 모든 역량을 통일에 집중할 때가 왔습니다. 우리가 추구하는 가장 위대하고 영원한 화해는 통일입니다.

지금 들어본다면 하등 이상할 것도 없는 발언입니다. 〈우리의 소원

혁명공약

1961년 5월 16일, 쿠데타를 통해 정권을 장악한 박정희 등의 군 장교들은 〈혁명공약〉을 통해 쿠데타를 행한 명분 선전에 나섭니다. 모두 6호로 이루어진 〈혁명공약〉에서 가장 눈에 띄는 것은 "반공을 국시의 제일의"로 삼는다는 제1항입니다. 사진은 쿠데타 직후 국가재건최고회의에서 발표 중인 박정희 소장의 모습입니다. 좌측에 〈혁명공약〉이 보입니다.

•

* 출처: 홍석률·박태균·정창현, 《한국현대사 2》(한국역사연구회시대사총서 10), 푸른역사, 2018, 84쪽.

은 통일〉이라는 국민애창곡을 구체화한 발언으로 해석할 수도 있겠지요. 그런데 이 말을 했다고 유성환 의원은 국가보안법 위반으로 구속되어 재판을 받았습니다. 언론은 일방적으로 유성환 의원을 질타했습니다. 상이용사들이 가택에 몰려와 쇠갈고리를 장대 끝에 매달아 창을 두드려대는 통에 온 가족들이 충격과 공포에 시달리기도 했지요. 국회의원을 회기 중에 구속하려면 체포동의안 통과가 필수였는데, 당시 여당(민정당)은 다수의 힘으로 체포동의안을 통과시켰습니다. 의원이 원내 발언으로 구속된 헌정사상 초유의 일이었지요.

우리 헌법상 국회의원은 직무상 행한 발언에 대해 면책특권을 갖고있습니다. 국회의원의 직무상 발언을 문제 삼아 구속할 수 없었던 것이지요. 이렇게 되자 검찰은 그 발언을 기자들에게 사전 배포한 부분을 문제 삼아서 기소했습니다.

1987년 4월 13일 1심 법원은 유성환 의원에게 징역 1년, 자격정지 1년을 선고합니다. 유 의원은 의원직을 상실하고 총 270일간 옥살이를 했지요. 그러나 1987년 6월 민주항쟁 이후에는 그런 판결의 기조가 유지될 수 없었습니다. 유 의원은 석방되었지요. 이 사건은 1992년 대법원에서 국회의원의 면책특권을 이유로 공소기각을 확정하면서 종결됩니다.

유 의원은 국회에 복귀할 수 있었습니다. 본회의 발언의 요지를 기자들에게 사전 배포한 부분도 면책특권의 범위에 해당한다는 판결에따라 문제 삼지 않게 되었습니다. 우리나라의 '국시는 통일이어야 한다'는 유 의원의 소신도 널리 인정받게 되었습니다.

그런데 국시라는 말 자체가 애매합니다. 회사에 사시社是라는 말이있긴 합니다만, 국시國是라는 말은 우리 헌법에도 없는 용어입니다. 1987년 헌법 이전에는 대통령 취임선서에 "국헌을 준수하고……"라고 되어 있었습니다. 국헌이라는 말도 정확하지 않다고 하여, 1987년 이후에는 "헌법을 준수하고⋯⋯"로 개정되었습니다. '국시'는 일제가 썼던 '국체 명장' 등의 용어에서 보이는 '국체'라는 말과 가장 유사합니다. 여기서 국체는 '일본의 국가체제'의 줄임말입니다. 일제는 천황제를 강화하기 위해 국체를 천황제와 같은 의미로 썼습니다. 국시는 일제의 국체라는 용어의 잔재로서 일제식 통치관념이 스며들어 있는 용어이지요.

한발 양보해서 국시를 '대한민국의 으뜸 지표'라는 의미로 쓴다고 합시다. 그럼 대한민국의 국시는 과연 무엇일까요? '반공'이 될 수가 없지요. 무엇을 반대하는 게 어찌 나라의 적극적 가치이자 이념이 될 수 있겠습니까. 대한민국의 국시는 '민주주의'입니다. 제도로서는 대한민국의 헌법, 그리고 그 헌법을 구성하고 있는 가치의 집합이지요. 개인에 따라 해석의 여지는 풍부하고요. 아니, 그냥 국시라는 말을 굳이 쓸 필요 없고, 우리 헌법의 기본적 가치와 제도를 존중하면 되겠습니다. 다행히 유성환 의원 사건 이후 정치권에서는 무엇이 국시인가 하는 논쟁이 사그라졌습니다. 나아가 국시라는 단어 그 자체를 거의 쓰지 않는 것으로 정리되었습니다.

우리의 소원은 통일입니다. 대한민국은 "평화적 통일의 사명"(헌법 전문)을 잊지 말아야 합니다. "통일을 지향하며, 자유민주적 기본질서에 입각한 평화적 통일 정책을 수립하고 이를 추진"(제4조)해야 합니다. 헌법에 명기한 대로 말이지요. 대통령은 "조국의 평화적 통일을 위한 성실한 의무를"(제66조) 집니다. 취임 시에는 "나는 ⋯⋯ 조국의 평화적 통일⋯⋯에 노력"하겠다고 선서해야 합니다. 국시라는 말을 굳이 쓰지 않더라도, 민주주의와 통일은 우리 국가와 위정자들의 책무인 것입니다.

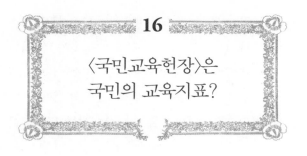

16

〈국민교육헌장〉은
국민의 교육지표?

1968년 12월, 초등학교(당시에는 국민학교) 4학년 때였습니다. 선생님이 〈국민교육헌장〉이라는 걸 가지고 와서 나눠주었습니다. 393자나 되는 긴 글이었는데 모두 외워야 한다고 하더군요. 내용도 어렵고 문장도 길어서 도저히 외울 수 없는 것이었는데도 말입니다. 그런데 며칠 후 대부분의 학생들이 다 외웠습니다. 뜻도 제대로 모르는 상태에서요. 어떻게 그럴 수 있었을까요. 못 외우는 학생은 청소시키고, 집에 늦게 보내고, 때렸기 때문입니다. 하도 서슬 퍼렇게 강요를 해서인지 몇 십 년이 지난 지금도 줄줄 외울 수 있답니다. 거의 세뇌라고 할까요.

〈국민교육헌장〉 전문은 이렇습니다.

우리는 민족중흥의 역사적 사명을 띠고 이 땅에 태어났다. 조상의 빛난 얼을 오늘에 되살려, 안으로 자주독립의 자세를 확립하고, 밖으로 인류 공영에 이바지할 때다. 이에, 우리의 나아갈 바를 밝혀 교육의 지표로 삼는다.

성실한 마음과 튼튼한 몸으로, 학문과 기술을 배우고 익히며, 타고난

저마다의 소질을 계발하고, 우리의 처지를 약진의 발판으로 삼아, 창조의 힘과 개척의 정신을 기른다. 공익과 질서를 앞세우며 능률과 실질을 숭상하고, 경애와 신의에 뿌리박은 상부상조의 전통을 이어받아, 명랑하고 따뜻한 협동 정신을 북돋운다. 우리의 창의와 협력을 바탕으로 나라가 발전하며, 나라의 융성이 나의 발전의 근본임을 깨달아, 자유와 권리에 따르는 책임과 의무를 다하며, 스스로 국가 건설에 참여하고 봉사하는 국민 정신을 드높인다.

반공 민주 정신에 투철한 애국 애족이 우리의 삶의 길이며, 자유 세계의 이상을 실현하는 기반이다. 길이 후손에 물려줄 영광된 통일 조국의 앞날을 내다보며, 신념과 긍지를 지닌 근면한 국민으로서, 민족의 슬기를 모아 줄기찬 노력으로, 새 역사를 창조하자.

1968년 12월 5일
대통령 박정희

국민을 위한 교육헌장이 왜 교육부나 교육단체가 아니라 대통령 명의로 나왔을까요 〈국민교육헌장〉은 첫머리부터 대단히 국가주의적입니다. 내가 왜 태어났을까요. 그냥 부모님 덕분에 태어난 것뿐입니다. 태어날 때 '민족중흥의 역사적 사명'을 갖고 태어난 어린이가 있을까요. 그런 가치는 국가적·사회적으로 습득하거나 주입된 것이지요.

뿐만 아니라 〈국민교육헌장〉에서는 권리와 의무의 관계에 대해 "나라의 융성이 나의 발전의 근본임을 깨달아, 자유와 권리에 따르는 책임과 의무를 다하며"라고 말합니다. 나라 중심, 책임·의무 중심으로 구성되어 있지요. 우리 헌법 제10조는 "모든 국민은 인간으로서의 존엄과 가치를 가지며 행복을 추구할 권리를 갖는다. 국가는 개개인의 기본적 인권을 확인하고 이를 보장한다"입니다. 〈국민교육헌장〉과 현저히 대비되지요. 헌법에서는 개인은 기본권 향유의 주체로서 권리를 갖고, 국가는 인권의 확인·보장의 의무를 진다고 말합니다. 개인=권리, 국가=의무라고 틀 짓고 있는 것입니다. 반면 〈국민교육헌장〉은 개인보다는 나라, 자유·권리보다는 책임·의무를 중심에 놓고 있습니다. 헌법과 가치 서열이 완전히 다르지요.

1960년대 후반부터 박정희 대통령의 장기집권 공작이 작동하기 시작했습니다. 〈국민교육헌장〉도 그러한 공작의 하나로 권위주의적·집단주의적·국가주의적 교육관을 주입하려는 것이라는 비판이 제기되었습니다. 대일본제국을 정당화하기 위해 만든 〈교육칙어〉를 연상케 한다는 지적도 있었습니다.

1978년 송기숙 등 전남대 교수 11인이 〈국민교육헌장〉을 정면으로 비판하고 대안을 모색합니다. 이른바 〈우리의 교육지표〉 사건입니다. 한번 살펴볼까요.

오늘날 교육의 실패는 교육계 안팎의 모든 국민으로 하여금 자발적인 일치를 이룩할 수 있게 하는 민주주의에 우리의 교육이 뿌리박지 못한 데서 온 것이다. 〈국민교육헌장〉은 바로 그러한 실패를 집약한 본보기인바, 행정부의 독단적 추진에 의한 그 제정 경위 및 선포 절차 자체가 민주교육의 근본정신에 어긋나며 일제하의 교육칙어를 연상케 한다. 뿐만 아니라 그 속에 강조되고 있는 형태의 애국애족 교육도 그냥 지나칠 수 없는 문제를 안고 있다. 지난날의 세계역사 속에서 한때 흥하는 듯 하다가 망해버린 국가주의 교육사상을 짙게 풍기고 있는 것이다. 부

우리의 교육지표

1978년 송기숙 등 전남대 교수 11인은 〈국민교육헌장〉을 정면으로 비판하면서 〈우리의 교육지표〉라는 새로운 대안을 제시합니다. 민주국가의 국민을 위한 교육지표는 민주주의를 교육하고 실천하는 것이어야 한다는 취지였지요. 그러나 〈우리의 교육지표〉에 서명한 11명의 교수들은 발표 당일 연행되었고, 몇몇 교수는 해직과 구속이라는 고초를 겪었습니다.

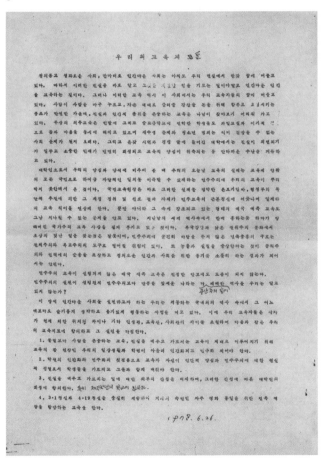

* 사료제공: 전남대학교 6·27민주교육지표선언서명교수, 민주화운동기념사업회.

국강병과 낡은 권위주의 문화에서 조상의 빛난 얼을 찾는 것은 잘못이며, 민주주의에 굳건히 바탕을 두지 않은 민족중흥의 구호는 전체주의와 복고주의의 도구로 떨어질 위험이 있다. 또 능률과 실질을 숭상한다는 것이 공리주의와 권력에의 순응을 조장하고 정의로운 인간과 사회를 위한 용기를 소홀히 하는 결과가 되어서는 안 된다.

민주국가의 국민을 위한 교육의 지표는 민주주의여야 한다, 다시 말해 민주주의를 교육하고 실천하는 것이어야 한다는 주장입니다. 그들은 새로운 민주주의 교육지표를 다음과 같이 요약했습니다.

1. 물질보다 사람을 존중하는 교육, 진실을 배우고 가르치는 교육이 제대로 이루어지기 위해 교육이 참 현장인 우리의 일상생활과 학원이 아울러 인간화되고 민주화되어야 한다.
2. 학원의 인간화와 민주화의 첫 걸음으로 교육자 자신이 인간적 양심과 민주주의에 대한 현실적 정열로써 학생들을 가르치고 그들과 함께 배워야 한다.
3. 진실을 배우고 가르치는 일에 대한 외부의 간섭을 배제하며, 그러한 간섭에 따른 대학인의 희생에 항의한다.
4. 3·1정신과 4·19정신을 충실히 계승하여 겨레의 숙원인 자주·평화·통일을 위한 민족역량을 함양하는 교육을 한다.

교수들의 소신을 뚜렷이 표명한 것으로 오늘날의 기준으로 보면 내용상 문제 될 내용이 전혀 없습니다. 그러나 박정희의 유신체제는 이러한 표현도 가만 두지 않았습니다. 서명한 11명 교수들은 발표 당일 중앙정보부에 연행되고 뒤이어 해직되었으며, 송기숙 교수는 구속되었습니다. 송 교수는 징역 4년, 자격정지 4년을 선고받고 약 13개월 동안 복역하다가 석방됩니다. 복직은 1979년 박정희 대통령의 사망 이후에 이루어졌고요. 송기숙 교수는 의연하게 법정 투쟁을 했습니다. 다음은 그의 최후진술 요지입니다.

〈국민교육헌장〉에 대한 어떤 비판적인 견해의 표시가 사실 왜곡이라는 주장 자체가 말이 안 됩니다. 나 자신이 저술한 작문 교과서가 금년부터 사용되는데 거기서도 무릇 진술이란 사실의 진술과 의견의 진술, 두 가지로 대별된다고 썼습니다. 〈국민교육헌장〉이 행정부의 독단적인 추진으로 제정, 공포되었다는 것은 나의 의견입니다. 〈교육헌장〉 제정이 행정부의 주도로 이루어진 것은 누구나 아는 사실입니다. 〈교육헌장〉에 비민주적 요소가 있다는 것도 나의 의견입니다. 나는 국가주의는 결코 민주주의와 양립할 수 없다고 믿습니다. 민주주의 국가에서는 국가가 중요하지 않다는 이야기가 아닙니다. 그러나 본질에 있어서 민주주의는 국가보다도 개인의 중요성, 인간의 존엄성, 시민 한 사람 한 사람의 자유와 권리에 기초하고 있습니다. 그런 의미에서 민주주의는 개인주의이고 국가주의가 아닌 것입니다.

국민의 교육지표를 무엇으로 해야 하는가에 대한 근본적인 문제제기입니다. 무엇보다 〈국민교육헌장〉에는 민주주의라는 말도, 인권이라는 말도 없습니다. 책임과 의무는 자유와 권리보다 중요한 위치를 점하고 있습니다. 우리의 역대 헌법 전문에 쓰인 언어도 없고, 조문 중에 으뜸이라 할 만한 제1조와 제10조의 언어들도 없습니다. 민주주의가 제도화되고 정착됨에 따라 〈국민교육헌장〉이 퇴조할 수밖에 없는 이유입니다.

　한때 모든 교과서의 제일 앞부분을 장식했던 〈국민교육헌장〉은 1994년 사실상 폐기되었습니다. 오늘날 '교육지표'로 삼을 만한 것을 만든다면, 그것은 〈국민교육헌장〉의 문구가 아니라 우리 헌법상의 핵심 문구에서 추출해야 합니다. 그래야 국민적 합의에 부합하고, 민주주의를 바탕으로 한 교육이념에도 훨씬 잘 들어맞을 것입니다.

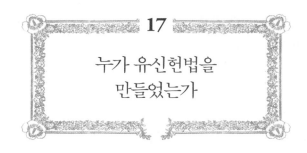

17

누가 유신헌법을
만들었는가

헌법학자에게 헌법 제·개정의 주역이 된다는 것은 더없는 영광일 것입니다. 그런데 유신헌법만은 누가 만들었는지 공식적으로 적혀 있지 않습니다. 1972년 10월 17일 당시의 헌법에 반하여 국회를 해산하고 비상계엄을 선포한 박정희 대통령은 10월 27일 헌법안을 내놓고, 반대의견 제기 등 일체의 토론할 기회를 봉쇄한 채 국민투표를 진행한 뒤 유신헌법을 공포했습니다. 박정희 1인 종신독재를 여는 신호탄이었습니다. 그럼 도대체 유신헌법은 누가 준비했던 것일까요.

세간에서는 한태연 교수가 주도했다고 해서 '한태연 헌법'이라고 일컬어집니다. 저간의 사정을 좀 더 안다는 사람들은 "한갈이"를 들먹입니다. "한갈이"는 한태연, 갈봉근, 이후락(중앙정보부장)의 약칭입니다.

한태연은 한때 가장 유명한 헌법 교수였습니다. 이승만 정권 때는 비판적 지식인으로서 명망을 누렸고 여러 일화를 풍성하게 남겼습니다. 그의 헌법학 교재는 명저로 꼽혔고요. 그런 그가 5·16 때부터 군사정권의 요청에 응하더니 끝내는 유신헌법을 기초한 이로 알려지게 되었습니다. 그 대가로 그는 유신 대통령이 지명하는 국회의원을 두 차례나 역임했습니다. 투표도 필요 없는 관제 유정회 의원으로 말이지

유신헌법

박정희 대통령은 1972년 10월 27일 헌법안을 내놓고 일체의 토론할 기회를 봉쇄한 채 국민투표를 진행한 뒤 유신헌법을 공포했습니다. 박정희 1인 종신독재를 여는 신호탄이었지요. 사진은 박정희 대통령 내외와 딸 박근혜가 유신헌법 투표함에 투표를 하고 있는 모습입니다.

* 사진제공: 경향신문.

요. 그러나 박정희 대통령 사망 후 그는 정치적으로 용도 폐기되었고, 학계에서도 백안시되었습니다. 괜찮은 논문도 있다고 합니다만 후학들은 그의 이름과 논문을 인용하기도 꺼릴 지경이었지요.

한태연이라고 할 말이 없을까요. 그는 10여 년 전 한 학술모임에서 자신이 유신헌법을 초안하지 않았다고 밝혔습니다. 유신 쿠데타의 첫 조치로 계엄령을 선포한 박정희 대통령이 자신을 불러 헌법 구상을 알려주고는 법무부에서 개정 작업을 하는데 협조해 달라고 당부했다는 겁니다. 당시 법무부장관은 박정희의 법무참모이자 법률 공작에 앞장선 신직수였습니다. 개정안은 이후락과 신직수가 주도하여 김기춘 등 검사들을 시켜 만들어 놓은 상태였고, 그는 개정안의 골격은 손대지도 못한 채 자구 수정에만 조금 관여했다고 합니다.

이 증언은 크게 틀리지 않은 것으로 보입니다. 유신헌법과 부속 법령은 박정희의 지령하에 정보기관에 동원된 법기술자들이 2년 이상 준비한 정권 차원의 공작이었습니다. 그러나 그들이 만들었다고 알릴 수는 없는 일, 그럴싸한 간판이 필요했습니다. 마지막 수순으로 한태연을 약간 관여시키면서 그의 이름을 유신헌법 제정자로 포장한 것이었지요.

사정이 이런데도 한태연에게 화살이 집중된 건 왜일까요. 그가 지식인으로서의 소임을 저버렸기 때문입니다. 그의 명망에는 헌법학자 한태연에 대한 대중의 여망이 담겨 있었습니다. 이는 명예를 지켜갈 용기와 책무를 동반하는 것이었지요. 지식인의 명예는 개인의 전유물이 아닙니다. 그럼에도 그는 1인 독재의 영구화를 획책하는 유신헌법의 마무리 수순에 순순히 자기 이름을 올렸고 대가도 챙겼습니다. 오명 대신 얻은 권세를 향유하기 위해서는 독재정권이 영속화되어야 했기에, 유신정권과 그의 이해관계는 합치되었습니다.

다른 여지는 없었을까요. 많은 사람들이 시대 상황을 들어 자신의 처신을 변명하곤 합니다. 그러나 어려운 시기에 정반대의 길을 택한 지식인도 있습니다. 한때 박 대통령으로부터 서울대 총장직을 받기도 했던 유기천은 교수로 복귀한 뒤 박 대통령이 대만식 종신총통제를 획책하고 있다고 폭로했습니다. 총통제 기도는 국민의 이름으로 규탄받아야 한다면서, 폭력집단보다 더한 정권의 횡포에 맞서 대학의 자유를 지키기 위해 끝까지 싸우자고 했습니다. 살벌한 시대에 참으로 용기있는 발언이었습니다. 이로 인해 대학에서 파면당한 그는 피신 다니다가 미국으로 사실상 추방됐고, 박 정권 시기 한국 땅을 밟지 못했습니다.

지금 유기천은 '자유와 정의의 지성'으로 존경받고 있으며 업적도 활발히 재조명되고 있습니다. 회고담도 풍성하고, 기행奇行도 미담으로 거론됩니다. 최종고 교수가 공들여 쓴 전기도 출간되었고요. 그러나 한태연에 대해서는 그런 회고도, 전기도 없습니다. 출간된다면 모델로서가 아니라, 반면교사로서가 아닐까요.

역사를 교육한다는 것은 학생들이 이비어천가, 박비어천가를 암송하도록 만드는 게 아닙니다. 과거의 수난과 아픔을 기록하고 기억하면서, 잘못된 부분을 짚어 재발을 막을 교훈을 나누는 것입니다. 한태연과 유기천도 하나의 사례입니다. 그들의 대조적인 삶을 비교하면서, 눈앞의 권세와 이권에 탐닉할 때 닥쳐올 후과를 미리 살펴 근신하고 자계해야 한다는 교훈을 얻을 수 있습니다. 과거와 현재의 치열한 대화, 그게 역사의 핵심입니다. 대화와 논쟁을 제거한 채 정권이 일률적으로 주조한 역사를 외워야 한다면, 우리가 군이 역사를 배울 이유도 없습니다.[44]

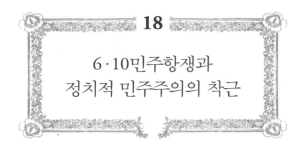

18

6·10민주항쟁과
정치적 민주주의의 착근

1987년 6월 민주항쟁. 1987년 6월 10일 거리와 광장을 가득 채웠던 함성은 이제 〈민주항쟁기념일〉로 공인됐다. '민주주의 도약의 계기가 된 역사적 사건'이라는 의미를 붙여서.

한편 그해 6월은 '옛사랑의 그림자'처럼 희미해져간다. 당시 태어난 지금의 성인들은 그때의 '타는 목마름'의 기억을 갖고 있지 않다. 민주주의라는 단어에 고문과 감옥을 떠올렸던 시대가 실감으로 다가오지 않는 것이다.

그해 6월의 염원은 무엇이었던가. '고문 없는 세상에 살고 싶다', '최루탄 없는 하늘 아래 살고 싶다'는 원초적인 갈망이 있었다. 독재정권은 고문실을 설치하고, 고문 기술자를 육성하고, 다양한 고문 방법을 만들어냈다. 고문으로 짜낸 증거로 무고한 시민을 옥살이시키고, 심지어 처형까지 감행했다. 최루탄은 연막탄 수준이 아니라 독가스와 살상탄이었다. 그 최루탄으로 무장한 전투경찰이 거리를 막아서고 캠퍼스에 진주했다. 6월항쟁은 그런 고문과 최루탄으로만 지탱될 수 있는 정권을 더 이상 용납하지 않겠다는 국민적 의지의 표현이었다.

'대통령에서 동장까지 내 손으로'의 갈망이 있었다. 체육관에서 대통령을 각본대로 뽑으면서 그게 민주주의라고 말하는 억지를 더 이상 방관하지 않겠다는 결의였다. 권력은 군대의 총구가 아니라 국민의 마음에서 나와야 한다는 주권재민의 의지는 '호헌 철폐, 직선제 개헌'으로 압축됐다.

과정상에 수많은 우여곡절이 있었지만, 수십 년이 지난 시점에서 총평해보면 그간의 성과는 괄목할 만하다. 비상체제에서 정상체제로, 철권통치에서 법의 지배로, 1인 절대체제에서 권력분립과 분산의 체제로 이행이 이루어졌다. 다만 그 이행은 급진적이라기보다 점진적인 속도로 진행됐고, 일직선적이라기보다 나선형적인 발전 과정이었다.

쿠데타, 긴급조치, 계엄령, 최루탄은 거의 옛말이 됐다. 제도화된 고문도 사라졌다. 정보·공안기관의 문민화와 법치화도 진척되고 있다. 박종철을 고문사시켰던 치안본부 대공분실 건물은 '인권보호센터'로 재단장됐다. 집권당 프리미엄이 사라지면서 정권교체의 가능성도 현실화됐다. 대통령도 더 이상 군림하는 절대자가 아니며, 일상적 비판의 과녁이 되어 있다. 국가기관의 폭력과 공포로부터의 자유는 확보된 셈이다.

사형의 정치적 남용도 사라진 지 오래인데다, 최근 30년간은 사형집행 자체가 없다. 국가보안법은 여전하지 않으냐는 반문도 있다. 그러나 전향제도·준법서약서가 폐지되었을 뿐만 아니라 적용 실태를 보면 국가보안법은 점점 기능 약화 중에 있다.

민주화로의 전진은 당연한 역사의 순리가 아닌가 쉽게 생각할 수도 있다. 그러나 다른 나라의 예를 봐도 결코 그렇지 않다. 문민화가 진행되는 중에 군사쿠데타를 맞은 나라가 한둘이 아니다. 그럼에도 우리는

6월 민주항쟁

1987년 6월 민주항쟁은 독재정권이 자행하던 고문과 시위 탄압에 맞서 일어선 반군정 독재의 국민적 함성이었습니다. '민주주의 도약의 계기가 된 역사적 사건'으로서 〈민주항쟁기념일〉로 공인되었지요. 수십 년이 지난 현 시점에서 평가해보면, 우여곡절이 있긴 했지만 민주화로의 전진이 지속적으로 이루어지고 있다는 점에서 그 성과는 괄목할 만합니다. 사진은 많은 시민들이 지켜보는 가운데 연세대학교 정문을 통과하는 이한열 열사 운구 광경입니다.

* 사진제공: 민주화운동기념사업회, 박용수.

우리의 민주 진전의 성과를 인정하기에 인색한 편이다. 지역주의의 고착화, 이익집단 간의 각축, 경제적 양극화 등을 일상적으로 접하면서 피곤하고 답답한 느낌이 쌓인 탓도 있을 것이다. 하지만 눈앞의 인상에 현혹되어, 몇 십 년의 민주화 성과에 눈을 감는 것도 어리석다. 6월 항쟁 이후의 민주화는 각계각층의 분투와 헌신의 산물이지, 특정 세력의 전유물일 수 없기 때문이다.

역사란 망각에 대한 기억의 투쟁이라고 한다. 가치 있는 과거를 현재로 불러내서 미래의 자양으로 삼는 일, 그것이 기념화 작업이다. 민주주의는 '시민의 피와 땀과 눈물'을 먹고 자라지만, 그 성과는 '시민의 기억과 애정'을 통해 전승된다.

그해 7월 이한열의 장례식이 시청 앞에서 열렸다. 거대한 광장을 가득 채운 시민들은 민주 희생자를 기림과 함께, 6월의 항쟁을 명예혁명으로 승화시키자는 열망을 안고 있었다. 그 시청 앞 서울광장을 〈6월 민주광장〉으로 조성하고 민주주의에 헌정하는 기념조형물을 세울 수 있기를 바란다. 민주주의가 국시가 된 나라에서 이 광장이 우리 모두의 민주적 소통의 중심으로 자리할 수 있도록.[45]

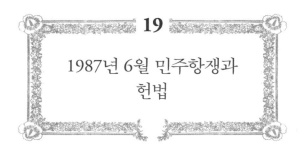

19

1987년 6월 민주항쟁과 헌법

1987년은 헌정사에서 매우 소중합니다. 독재에서 민주화로 이행하는 결정적 전환점을 마련한 해이기 때문입니다. 6월 민주항쟁을 치렀고, 여·야 합의로 헌법이 개정되었습니다.

그 헌법은 지금까지 한 자도 바뀌지 않고 그대로 내려오고 있는 현행 헌법입니다. 1948년부터 1987년까지 40년간 헌법이 9번 바뀌었는데, 1988년부터 최근까지 30여 년은 개정이 없었던 거지요. 헌법 개정 투쟁이 아니라 해석 논쟁의 시대로 전환되었던 겁니다. 간혹 개헌 주장이 나오지만, 까다로운 개헌 절차를 통과할 엄두를 내지 못합니다. 현행 헌법하에서 대통령의 탄핵 소추가 2건이나 있었고, 그중 한 건은 헌법재판소에서 기각되고 한 건은 인용되어 실제로 탄핵이 이루어졌습니다. 거대한 정치투쟁이 헌법재판소에서 헌법 쟁점으로 정리되는 경우도 여러 번 있었지요.

이런 점에서 봤을 때 1987년의 대사건은 가히 혁명이라 부를 수 있지 않을까요. 먼저 몇 가지 기초사실을 정립해 봅니다.

1. 시민혁명은 왕정에서 공화정으로의 이행을 말한다.

2. 시민혁명은 그야말로 온 국민이, 왕정을 유혈로 타도하는 것이다.

각국의 혁명사를 보면, 혁명은 공화정으로의 전환과 범국민적 유혈 항쟁을 특성으로 합니다. 영국의 명예혁명(1689)은 '무혈' 아니냐고 반문할 수 있습니다. 그러나 영국의 17세기는 유혈 정치투쟁의 역사로 점철되었습니다. 1689년의 무혈명예혁명은 이전의 유혈혁명에 직접적인 영향을 받아 타협한 것일 뿐입니다.

1987년은 온 국민이 들고 일어났다는 점에서는 통상의 혁명과 공통적이지만, 다른 점도 많아 혁명이라 할 수 있는지 의문이 들기도 합니다. 하나하나 짚어봅니다.

첫째, 왕정 타도가 아니다? 박정희 – 전두환체제는 군사정권이었습니다. 왕정은 종신집권과 대물림이 특징적인 체제입니다. 군사정권 집단에 초점을 맞출 경우 이 같은 왕정의 특징과 상당히 유사한 부분이 많습니다. 군사정권도 군부의 종신집권 – 대물림체제인 거지요. 군사집단을 왕정의 왕가와 같이 하나의 단위로 보면 왕정과 다를 바 없다는 말입니다. 따라서 군정독재의 종식과 문민정치의 시작은 거의 혁명적 변화라 할 수 있습니다.

둘째, 유혈이 약하다? 박종철, 이한열 등이 6월항쟁 전후에 희생당했습니다. 물론 대규모의 유혈혁명이라고 하기엔 조금 부족합니다. 하지만 이 점도 고려해야 합니다. 집권 군부가 1987년 반군부 시민항쟁에 대해 유혈진압을 계획하고 있었던 사실 말입니다. 다행히 그 시점엔 유혈진압이 불가능했습니다. 1980년 광주에서 발생한 항쟁을 진압하느라 엄청난 비용을 치러야 했기 때문입니다. 1987년에 같은 비용을 들인다고 해서 재집권한다는 보장을 할 수 없기도 했고요. 1980년

5·18 광주의 피흘림이 1987년 유혈진압을 막는 방패막이 되었던 것입니다. 이런 점에서 반군부 시민혁명은 1987년 6월의 것으로만 설명될 수 없습니다. 정확히 말하면 '1980년 5·18민주화운동과 탄압, 저항 및 그 과정에서의 유혈+1987년 비폭력무혈항쟁=1987년 6월혁명'인 것입니다.

1987년 전국의 거리를 점령하면서도 총탄 세례를 면할 수 있었던 것은(최루탄 세례를 받긴 했지만) 1980년 선배들이 흘린 피 덕분입니다. 이 때문에 헌법 개정 시엔 전문에 '5·18민주화운동과 6월 민주항쟁으로 성립한 1987년 헌법'이라는 말이 들어가야 합니다. 6월 항쟁만이 아니라 그와 짝하는 5·18광주민주화운동도 함께 포함되어야 한다는 말입니다.

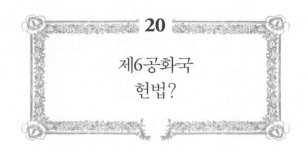

20

제6공화국
헌법?

1987년 이후를 '5공화국'으로 봐야 하는지, '6공화국'으로 봐야 하는지에 대한 논쟁이 있습니다.

제5공화국 헌법의 "개정절차"를 밟았으므로 제5공화국으로 봐야 한다는 견해도 있고, 전두환의 5공과 연결되는 것이 기분 나쁘다며 과거와 단절된 1987년 헌법 개정으로 성립된 체제는 제6공화국으로 불러야 한다는 견해도 있습니다.

둘 다 동의하기 쉽지 않습니다. 뭔가 어색하고 납득하기도 어렵습니다. 1961~1987년은 〈군정〉으로 봐야 합니다. 선거가 중간중간 치러지긴 했지만, 권력의 원천은 군부였습니다. 민정처럼 보이던 시기에도 걸핏하면 계엄령, 위수령, 정보사찰, 고문, 조작 등 반법치적 강권 조치가 통치수단으로 동원되었습니다. 강성군정 시기도 있었고 연성군정 시기도 있었지만, 본질은 군정체제였다는 것입니다.

1987년부터 현재까지는 민정 혹은 문민정치시대로 볼 수 있습니다. 국민의 직접선거를 통해 대통령, 국회가 구성되었습니다. 권력의 원천은 국민이었습니다. 노태우 정부의 경우에는 군정에서 민정으로 이행하는 과도기라고 볼 수도 있겠지만, 기본적으로 민정이라 해도 큰 무리는 없을 것입니다.

1987년의 역사적 의미는 〈군정〉에서 〈민정〉으로의 대전환great transfor-
mation입니다. 우리 현대사를 요약하자면 〈왕정〉에서 〈군정〉으로, 다시
〈군정〉에서 〈민정〉으로의 변천인 것입니다.

김영삼 대통령은 1993년 취임사의 첫머리에 이렇게 썼습니다. "오
늘 우리는 그렇게도 애타게 바라던 문민 민주주의 시대를 열기 위하여
이 자리에 모였습니다. 오늘을 맞이하기 위해 30년의 세월을 기다려야
했습니다." 김영삼 대통령은 군사정권의 정당과 손잡은 3당합당으로
대통령이 되었지만, 군정 종식과 문민정부의 독자성을 강조했습니다.
그는 자신의 정부가 제6공화국이나 제5공화국으로 불리는 것을 단호
히 거부하면서, 4·19와 제2공화국을 잇는 '제2문민정부'를 표방했습
니다. 김대중 대통령은 '국민의정부'를, 노무현 대통령은 '참여정부'를
표방했고요. 문민시대의 대통령들 모두 5공화국이나 6공화국 같은 분
류를 거부한 셈입니다.

오늘날 시점에서 "제O공화국"과 같은 순차는 굳이 필요 없습니다.
프랑스 방식을 가져온 것 같은데, 아무래도 억지 옷을 입히는 것 같아
부자연스럽습니다. 그냥 순차를 매기지 말고, 각 시대와 각 헌법의 특
색을 논의하면 족할 것입니다.

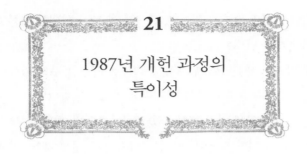

21
1987년 개헌 과정의
특이성

1987년 개헌은 집권세력인 전두환의 정치군부가 원하는 일정표가 아니었습니다. 전두환은 1987년 4월 13일 이른바 '호헌선언'을 합니다. 당시 헌법대로 대통령 선거를 치르고, 88올림픽이 끝난 뒤 개헌하자는 것입니다. 이는 개헌을 하지 않고, 당시 헌법에 따라 체육관선거를 해서 군부 출신 노태우를 아주 쉽게 당선시키겠다는 계획입니다.

이른바 호헌선언은 각계각층의 반발을 불렀습니다. 여기에 5·18때 박종철의 고문치사 범인이 축소·조작되었다는 천주교 정의구현사제단의 발표가 더해지면서 집권 측은 치명적 타격을 입습니다. 범국민적인 6월 민주항쟁이 시작되거든요. 6월항쟁의 열기에 놀란 집권 측은 노태우의 '6·29선언'을 통해 양보안을 내놓습니다. 6·29선언은 한마디로 말하자면, 국민의 요구에 따라 대통령 직선제를 하고, 김대중·김영삼 씨 등을 정치해금하고, 언론자유를 보장하겠다는 것입니다. 이렇게 하여 대통령 직선제를 중심으로 한 개헌은 필연적인 수순이 되었습니다.

대표를 구성한 여야는 1987년 7월부터 8월까지 개헌 실무 작업을 진행한 후 9월 초 개헌안을 확정합니다. 당시 여야 간에 여러 가지 치열한 개헌 논의가 오가긴 했지만, 큰 방향에 대한 합의를 이룬 만큼 개헌 자체에 대한 반대는 없었습니다.

이 때 합의된 개헌안에 대해 몇몇 비판을 제기할 수도 있을 겁니다. 다만 여기서는 뚜렷한 특징 몇 가지만 살펴보고자 합니다.

첫째, 여야 합의에 의한 개헌이었다는 점입니다. 이전까지의 개헌은 일방의 폭거에 의한 강행이 대부분이었습니다. 물론 제헌헌법은 그렇지 않았습니다만, 그것을 제외하면 개헌의 역사는 각종 파행과 폭력으로 얼룩졌습니다. 반면 1987년 개헌은 혁명적 분위기 속에서 이루어진 여야 합의 개헌이었습니다. 여야 국회의원들이 발의해서 확정한 개헌이었습니다. 1987년 헌법은 우리 헌정사에서 유례없이 긴 수명을 자랑하는데, 이는 국민의 확고한 개헌 의지를 여야가 수렴해서 만든 헌법이기 때문에 가능했다고 평가할 수 있습니다.

둘째, 흔히 제왕적 대통령제라 하지만 1987년 헌법에서는 대통령의 제왕적 요소가 가장 약한 편입니다. 대통령의 임기는 5년이고 단임입니다. 대통령은 국회해산권도 갖지 못하기에, 야당과 정면충돌할 경우 자신의 의지를 관철할 방법이 별로 없습니다. 대통령이 제왕적 행세를 해왔다면 그건 헌법상의 권한 행사 범위 내에서가 아니라, 없는 권한을 행사하거나 남용했기 때문입니다. 헌법상 대통령의 권한이 약화되어 있는 이유 중 하나는 당시 노태우, 김영삼, 김대중 중 누가 대통령이 될지 모르는 상황이라, 모두들 야당이 될 경우도 대비하여 대통령에게 권한이 집중되지 않는 헌법을 선호했기 때문입니다. 대통령의 권력 남용이 문제될 때마다 헌법 개정이 필요하다며 목소리를 높이곤 합니다. 하지만 잘못은 헌법에 있는 것이 아닙니다. 헌법에도 불구하고 청와대가 권력을 남용하는 데 있습니다.

셋째, 1987년 헌법이 확정되면서 개헌에 합의한 국회의원의 임기가 단축되었습니다. 원래 1985년 2·12 총선에서 당선된 의원들은 1989년까지 임기가 보장되지만, 개헌이 되면서 1988년 4월에 총선이 이루어졌으니까 약 10개월가량 임기가 단축된 거지요. 헌법 부칙에 현직 국회의원들의 임기는 보장한다는 조항도 두지 않았습니다. 국회의원들이 자신들의 임기를 단축시키는 개헌에 동의했다는 것은 그만큼 국민의 개헌 압력이 컸기 때문이겠지요. 그렇다 하더라도 나름 평가할 수는 있을 겁니다.

흔히 〈1987년 체제〉라는 말을 씁니다. 주로 한계가 있고 약효가 다했으니 개헌이 필요하다고 할 때 이런 단어를 씁니다. 하지만 곰곰 생각해보면 이 단어 자체가 한계가 많습니다. 1987년 개정한 헌법은 약간의 불비점과 문제점이 없지 않지만, 헌법 해석의 변천을 통해 나름 슬기롭게 보완·수정하고 있습니다.

제왕적 대통령제의 폐단이 나타나는 원인을 1987년 헌법에서 찾는 견해도 있긴 합니다. 하지만 앞서 말했듯이 역대 대통령의 제왕적 모습은 헌법과 법률을 무시하고 독선과 오만의 횡포, 권력 남용의 횡포를 부릴 때 나타납니다. 사람 잘못을 가지고 헌법 탓을 해서는 안 되겠지요. 현행 헌법을 쓸모 있게 잘 활용하는 데에는 정치인뿐 아니라 전 국민의 슬기로운 노력이 반드시 뒷받침되어야 합니다.

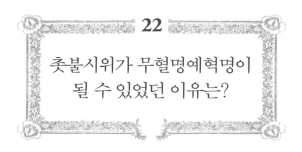

22

촛불시위가 무혈명예혁명이
될 수 있었던 이유는?

2016년 10월부터 2017년 3월 박근혜 대통령의 탄핵심판에 이르기까지, 13주에 걸쳐 매번 100만 이상의 시민들이 광장을 채웠습니다. 이승만, 박정희, 전두환 정권 때라면 계엄령이 선포되어 군·경이 발포하는 일대 비극이 초래되었을지도 모릅니다. 그런데 유례없이 평화로웠습니다. 권력 측이 그만큼 관대해서였을까요. 그렇지 않습니다. 억압적 진압이 불가능한 단계로까지 진전되었기 때문입니다.

일제강점기였다면 3·1운동처럼 총으로 수만 명이 죽었을 겁니다. 우리는 그런 식민지체제를 돌파해 나왔습니다.

군사독재 시기였다면 5·18처럼 몽둥이와 총으로 수백 명이 죽었을 겁니다. 그런 군사독재를 깼습니다. 군대를 시내에 풀어 국민을 총칼로 통제하는 계엄체제를 1987년에 종식시켰습니다. 김영삼 대통령은 문민정부를 표방하면서 정치장교의 주축인 하나회를 해체시켰습니다. 지금은 어떤 대통령도 마음대로 동원할 수 있는 정치군대가 없습니다.

물론 최루탄이 난사될 수는 있었을 겁니다. 하지만 이한열이 최루탄에 사망하는 비극을 겪은 후 김대중 정부는 최루탄을 종식시켰습니다.

시내 시위에서 쓸 최루탄이 없어진 것이지요.

최루탄 대신 물대포를 난사할 수 있지 않나 걱정과 우려를 표하기도 했습니다. 하지만 이 역시 국민의 희생이 있은 후 억제되고 있습니다. 백남기 선생의 희생에 대한 분노가 축적되어 물대포를 쏠 수 없었던 거지요. 박원순 서울시장도 한몫했습니다. 그런 용도에 쓸 물 자체를 공급해주지 않았거든요.

'명박산성'처럼 차벽을 세워 집회시위 공간을 폐쇄하는 방법도 있긴 했지요. 하지만 법원의 잇따른 판결로 오히려 시위 공간은 점점 넓어졌습니다. 시민 놀이터가 청와대 앞까지 확장된 거지요. 시위 지도부와 시민들이 즐기면서, 참아가며, 현명하게 잘 대응하여 유혈 없이 축제처럼 시위를 장기간 이끌어갈 수 있었습니다.

2016년의 평화시위는 이전 시대에 널리 쓰였던 진압 방법, 즉 총, 칼, 몽둥이, 최루탄, 물대포, 물을 차례차례 사라지게 한 선열과 지사들의 노력 덕분이기도 합니다. 그 희생, 그 헌신의 배경도 곰곰 생각하고 기억해야 합니다.

촛불무혈명예혁명은, 100년에 걸친 저항과 유혈희생의 바탕 위에 쌓아올린 국민적 자부심의 계기가 될 수 있습니다. 100년의 자부심으로, 적폐청산 잘 해내고 좋은 나라 알뜰하게 만들어가자고요.

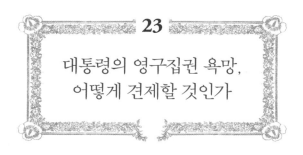

23

대통령의 영구집권 욕망,
어떻게 견제할 것인가

1954년 이승만 대통령 때의 일입니다. 이승만은 1948년 제헌국회에서 대통령으로 뽑혔습니다. 4년 임기였으니 1952년 8월이면 끝이었지요. 1952년 당시 대통령을 선출할 권한을 갖고 있던 국회의원들은 더이상 이승만을 대통령으로 뽑을 생각이 없었습니다. 그러자 이승만은 헌병과 군대를 동원해서 국회의원들을 겁박한 후 발췌개헌을 통해 대통령 직선제로 바꾸고는 선거를 통해 당선됩니다. 임기는 1956년까지였습니다. 대통령 중임제한에 걸려 더 이상 대통령을 할 수는 없었지요.

1954년에 이르자 이승만 대통령은 중임제한 규정을 고쳐서 영구집권을 꿈꿉니다. 물론 이를 위해서는 또다시 개헌을 해야 했지요. 1954년 이승만 대통령은 자유당을 결성한 후 대규모의 선거부정을 통해 총 203석 중 137석을 확보합니다. 개헌 정족수는 재적의원의 3분의 2 이상입니다. 203명의 3분의 2는 약 135명이므로 136석의 의결 정족수를 확보해야 합니다. 의결 정족수에서 1석 더 많은 의석을 확보했기에, 개헌이 가능한 듯 보였습니다.

그해 11월 자유당은 헌법개정안을 상정했습니다. 당시의 헌법 규정에는 "대통령의 임기는 4년으로 한다. 단 재선에 의하여 1차 중임할 수 있다"고 되어 있었습니다. 자유당의 개헌안은 "이 헌법 공포 당시의 대통령에 대하여는 위 조항의 단서를 적용하지 아니한다"는 부칙을 추가하는 것이었습니다. 이승만 대통령에 한해서는 종신까지 집권할 기회를 열겠다는 개헌이었던 거지요.

특정인에 한해 중임제한 규정을 철폐하는 말도 안 되는 개헌에 대해 자유당은 이렇게 설명했습니다. 이승만 대통령은 "중대한 존망의 기로에 선 우리 민국의 기반을 확고히 하고 민족의 숙원인 민국 주권하의 남북통일을 실현하는 중대 사명을 수행하는 데 중심적 역할을 해야 할 대통령의 최적임자"이고, "건국 공적이 찬연한 초대 대통령이며 건국 후의 혼란기를 통하여 또는 공산침략에 항거하여 시종일관 애국지성으로 우리 민족을 영도하여온 현 이승만 대통령의 계속 재임을 국민이 원한다고 하면 이것을 거부할 하등의 이유가 없는 것"이라고요. 낯뜨거운 '용비어천가'를 읊고 있던 거지요. 이승만을 "민족의 태양"으로 격상시키는 노래도 만들어졌습니다.

물론 여론은 부글부글 끓어올랐습니다. 안 그래도 1952년 국회를 통한 대통령 재선의 가능성이 없자 헌병과 경찰과 깡패를 동원해서 발췌개헌을 밀어붙인 이승만 대통령입니다. 그때는 '그래도 재선까지 하고 말겠지' 하는 한 가닥 기대라도 있었는데, 이번엔 아예 철판 깔고 나온 셈이지요. 그러나 자유당은 개헌에 필요한 의석수 확보를 믿고 밀어붙였습니다.

11월 17일 자유당은 헌법개정안을 상정했고, 11월 27일 드디어 투표에 들어갔습니다. 당시 국회 속기록을 한번 살펴보지요.

부의장(최순주) 지금은 명패함을 열어서 명패함을 점검합니다. 명패수는 202입니다. 이백둘입니다. 지금은 투표함을 열어서 …… 투표수를 계산하겠습니다. 투표수도 이백이로서 명패수와 투표수가 부합됩니다. 투표결과를 발표합니다. 재석 2백2, 가에 135표, 부 60표, 기권 7표. 부결되었습니다. (장내소연) (하오5시7분 산회)

자유당 소속 국회부의장은 135표로 개헌 정족수에 미치지 못함을 확실히 하고 "부결되었습니다"라고 선포했습니다. 재적의원 203명에서 135표는 0.66502...로 0.6666에 미치지 못합니다. 203명*(2/3)= 135.333명이 되므로, 136명 이상이 되어야 정족수가 된다는 것이지요. 당연하고 합리적인 결정이었습니다. 야당은 민주주의 만세를 불렀고, 여당은 망연자실했지요. 여당 내에서 이탈자가 1~2명 나온 것도 특이하지요.

이것으로 이승만 대통령의 종신집권 야욕은 좌절되었습니다. 이승만 대통령이 이 결과에 승복했다면 추후 벌어질 하야와 해외 유배(?)는 없었겠지요. 하지만 권력의 생리라는 게 어디 그렇습니까. 바로 다음날 국회 본회의가 열렸습니다. 그 장면을 국회 속기록에 기록된 그대로 옮겨보겠습니다.

부의장(최순주) 제91차 회의를 개의開議합니다. 90차 회의록을 낭독하기 전에 정정訂正할 사항이 있어서 여러분에게 설명합니다.
27일 제90차 회의 중에 헌법개정안 통과 여부 표결 발표 시에 가 135표, 부 60표, 기권 7표로 부결을 발표했습니다. 그러나 이것은 정족수의 계산상 착오로써 이것을 취소합니다.
(의장-하는 이 있음)
(규칙이요 하는 이 있음)

(장내소란)

가만히 계세요. 재적 203명의 3분지 2는 135표로써

(의장-하는 이 있음)

(장내소란)

······ 통과됨이 정당함으로써 헌법개정안은 헌법 제98조 제4항에 의하여 가결통과됨을 선포합니다.

(의장! 하는 이 많음)

(규칙이요 하는 이 있음)

(장내소란)

(이철승 의원 의장석에 등단하여 최 부의장을 잡아들이면서 "내려와 내려와"라고 고함)

동시에 의사록의 정정을 요망합니다.

(단상에 다수의원 올라가서 소란)

경위 나와서 잡아가

부의장(곽상훈) (의장석에 등단하여) 최 부의장이 그저께 회의에서 부결이라고 선포한 것을 이제 와서 취소하는 것은 불법입니다. 그렇기 때문에 곽상훈 부의장은 그저께 결정된 것이 확정하다는 것을 여기에서 선포합니다.

(장내소란)

의장(이기붕) 조용해주세요

(장내소란)

(방청석소연)

방청석에서는 퇴장해주십시오

(방청석서 박수)

4사5입개헌 가결 선포

1954년 자유당을 결성한 후 국회의원 선거에서 대규모 선거부정을 통해 개헌 정족수를 확보한 이승만 대통령은 11월 자유당을 통해 헌법개정안을 상정하지요. 중임제한 규정을 고쳐서 본인에 한해서는 종신 집권 기회를 열겠다는 개헌안이었습니다. 하지만 개헌 정족수에 미치지 못해 부결되고 맙니다. 여기에서 이승만 대통령은 4사5입이라는 희대의 논리를 들이밀며 부결이 아니라 통과라고 주장합니다. 이를 4사5입개헌이라고 하지요. 사진은 1954년 11월 28일 최순주 국회부의장이 4사5입개헌 가결을 선포하자 이철승 민주당 의원이 단상에 뛰어올라 최순주 부의장의 멱살을 잡는 모습입니다.

방청석 퇴장을 명합니다. 경위들 어디 갔어요. 방청석 퇴장시켜요.

자유당 측 국회부의장(최순주)은 어제 발표가 "정족수의 계산상 착오"라면서 "정정"했습니다. 이런 중대한 문제에 대해 계산착오를 들이대는 것도 말이 안 됩니다만, 그러면서 내세운 논리는 더 황당합니다. 203명의 3분의 2는 136명이 아니라 135명이어야 한다는 겁니다. 203명의 3분의 2는 135.333인데, 사람을 0.333으로 할 수 없으니, 4 이상은 버리고 5 이상이면 반올림하여 1로 한다는 것이지요. 결국 135명이 정족수라는 논리입니다. 이를 4사5입개헌이라 합니다.

이는 바로 이승만 대통령의 주장이었습니다. 침울해하며 국회 본회의 부결 사실을 보고하자, 이승만 대통령이 부결이 아니라 통과라면서 정정해줬다는 것이지요. 여기에 관변 수학자들도 동원되었습니다.

곧 엄청난 반발이 빗발쳤습니다. 압권은 다름 아닌 김병로 대법원장이었습니다. "엄연히 나타난 표수가 있으니 이는 수학적으로 자명한 것이고, 그 해석은 두고두고 변동이 없을 것이다. 수학에는 에누리가 없다"면서 4사5입 주장은 "이해할 수 없는 것"이라 천명했습니다. 제헌헌법의 기초자이자 당시 최고의 헌법학자였던 유진오도 "법이론상 0.0001이 부족이라 해도 부족은 부족인 것이다. 4사5입이란 있을 수 없으며 개헌은 부결된 것"이라 강조했습니다. 민주당 소속 국회부의장(곽상훈)도 분개하여 그 부당함을 적시했지요.

하지만 이승만 대통령은 국회부의장의 오류 정정을 통해 개헌이 확정되었음을 공포합니다. 그 뒤 이승만은 1956년 대선에서 대통령으로 선출되고, 1960년 대선에서 또 대통령으로 당선됩니다. 모두 4번 대통령에 당선된 셈이지요. 4·19로 민의에 의해 축출되지 않았다면, 종신

이승만 대통령 사임서

1960년 4월 27일 하야를 선언한 순간은 정치인 이승만의 마지막 순간이었지만 최고의
순간이기도 했습니다. 국민의 의사에 따라 사임하는 것, 다른 나라는 물론 우리나라 역
사를 통틀어 봐도 유례를 찾기 힘들 정도로 어려운 일입니다.

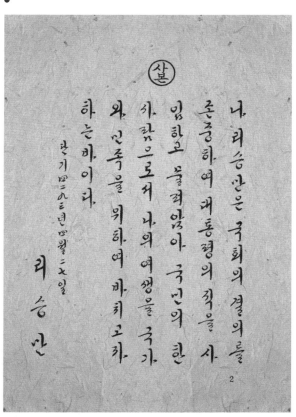

* 사료제공: 대통령기록관.

대통령의 길로 내달렸을 겁니다. 우리 헌정사에 "발췌개헌", "4사5입" 같은 불행한 단어를 남기면서 말입니다.

영구집권을 획책한 이는 또 있었습니다. 바로 박정희 대통령입니다. 박정희는 1961년 5·16군부쿠데타의 최고실권자로서 그때부터 사실상 총통적인 권력을 휘둘렀습니다. 1962년 개헌한 뒤 1963년 첫 대통령 선거를 치러 15만 표 차이로 가까스로 대통령이 되었습니다. 당시 헌법에는 대통령 임기 4년, 한 차례에 걸쳐 중임할 수 있다고 규정되어 있었습니다. 이승만을 겪은 국민적 합의였지요. 1967년 대통령 선거에도 당선되었으니, 박정희의 대통령 임기는 1971년으로 끝나게 되어 있었습니다. 그런데 1969년 3선개헌안을 밀실에서 통과시킵니다. "대통령의 임기는 4년으로 한다. 대통령의 계속 재임은 3기에 한한다"고요.

이승만 대통령의 종신연임 시도에 대한 정치적 후폭풍을 본 지 10년이 채 안 된 시점입니다. 그런데도 3선개헌을 강행하는 것을 보면 권력자에게는 끝장을 볼 때까지 권력을 집권하려는 속성이 있는지도 모르겠습니다. 1971년 대통령 선거 당시 박정희 후보는 마지막 유세에서 "이 선거는 여러분에게 표를 호소하는 마지막 기회입니다. 그러니 꼭 조국근대화의 업적을 완결 짓게 대통령으로 뽑아 주십시오"라고 호소합니다. 김대중 후보가 박정희가 종신집권을 획책한다면서 공격했기에, 그에 대한 방어 차원에서 꺼내든 호소로 보입니다. 박정희는 나름 약속을 지켰습니다. 그동안 몰래 기획해온 헌법개정안, 나중에 유신헌법으로 완결되는 안에 따르면, 대통령이 되기 위해 국민에게 직접 호소할 필요가 없었으니까요. 1972년 유신헌법에는 대통령을 국민의 직접선거가 아니라, 통일주체국민회의라는 조직을 통해 뽑도록 되어 있습니다. 대통령의 중임제한 규정은 아예 사라져버렸습니다. 통일

주체국민회의 소속원들은 장충체육관에 모여, 1표의 무효표를 빼곤 모두 박정희를 대통령으로 선출했습니다. 대통령의 임기도 6년으로 해서 추후 대통령 선거의 필요성 자체까지 확 줄여버렸습니다. 바야흐로 우리 대통령은 국가의 영도자이자 총통이 되었습니다. 북한도 최고 인민회의 투표로 주석을 뽑는다고 하니 북한과 남한의 차이는 "1표의 무효표" 여부라는 비아냥도 있을 정도였습니다.

박정희 대통령은 18년간 집권했다고 합니다. 맞기도 하고 틀리기도 합니다. 그는 살아 있는 동안 계속 집권했던 "종신 대통령"이었습니다. 살아 있을 때 하야한 이승만보다 더한 독재자인 셈이지요.

총통 영도자였던 박정희의 사망 이후, 우리 사회는 민주화의 기회를 맞는 듯했습니다. 민주헌법으로의 개정을 위한 각종 개헌 작업이 활발히 펼쳐졌습니다. 대통령 임기와 관련하여 대세는 3공화국 때처럼 4년 임기로 하고, 한 차례 중임할 수 있다는 쪽으로 돌아가는 듯했습니다. 그러나 전두환과 정치군부는 1979년 12·12쿠데타를 일으켜 군사병력을 장악한 후 이듬해인 1980년 5·17비상계엄 전국 확대를 통해 민간 정치를 압살하고 군정시대를 열었습니다. 이에 항거하는 광주 시민들을 군대를 동원하여 학살하기까지 했지요. 전두환은 그해 8월 실권을 상실한 최규하 대통령의 하야를 받아내고, 대통령으로 취임합니다. 이때는 장충체육관이 아니라 잠실체육관에서 통일주체국민회의를 열어 대통령이 되었으니, 박정희와의 차이는 강북체육관에서 강남체육관으로의 장소 변경밖에 없었습니다.

대통령 단임제 열망이 어느 정도 국민적 합의에 이른 상황이어서 전두환은 일단 대통령 단임제를 받아들이는 개헌을 했습니다. "대통령은 중임할 수 없다"고 못 박은 거지요. 이렇게 5공 헌법에는 확고한 단임제 규정이 들어 있었습니다. 단임제로 해도 임기 중에 개헌해서 다시 대통령직을 수행했던 우리 헌정사의 악습과 단절하고자 "대통령의 임기연장 또는 중임변경을 위한 헌법 개정은 그 헌법 개정 제안 당시의 대통령에 대하여는 효력이 없다"는 조항까지 넣었습니다. 전두환 대통령이 단임제 규정을 고쳐 한 차례 더 대통령이 될 수 있도록 개정하려 해도 그 개정은 전두환에 대해서는 효력이 없다는 뜻이지요.

전두환은 스스로를 "대통령 단임제를 최초로 실천한 대통령"이라고 자랑스레 내세웁니다. 이 말은 맞을까요. 그렇지 않습니다. 일단 최규하 대통령이 있습니다. 신군부세력이 최규하를 대통령에서 물러나게 할 때 "단임제를 실천한 최규하 대통령"이라고 이름 붙여준 적도 있습니다. 게다가 전두환은 대통령을 두 차례 했습니다. 1980년에는 최규하를 물러나게 하고 유신헌법에 따라 체육관 선거로 대통령이 되었습니다. 1981년에는 5공헌법에 따라 잠실체육관에서 뽑은 대통령이 되었습니다. 한 번이 아닌 두 번 대통령을 한 거지요. 뿐만 아니라 5공 헌법에서 대통령 임기는 무려 7년이었습니다. 전두환은 총 8년간 대통령을 했으니, 4년 임기 대통령을 기준으로 하면 연임까지 한 셈입니다. 단임 대통령이라는 말은 횟수도 안 맞고 기간도 맞지 않는 거지요.

1987년 6월 민주항쟁의 승리 이후 개헌 국면에 들어갑니다. 이때 불변의 기준은 대통령은 단임이라는 것이었습니다. 과거 40년간의 헌정사에 녹아 있는 절절한 교훈은 〈대통령 단임제〉와 대통령은 국민 손으로 직접 뽑아야 한다는 〈대통령 직선제〉입니다. 이 두 가지를 제외하면 남는 것은 대통령의 임기뿐입니다.

대통령의 임기는 4년은 너무 짧고 7~8년은 너무 길다는 인식이 일반적입니다. 그래서 단임이면 6년 대통령제로 하고, 4년으로 하면 한 차례 중임할 기회를 제공하여 국민의 뜻에 따르게 하는 편이 좋다고 하지요. 1987년 주요 정당에서 내세운 대통령 임기는 단임제에 6년 임기안이었습니다. 국회의원은 4년, 대통령은 6년. 이렇게 되면 대통령과 국회의원의 임기가 엇갈리게 되는데, 대선과 총선을 각각 중간평가로 본다면 괜찮은 안이기도 합니다.

그런데 마지막 순간에 대통령 임기는 6년이 아니라 5년으로 단축되었습니다. 당시 대통령 후보로 유력했던 세 주자, 즉 3김씨(김영삼, 김대중, 김종필) 모두가 서로 견제하면서 대통령이 될 기회를 갖기 위해 타협한 결과 5년으로 정리된 것입니다. 다른 임기는 미처 건드리지 못했습니다. 처음엔 대통령도 6년, 대법원장도 6년, 대법관도 6년, 헌법재판관도 6년, 이렇게 6년으로 틀을 짰던 것인데, 마지막 협상 단계에서 대통령만 5년으로 정리되었습니다. 유력 주자들에게 다른 임기는 그리 중요하지 않았던 것이지요. 그래서 현행 헌법에는 4년(국회의원), 5년(대통령), 6년(대법원장, 대법관, 헌법재판관) 임기가 들쑥날쑥 병존하게 되었습니다. 뭐, 그다지 나쁠 건 없는 듯합니다. 임기를 똑같이 하지 않아 서로가 견제할 수 있고 국민 의사를 한층 시의적절하게 반영하는 장치일 수도 있을 테니까요.

대통령 '5년 단임제'는 노태우, 김영삼, 김대중, 노무현, 이명박, 박근혜를 거치며 확고히 정착되어왔습니다. 세계 헌정사에 내놓을 한국적 특색이라 할 만합니다. 정권 교체의 속도가 빨라지고, 상대방 정당에도 곧바로 대선에의 기회가 주어지기에 그리 나쁠 것도 없습니다. 더욱이 5년 재임 후에 가혹한 수사와 재판 앞에 놓일 수 있어 대형 부정부패를 방지하는 효과도 나름 있는 셈입니다.

물론 단점도 있습니다. 임기 마지막에 가까울수록 재선 가능성이 없는 대통령의 지지율이 낮아지고 국정 동력이 떨어져 레임덕 문제가 생깁니다. 그래서 개헌안이 나올 때마다 '임기 4년, 한 차례 중임'이라는 카드가 유력하게 등장합니다. 그 방안은 좋은 대안이 될까요. 첫 임기 동안 대통령은 재임에 몰두하여 정치 일정을 재임에 짜 맞추고, 공무원이나 언론을 동원하는 정치적 무리수를 둘 가능성이 높습니다. 재임되고 나면 레임덕이 더 빨리 닥쳐올 수 있고요.

그럴 바에야 우리 몇 십 년 동안 헌정사의 교훈을 반영한 5년 단임제가 더 낫다고 개인적으로 생각합니다. 중임이 불가능하기에 재임 기간 동안 개인적 치부나 부정부패에 더 몰두하지 않을까 우려도 하지만, 지난 30년을 돌아보면 재임 중 무리수는 임기 후 사정이나 수사로 이어져 감옥에 갈 가능성을 높입니다. 재임 중 커다란 영향력을 행사한 거물일수록 감옥행 가능성이 높았지요. 심지어 대통령들도 그런 운명을 맞기도 합니다. 그러니 다시 대통령 임기와 중임·연임 규정을 고쳐가면서 무리하게 개헌할 필요가 있나 의구심이 듭니다. 개헌이 필요하다면 대통령의 임기와 중임 여부가 아니라, 국민 기본권을 더 확대하고 선거제도를 국민의 의사가 더 잘 반영되는 방향으로 개혁하는 데 초점을 맞추는 게 합당하다고 봅니다.

II

국민에게 주권은

대한민국은
민주공화국이다

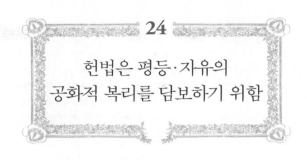

24
헌법은 평등·자유의
공화적 복리를 담보하기 위함

1948년 5월 10일, 전국에 걸쳐 총선이 개시되었습니다. 모두 300석이었는데 38선 이북에는 100석이 할당되어 있었지요. 하지만 38선 이북에서는 대한민국의 선거가 치러질 수 없어 200석만 선거가 가능했습니다. 제주도의 경우 의원 3석 중 2석은 선거가 치러질 수 없었기 때문에 총 198명으로 제헌국회가 성립되었습니다. 제헌국회는 5월 31일 개원한 후 곧 헌법 심의에 착수하여 7월 12일에 민주주의헌법을 만장일치로 결의, 통과시켰습니다. 7월 17일에 역사적인 헌법의 서명공포식을 거행했습니다. 국회에서 〈대한민국 헌법 공포사〉를 낭독한 이는 제헌국회의 의장 이승만이었습니다. 다음은 〈공포사〉입니다.

삼천만 국민을 대표한 대한민국 국회에서 헌법을 제정하야 삼독三讀 토의로 정식 통과하여 오늘 이 자리에서 나 이승만은 국회의장의 자격으로 이 간단한 예식으로 서명하고 이 헌법이 우리 민국의 완전한 국법임을 세계에 선포합니다.

지금부터는 우리 전 민족이 고대전제古代專制나 압제정체壓制政體를 다 타파하고 평등·자유의 공화적 복리를 누릴 것을 이 헌법이 담보하는 것

대한민국헌법

1948년 5월 10일, 총선을 통해 구성된 제헌국회는 5월 31일 개원 후 헌법 심의에 착수하여 7월 12일에 민주주의헌법을 만장일치로 결의, 통과시켰습니다. 뒤이어 1948년 7월 17일 제헌헌법 서명공포식을 거행했습니다. 이승만 국회의장은 〈대한민국 헌법 공포사〉를 낭독하면서 헌법이 평등과 자유와 공화적 복리를 위한 규범이라는 점을 강조했습니다. 그림은 이승만 국회의장이 반포한 1948년 제헌헌법을 엮은 책 표지입니다. '대한민국헌법'이라는 제목과 제정 당시의 헌법 전문이 인쇄되어 있습니다.

* 소장처: 대한민국역사박물관(www.much.go.kr).

이니 일반국민은 이 법률로써 자기 개인 신분상 자유와 생명, 재산의 보호와 또는 국권, 국토를 수호하는 것이 이 헌법을 존중히 하며 복종하는 데서 생길 것을 각오하는 것이 필요하니 일반 남녀가 각각 이 헌법에 대한 자기 직책을 다함으로 자기도 법을 위반하지 않으려니와 남들도 법을 위반하는 사람이 없도록 노력할진대 우리 전 민족뿐 아니라 우리 후세자손이 같은 자유 복리를 누릴 것이니 이날 이때에 우리가 여기서 행하는 일이 영원한 기념일이 될 것을 증명하여 모든 인민이 각각 마음으로 선서하야 잊지 말기를 부탁합니다. 이때에 우리가 한 번 더 이북동포에게 눈물로써 고하고자 하는 바는 아무리 아프고 쓰라린 중이라도 좀 더 인내해서 하루바삐 기회를 얻어서 남북이 동일한 공작으로 이 헌법의 보호를 동일히 받으며 이 헌법에 대한 직책을 우리가 다같이 분담해서 자유활동에 부강증진을 같이 누리도록 되기를 간절히 바라며 축도합니다.

이 〈공포사〉에서 이승만은, 우리의 헌법이 1인 전제주의나 일제식의 압제정치체제를 타파하고, 개개인의 자유·생명·재산을 보호하고, 국권을 수호하기 위한 장전임을 뚜렷이 하고 있습니다. 특히 헌법이 평등과 자유와 공화적 복리를 위한 규범임을 압축적으로 표현하고 있지요. 풍부한 서구적 민주주의 지식을 가진 지성인이자 정치가로서 이승만의 헌법 정의가 주목을 끕니다. 또한 북한의 불참을 언급함으로써 제헌헌법이 미완의 과제를 남기고 있음을 지적하기도 했지요.

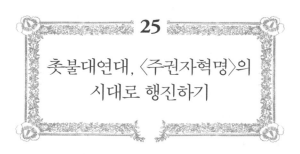

25

촛불대연대, 〈주권자혁명〉의 시대로 행진하기

2016년 12월 9일 국회의 탄핵소추가 있은 직후, 일간지에 긴 글을 썼습니다. 그때의 분위기를 생각하며 읽어주시면 좋겠습니다.

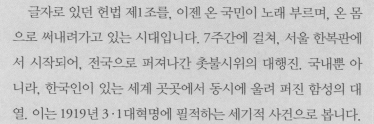

"대한민국은 민주공화국이다."

글자로 있던 헌법 제1조를, 이젠 온 국민이 노래 부르며, 온 몸으로 써내려가고 있는 시대입니다. 7주간에 걸쳐, 서울 한복판에서 시작되어, 전국으로 퍼져나간 촛불시위의 대행진. 국내뿐 아니라, 한국인이 있는 세계 곳곳에서 동시에 울려 퍼진 함성의 대열. 이는 1919년 3·1대혁명에 필적하는 세기적 사건으로 봅니다.

일체화된 최순실·박근혜의 국정농단은 보통 시민들의 상상을 뛰어넘는 엽기적 행각들입니다. 그 때문에 드라마는 죽었고, 영화도 시들합니다. 모처럼 언론들이 진실 폭로에 경쟁적으로 뛰어들고, 경악스런 뉴스들은 주말 대집회의 동력을 끌어올렸고, 주권자의 함성은 다시 주중의 정치권과 언론을 강타했습니다. "촛불은 곧 꺼지기 마련"이라는 일각의 기대를 비웃으면서, 국민의 소리는 갈수록 뜨거워지고 널리 퍼져갔습니다. 두 달 전에는 전혀 예상할 수 없었던, 대통령 탄핵안의 가결에까지 이르렀습니다.

탄핵은 찬성한 국회의원 234명의 작품인가요. 그렇지 않습니다. 탄핵의 주역은 바로 우리 국민이었습니다. 그 국민은 시민이나 유권자라기보다는, 이번엔 주권자의 모습으로 나타났습니다. 대통령이 국민의 생명을 도외시하고, 집무실엔 나오지도 않고, 국정농단의 공동정범으로 준동한 경악스런 사태를 깨닫고, 국민은 주권자의 이름으로 대통령의 권한을 회수합니다. 정치권의 복잡한 셈법에 주권자들은 동요하지 않았습니다. 주권자들이 한결같이 외쳤던 것은 대통령의 "하야, 퇴진, 즉각 퇴진"이었습니다.

탄핵의 법적 절차에서 국회는 탄핵소추를, 헌법재판소는 탄핵심판의 임무를 수행합니다. 그러나 탄핵의 진정한 주체는 주권자인 우리 국민입니다. "국민은 명령한다, 박근혜는 퇴진하라." 이것이 광장의 일치된 구호였습니다. 탄핵의 성사 여부가 국회의원의 손에 있는 듯이 보였을 때, 탄핵의 캐스팅 보트는 새누리 비박파에 있었습니다. 비박파는 흥정의 꽃놀이패를 쥔 듯 보였습니다. 대통령의 3차담화에 정치권이 동요될 때, 주권자는 232만 명이라는 고금에 볼 수 없는 절대인원으로 응답했습니다. 탄핵이 국민이 명령임이 명확해지자, 비박은 잠잠해지고 오히려 친박이 쪼개졌습니다. 통상 대의기관인 국회에 주권자의 권한을 위임하고 그 결과에 탄식이나 했던 수동적인 국민이 이번엔 전혀 달랐습니다. 국민이 주권자로서 나서자, 청와대의 정치공작이 무력화되었습니다. 국회는 주권자의 명령을 겸허히 받아들였기에, 탄핵가결의 순간 의원들은 엄숙했습니다. 탄핵의 환호성은 바로 국민의 것이었습니다.

주권자는 촛불을 통해서뿐 아니라, 실로 다양한 수단으로 자신의 뜻을 알렸습니다. 의원의 휴대전화가 불나도록 전화해댔고, SNS, 우편, 플래카드, 스티커를 통해 전달했습니다. 주권자의 탄핵의지가 국회의 득표수와 일치하는 정도에 이를 때까지 말입니다.

이제 탄핵의 공은 헌법재판소로 넘어갔을까요. 9인 재판관의 성향이 거론되고, 탄핵심판의 일정, 정족수의 문제 등이 복잡하게 꼬여듭니다. 그러나 탄핵이 국민의 명령으로 발의되었고, 탄핵추진의 힘이 국민이었던 만큼, 공은 여전히 국민이 갖고 있습니다. 주권자인 국민은 국회에 이어 헌법재판소에 심부름을 시키고 있는 것이지요. 헌재는 전 역량을 모아 국민의 부름에 신속히 응할 준비를 하고 있습니다. 우리의 헌재는 1987년 민주헌법 쟁취의 산물입니다. 30년에 가까운 역사를 지닌 헌법재판소는 주권자의 의지를 존중하여, 소임을 다해낼 것으로 봅니다. 다만 이제부터는 헌재가 알아서 할 테니 국민은 가만히 있으면 된다는 견해는 옳지 않습니다. 국민이 주권자임을 여러 방면으로부터 재확인시켜줘야 합니다.

촛불은 바람에 흔들리는 여린 빛입니다. 그러나 캄캄한 밤일수록 촛불 하나는 어둠을 그만큼 몰아내는 빛입니다. 촛불은 염원입니다. 그렇게 연약한 촛불들이 모여들면 흑암의 나라는 광명의 천지로 바뀌어갑니다. 또한 촛불은 작은 횃불입니다. 주권자의 의지가 결연할수록 촛불은 비폭력의 절제로 자기무장합니다. 주권자의 결연한 촛불 앞에, 법원은 금단구역을 점점 좁혔습니다. 경찰은 점점 물러섰습니다. 이렇게 주권자들은 청와궁에 육박했습니다. 주권자가 어깨를 펼수록, 권부權府는 점점 고개를 숙였습니다. 만일 국회가 주권자의 탄핵명령을 거역했다면, 그때는 촛불의 인내심이 바닥나면서, 1987년처럼 국민저항권의 횃불로 폭발했을지 모릅니다. 2백만이 모여도 비폭력으로 일관한 것은 주권자의 자신감의 발로에 다름 아니었습니다.

저는 이번의 흐름을 "주권자혁명"이라 부릅니다. 남용되고 농단된 대통령 권한을 회수해야겠다고 결단한 것은 주권자로서의 자각이었습니다. 흔들리는 국회에 대하여 정당, 의원의 뜻대로가 아니라 촛불민심을 받들라고 명한 것은 주권자의 당당함이었습니다.

박근혜 퇴진의 첫 주인공은 뜻밖에도 "중고생혁명"의 기치를 내건 청소년이었습니다. 아직 유권자가 아닌 무권자인 중고생부터 시작되었기에 유권자혁명으로만 부를 수 없습니다. 경제사회적 변혁을 전면화하지 않았기에, 앙시앵레짐을 타파하는 시민혁명의 상을 대입하기엔 뭔가 어색합니다. 우리 국민이 "주권자"로서의 확신을 갖고, 민주공화국의 주인으로서의 자기모습을 드러내는 과정으로 저는 이해합니다.

"가만있지 말라"는 건 세월호가 우리 모두에게 안겨준 뼈아픈 교훈입니다. 주권자들은 "이게 나라냐"고 거듭 묻고 있습니다. 최순실·박근혜의 국정농단에 대해, 주권자들이 가만히 있지 않았습니다. 핵심의제의 선정과 진행 과정에도 뜨겁고도 묵직하게 개입했습니다. 그리하여 불가능한 장벽처럼 보였던 탄핵의 일차 관문을 돌파해낸 것입니다.

주권자혁명이라면, 앞으로의 전개도 주권자혁명의 내실을 채워가는 과정이어야 합니다. 〈제왕적 대통령제〉가 만악의 근원이라면, 그 "제왕"의 왕관을 벗겨내야 합니다. 실은 그 '제왕'은 우리 헌법의 패션에도 없는 것입니다. 청와궁을 대통령 집무실로 바꾸고, 대통령 비서실은 그냥 부속실 정도로 축소되어야 합니다. 대통령의 업무는 내각과 관료를 통해 이루어지는 게 정상입니다. 경복궁의 배후에 숨어 있는 청와궁의 위치부터 시민 속으로 내려와야 합니다. "공주"와 "시녀", "배신"과 "충성" 따위의 왕조적 기풍은 싹부터 도려내야 합니다. 제왕적 대통령을 〈시민 대통령〉으로 확 바꿔놓아야 합니다.

주권자혁명의 효과는 국가의 곳곳에 파급되어야 합니다. 대통령의 전횡적 인사권도 큰 문제입니다. 예컨대 대법원장, 헌법재판소장은 3권분립의 국가틀에서 핵심적인 인사입니다. 그런데 이들 원장, 소장의 임명은 오로지 대통령의 의중에 달려 있습니다. 대법관만 해도 후보추천위원회를 통해 추천된 복수후보 중에서 선정하는데 말입니다. 우리 헌정사에서 내내 그랬던 것이 아닙니다. 이승만 대통령 때만 하더라도, 대법원장은 법관회의의 제청을 거쳐, 대통령이 임명하는 것으로 규정되었습니다. 대통령이 사법부 수장의 임명을 지배할 수 있도록 해서는 안 됩니다. 당장 내년 초에 닥칠 헌법재판소장의 임명만 하더라도, 대통령의 일방적 지명이 아니라 각계의 인사로 제청위원회를 구성하도록 법률화할 필요가 있습니다. 모든 대통령의 인사권에는 직간접의 국민 참여와 사후 통제를 거치도록 해야 할 것입니다.

대통령이 탄핵될 만한 사유가 드러났다면, 그 책임은 대통령 1인의 것이 아닙니다. 대통령을 잘못 보좌한 총리와 내각은 총사퇴해야 마땅합니다. 내각 인사부터 최순실의 입김이 가득합니다. 최순실 의혹이 제기될 때마다 모르쇠와 방패막이에 앞장선 총리이고 장관입니다. "새누리당도 공범이다, 새누리당 해체하라"는 것 역시 광장의 민심이었습니다. 그런데 누구보다 책임져야 할 집권당과 내각은 모르쇠와 적반하장으로 일관하고 있습니다. 주권자는 이런 무책임을 준엄히 심판할 것입니다.

주권자혁명의 내용을 알차게 채워가려면 개헌이 시급하지 않느냐고 주장할 수 있습니다. 그런데 이번 주권자혁명의 행렬 속에서 개헌 주장은 들리지 않았습니다. "직선제 개헌"을 명시적 목표로 내걸었던 1987년과는 다른 모습입니다. 지금의 헌정위기는 헌법 탓이 아니라 대통령 탓입니다. 더 중요한 것은 탄핵일정입니다. 박근혜 탄핵은 끝난 게 아니라 진행 중입니다. 앞으로 어떤 간계와 술수가 작동할지 공동 감시해야 할 시점에, 백가쟁명식 개헌 논의는 불화의 사과를 던지는 꼴입니다. 현재의 열기는 대통령의 즉각 퇴진과 주권자혁명의 제도화에 집중되어야 할 것입니다.

우리가 거듭 확인한 바는 역대 최악의 불통 대통령의 모습입니다. 대통령의 비서실장, 수석들도 대면보고 한 번 제대로 못했습니다. 장관들은 수첩에 받아적기만 했습니다. 간언諫言은커녕 상언上言할 기회조차 허락되지 않았습니다. 그러니 일반 국민과의 소통이야 오죽했겠습니까. 대통령은 그저 최순실의 메시지만 입력하고 그가 시킨 대로 지시했습니다. 이런 불통의 시대는 끝장내야 합니다. 이제부터는 주권자가 직접 공직자에게 소통의 압력을 열어가야 합니다. 때로는 "제 핸드폰이 뜨거워서 못 사용하겠다"고 의원들이 불평할 정도로, 뜨겁게 국민의사를 전달해야 합니다. 일 잘하는 의원에겐 후원금이라는 투표를, 군림하고 배신하는 정치인에게는 "18원의 후원금" 등 다양한 지도편달을 해가야 합니다. 공직자에게 소통과 경청을 체질화하도록 하는 것 역시 주권자의 몫입니다.

1919년 대한민국이 수립된 이듬해 도산 안창호 선생은 "오늘날 우리나라엔 황제가 없나요?" 하고 질문한 적이 있습니다. 그러곤 "황제란 주권자를 일컫는 이름이니, 대한민국에서는 온 국민이 바로 황제"라 자답합니다. "대통령이나 총리나 다 국민의 노복"일 뿐이니 "군주인 국민은 노복을 선하게 인도하는 방법을 연구해야 하고, 정부 직원은 군주인 국민을 섬기는 방법을 연구해야 한다"고 일깨웠습니다. 이게 민주공화국의 핵심입니다.
이 주권자혁명의 시대에, 대통령은 섬김 받는 존재가 아니라 주권자를 섬기는 노복임을 재확인합시다. 대통령은 "군주인 국민을 섬기는 방법을 연구"하고, "군주인 국민"은 노복인 공직자들을 "선하게 인도하는" 방법을 연구합시다. 때로는 참여로, 때로는 감시로, 때로는 탄핵으로 말입니다. 이번에 국회의원들을 선하게 인도했던 것처럼, 앞으로도 우리 국민은 주권자혁명의 정신이 국가작용의 곳곳에 스며들도록 국가 대개조를 해가야 합니다.

　왜냐고요? "대한민국의 모든 권력은 국민으로부터"(헌법 제1조2항) 나오는 것이니까요.[46]

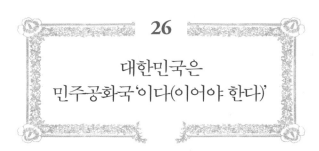

26

대한민국은
민주공화국'이다(이어야 한다)'

"대한민국은 민주공화국이다."

헌법 제1조입니다. 이 말의 영어 표현은 무엇일까요.

"The Republic of Korea is a democratic republic"일까요.

그렇지 않습니다. '대한민국=민주공화국'인가요. 그런 면도 있지만 미흡한 측면도 많지요. 가끔 '대한민국은 대통령 나라' 같은 모습이 나오고, 실제로 그렇게 생각하고 충성·맹종하는 공무원, 신민들도 적지 않습니다.

표준 영어법률 번역을 봅시다.

"The Republic of Korea shall be a democratic republic"입니다.

대한민국은 민주공화국"이다"가 아니라 "되어야 한다"입니다.

그럼 누가?

"대한민국의 주권은 국민에게 있"으니 주인인 국민이 해야지요.

주권재민이라지만, 저절로 재민이 아닙니다. 주권은 "국민에게 '있어야 한다' shall reside in the people"입니다.

주인 행세도 제대로 못 하고 비리비리해서는 안 됩니다. 주인 노릇 제대로 하기 위해 정신 바짝 차려야 한다는 겁니다.

주인인데 주인 노릇도 못하는 자는 백성이고, 신민이고, 노예입니다.

"모든 권력은 국민으로부터 나온다", 정확히는 "국민으로부터 '나와야 한다'shall emanate from the people"는 겁니다.

주권은 그냥 국민 손 안에 있는 것이 아닙니다. 'is'가 아닙니다.

국민 손 안에 있을 수 있도록 정신 차리고, 감시하고 독려하고, 'shall' 해야 합니다.

대한민국 헌법은 그렇게 국민에게 명령하고 있습니다.

우리 국민, 민주공화국 만들기 위해 분투하고, 주권 행사 위해 분투하라는 겁니다.

27

주권자와
봉사자

우리 헌법 제1조 제2항은 다들 너무 잘 알지요.

"대한민국의 주권은 국민에게 있고, 모든 권력은 국민으로부터 나온다."

노래까지 널리 불리니, 저절로 외우는 분들이 많아졌지요.

찬찬히 생각해볼수록 생각거리가 더 나오는 조문입니다.

이 조문의 핵심 질문은 이겁니다.

"대한민국의 주인은 누구인가?"

답은 명백합니다.

대한민국의 주인은 왕도 아니고, 독재자도 아니고, 바로 국민이라는 것입니다.

국가의 권력은 어디에서 나오는 걸까요? 원천을 어떻게 정당화할까요?

과거에는 답이 확실했습니다. 하늘[天] 아니면 조상이었지요.

중국의 황제는 천자天子입니다. 왕 중의 으뜸 왕입니다. 천자는 하늘과 직접 연결되는 존재였습니다. 중국 베이징에 가면 천단天壇이 있습니다. 천자만이 하늘에 제사 지낼 수 있었습니다. 천자 지위를 갖지 못한 조선 같은 경우 중국의 천자로부터 책봉을 받아야 왕이 될 수 있었습니다. 대한제국으로 바뀌면서 우리도 천자가 되자 하늘에 제사 지낼 제단을 만듭니다. 지금 서울시청 옆에 있는 원구단이 그것입니다.

일본은 아예 이름부터 천황입니다. 옛 일제의 헌법 제1조는 "대일본제국은 만세일계의 천황이 통치한다"입니다. 만세 동안, 즉 기원을 알기 힘든 오랜 옛날, 천조대신天照大神이 천황 가문에 신국의 통수권을 부여했고, 그 천황은 일계, 즉 족보상 하나의 계통으로 이어져서 현 천황에까지 이르렀다는 것입니다. 자신의 왕권이 하늘과 조상에 연원하는 것이라는 픽션을 만들어낸 거지요.

동양뿐 아닙니다. 서양사에서는 왕권신수설이 등장합니다. 왕의 권력은 하느님으로부터 나온다는 것입니다. 이는 하늘로부터 권력이 주어지고, 황제/왕이 그 권력을 행사한다는 논리로 이어집니다.

민주공화국에서는 그렇지 않습니다. 대한민국의 권력은 바로 국민으로부터 나옵니다. 대한민국을 다스릴 모든 힘의 원천은 하늘도 아니고, 중국도, 일본도, 미국도 아닙니다. 국민이 대한민국을 다스릴 모든 힘의 근원입니다. 대통령, 국회, 법원, 경찰, 군대, 세무서, 동사무소 등이 권력자가 아닙니다. 최고권력자는 오직 국민입니다. "모든 권력은 국민으로부터 나온다"는 헌법 제1조 제2항이 뜻하는 바가 바로 이것이지요.

국민이 "모든 권력"의 원천입니다. 국민은 권력을 가지고 있습니다. 이때 권력은 유한한 것이 아니라 무한한 것입니다. 국민이 명령하면 공직자는 거기에 따라야 합니다.

그럼 공무원은? 공무원은 주인이 될 수 없습니다. 대통령도 주인이 아닙니다. "공무원은 국민 전체의 봉사자"(헌법 제7조)입니다. 〈주권자 ＝국민〉이고, 〈공무원＝봉사자〉입니다. 국민이 주인이고, 공무원은 하인servant입니다.

우리 헌법에 '권력'이라는 단어는 헌법 제1조에만 등장합니다. 국민만이 권력자입니다. 대통령은 권력이 아닌 '권한'을 갖습니다. 판사, 검사도 권력이 아닌 권한을 갖습니다. 권한은 '한계가 있는 힘limited power'입니다. '적법한 권위legal authority'만을 행사할 수 있습니다. 대통령, 국회의원, 판사, 검사, 경찰은 헌법－법률에 의해 부여된 범위 내의 제한된 권능만을 행사할 수 있습니다. 범위를 넘어서면 권력 남용이 됩니다. 권한은 국민 전체를 위해 써야만 합니다. 자신이나 가족을 위해 행사하면 권력 남용이 되어 처벌받습니다. 공직자는 자신의 이익을 위해 쓸 힘power이 전혀 없습니다.

6

대한민국의 주권은
국민에게 있고, 모든 권력은
국민으로부터 나온다

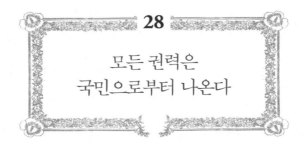

28

모든 권력은
국민으로부터 나온다

대한민국 헌법 제1조 제2항을 다시 한번 읽어봅니다.

대한민국의 주권은 국민에게 있고, 모든 권력은 국민으로부터 나온다.

이 멋지고 무게 있는 조항이 어디서 어떻게 나왔을까요.

이 조항의 헌정사적 연원은 미국의 〈버지니아 권리장전〉입니다. 〈버지니아 권리장전〉은 〈미국독립선언〉(1776년 7월 14일) 직전인 1776년 6월 12일 버지니아 제헌회의에서 공포되었습니다. 아메리카 식민지인들의 주장을 헌법으로 보장한 최초의 선언으로서, 주요 내용은 〈미국독립선언〉 및 〈수정헌법〉(미국헌법 중 기본적 인권을 조문화한 것)에 그대로 들어갑니다. 〈버지니아 권리장전〉 제2조는 다음과 같습니다.

All power is vested in, and consequently derived from, the people; magistrates are their trustees and servants, and at all times amenable to them.

하나하나 살펴봅시다.

100년의
헌법

버지니아 권리장전

1776년 6월 12일 버지니아 제헌의회에서는 아메리카 식민지인들의 주장을 헌법으로 보장한 최초의 선언인 〈버지니아 권리장전〉을 공포합니다. 〈버지니아 권리장전〉 제2조는 '모든 권력이 국민에게 있고, 모든 권력은 궁극적으로 인민으로부터 나온다. 모든 공직자는 인민의 권력을 수탁받은 자이고 인민의 충직한 심부름이다. 공직자들은 언제나 인민의 뜻에 따르고 인민에게 순종해야 한다' 입니다. "대한민국의 주권은 국민에게 있고, 모든 권력은 국민으로부터 나온다"는 대한민국 헌법 제1조 제2항은 바로 이 〈버지니아 권리장전〉에서 유래했습니다.

VIRGINIA BILL *of* RIGHTS

DRAWN ORIGINALLY BY GEORGE MASON AND
ADOPTED BY THE CONVENTION OF DELEGATES

June 12, 1776.

A Declaration of Rights made by the Representatives of the good People of Virginia, assembled in full and free Convention; which Rights do pertain to them, and their Posterity, as the Basis and Foundation of Government.

I.

That all Men are by Nature equally free and independent, and have certain inherent Rights, of which, when they enter into a State of Society, they cannot, by any Compact, deprive or divest their Posterity; namely, the Enjoyment of Life and Liberty, with the Means of acquiring and possessing Property, and pursuing and obtaining Happiness and Safety.

II.

That all Power is vested in, and consequently derived from, the People; that Magistrates are their Trustees and Servants, and at all Times amenable to them.

III.

That Government is, or ought to be, instituted for the common Benefit, Protection, and Security, of the People, Nation, or Community; of all the various Modes and Forms of Government that is best, which is capable of producing the greatest Degree of Happiness and Safety, and is most effectually secured against the Danger of Mal-administration; and that, whenever any Government shall be found inadequate or contrary to these Purposes, a Majority of the Community

hath an indubitable, unalienable, and indefeasible Right, to reform, alter, or abolish it, in such Manner as shall be judged most conducive to the public Weal.

IV.

That no Man, or Set of Men, are entitled to exclusive or separate Emoluments or Privileges from the Community, but in Consideration of public Services; which, not being descendible, neither ought the Offices of Magistrate, Legislator, or Judge, to be hereditary.

V.

That the legislative and executive Powers of the State should be separate and distinct from the Judicative; and, that the Members of the two first may be restrained from Oppression, by feeling and participating the Burthens of the People, they should, at fixed Periods, be reduced to a private Station, return into that Body from which they were originally taken, and the Vacancies be supplied by frequent, certain, and regular Elections, in which all, or any Part of the former Members, to be again eligible, or ineligible, as the Laws shall direct.

That

"All power is vested in the people모든 권력은 인민에게 있다." '모든 권력은 사람들, 인민에게 귀속되어 있다'는 뜻입니다. 이를 통해 보면 '주권'은 '모든 권력'을 일컫는 말이기도 하네요.

"All power is consequently derived from the people모든 권력은 궁극적으로 인민으로부터 derive되는 것이다."

'A is derived from B'는 'A의 것은 모두 B로부터 얻은 것'이라는 의미입니다. 공직자의 권한과 활동의 원천은 모두 국민으로부터 나온 힘이라는 거지요.

이는 주권재민의 사상을 확실히 못 박은 문장입니다. 그만큼 커다란 의미를 담고 있는 것이지요.

하지만 실제로는 그다음 문장이 더 중요한지도 모르겠습니다.

"magistrates are their trustees and servants행정관들은 인민의 수탁자이고 인민의 심부름꾼이다." '행정관'은 '모든 공직자'라고 해도 됩니다. 'servant'는 흔히 점잖게 '봉사자'라고 번역하지만, 본뜻은 '주인의 심부름을 잘하는 신임 받는 하인', '청지기', '수발드는 사람'입니다. 그러니 의역하자면 "모든 공직자들은 인민의 권력을 수탁받은 자이고, 인민의 충직한 심부름꾼이다" 정도가 되겠네요.

"magistrates are at all times amenable to them공직자들은 언제나 인민에게 amenable해야 한다."

'amenable'의 사전적 의미는 'readily managed, open to advice, willing to be led, submissive, obedient, able to be influenced, able to be controlled'입니다. 인민의 말을 잘 들어야 하고, 인민의 통제에 잘 따라야 하고, 인민에게 기꺼이 순종해야 한다는 뜻이지요. 의역하자면 "공직자들은 언제나

인민의 뜻에 따르고, 인민에게 순종해야 한다"는 의미입니다.

우리 헌법 제1조 2항의 유래는 〈버지니아 권리장전〉임이 틀림없습니다. 〈버지니아 권리장전〉은 각국의 수많은 헌법 문서 속에 스며들었고, 우리에게까지 왔습니다. 우리는 그 2조 중에서 앞부분만 따온 것이지요. 당연히 뒷부분도 그 속에 포함되어 있는 것으로 봐야겠지요.

따라서 우리 헌법 제1조 제2항은 다음과 같이 해석하면 되겠습니다.

대한민국의 주인은 우리 국민이고 모든 국민이어야 합니다.
우리나라의 모든 권력은 처음부터 국민에게 있는 것이고, 공직자들은 본시 주권자인 국민에게 충직하게 봉사해야 할 심부름꾼이고 하인입니다.
모든 공직자들의 권한은 우리 국민이 일부씩 권력을 떼어서 믿고 맡긴 것입니다.
공직자들은 언제, 어디서든지, 주인인 국민의 말에 귀를 기울이고, 국민의 뜻을 따를 것이며, 국민에게 순종해야 하는 것입니다.

와, 이거, 근사하지 않나요. 〈대한민국 헌법 제1조〉 노래 한 번 더 불러봅시다.

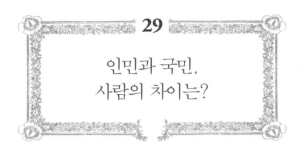

29

인민과 국민,
사람의 차이는?

미국 헌법 전문의 첫 줄은 이렇게 시작합니다.

We, the people of the United States, of America,……

헌법의 주체에 대한 문구인데,

"우리, 미 대륙의 주들의 연합체[미합중국] 사람들은……" 이런 뜻으로 정리됩니다.

'사람'이라는 한글이 어색하다고 생각되면, 비슷한 의미의 한자어를 골라 쓰게 됩니다.

여기에서 가장 자연스럽게 등장하는 것이 "인민"이라는 단어입니다.

사실 인민이라는 단어 자체가 혁명적 뜻을 갖고 있습니다.

한자어로 '인人'은 사람이라는 뜻이지만, 실제 용례를 보면 사람으로 대우받을 정도로 신분·지위가 높은 사람을 가리킵니다. 반면 '민民'은 사람 격에 오르지 못한 대상을 가리켜왔습니다.

"하층민"이라고 하지, "하층인"이라고 하지 않지요. 사람을 풀에 비유할 때, "인초"라는 말은 없지만 "민초"는 자주 쓰이고요.

'민'은 개인이 아니라 무리를 지칭하기도 합니다. "민중"이 그러한 예에 해당되는데, 그들이 난리를 일으키면 "민란"이 됩니다. "인중", "인란"이라는 말은 거의 쓰지 않습니다.

반면 '인'은 비교적 높은 자리에 있는 사람이 대접을 제대로 받을 때 자주 쓰입니다.

장애자보다 장애인이 더 사람 대접 제대로 받는 것 같습니다.

노숙자보다 노숙인이 더 사람 대접을 제대로 받습니다.

전통사회에서 '인'과 '민'은 격차가 확실한 개념이었습니다.

그런데 개화기 이후에 '인'과 '민'이 합쳐진 '인민'이라는 말이 점차 널리 쓰이기 시작했습니다.

인과 민이 동격이 되어야, 즉 신분이나 사람 차별이 없는 사회가 되어야, 인민이라는 말이 자연스럽게 쓰일 수 있습니다.

1919년부터 1945년까지 임시정부의 모든 헌법 문서에서 사람은 '인민'이라 지칭하고 있습니다. 1945년부터 1948년까지의 헌법 문서에서도 대부분 인민을 쓰고 있고, 국민이라는 말도 가끔 보입니다. 유진오의 헌법전문 초안에는 "유구한 역사와 전통에 빛나는 우리들 조선 인민은"이라고 쓰고 있습니다.

그런데 제헌헌법 심의 과정에서 갑자기 모든 초안에 적혀 있는 '인민'이라는 말이 '국민'이라는 말로 대체되었습니다. 유진오는 그 경위와 소감을 다음과 같이 피력합니다.

인민이란 용어에 대하여 후에 국회 본회의에서 윤치영 의원은 "인민이라는 말은 공산당의 용어인데 어째서 그러한 말을 쓰려 했느냐, 그러한 말을 쓰고 싶어 하는 사람의 '사상'이 의심스럽다"고 공박하였지만, 인

고려대 총장 시절의 유진오

1948년 대한민국 제헌헌법 전문 초안을 작성한 유진오 선생은 초안에서 '인민'이라는 용어를 썼습니다. 그러나 제헌헌법 심의 과정에서 '인민'이 공산당의 용어라 쓰면 안 된다는 이의 제기 때문에 '인민'은 모두 '국민'으로 대체됩니다. 하지만 '국민'에는 '인간 그 자체'라는 뜻과 '대한민국 국적을 가진 자'라는 뜻이 섞여 있어서 많은 혼란이 발생했습니다. 각각의 의미에 맞게 수정할 필요가 있습니다. 사진은 고려대 총장 시절 유진오 선생의 모습(1955)입니다.

●

* 소장처: 고려대학교 박물관.

민이라는 말은 구대한제국 절대군권하에서도 사용되던 말이고, 미국헌법에 있어서도 인민*people, person*은 국가의 구성원으로서의 시민*citizen*과는 구별되고 있다. 국민은 국가의 구성원으로서의 인민을 의미하므로 국가우월의 냄새를 풍기어, 국가라 할지라도 함부로 침범할 수 없는 자유와 권리의 주체로서의 사람을 표현하기에는 반드시 적절하지 못하다. 결국 우리는 좋은 단어 하나를 공산주의자에게 빼앗긴 셈이다.[47]

이렇게 '인민'이라는 단어를 모두 '국민'으로 바꾸면서 상당한 혼란이 발생합니다. '국민'에는 ① 인민과 같이 '국적을 불문하고 인간 그 자체'를 가리키는 뜻과 ② '대한민국 국적을 가진 자'라는 뜻이 섞여 있기 때문입니다. 예컨대 한국 유조선을 나포한 소말리아 해적이 한국에 잡혀 왔을 경우 그는 ②에는 해당되지 않지만 ①에는 해당될 수 있습니다. 해적이긴 하지만 그 역시 사람인지라, 사람으로서 당연히 보장되는 기본적 인권을 예외 없이 누려야 합니다. 그것이 우리 헌법입니다. 다만 대한민국인이어야만 비로소 누릴 수 있는 각종 권리는 누리지 못하게 됩니다. 선거권도 그렇고, 여러 사회보장을 받을 권리는 우리 국민에게 우선적으로 보장합니다. 그런데 우리 헌법의 개개 규정에서 모두 '국민'으로 일원화하다 보니, 혼선이 벌어지게 된 것입니다. 한국에 체류하는 외국인들은 당혹감에 휩싸여 '대한민국 헌법상의 권리를 누릴 수 없는 것이냐' 면서 질문하기도 합니다.

최근의 여러 헌법 개정안에서는 이 같은 문제를 '인민' 대신 '사람'을 써서 해결합니다. 즉 사람의 권리, 국민의 권리, 이렇게 나눈다는 것이지요. 문재인 대통령의 헌법개정안(2018)을 살펴봅시다.

제10조 모든 사람은 인간으로서 존엄과 가치를 가지며, 행복을 추구할 권리를 가진다.

제11조 모든 사람은 법 앞에 평등하다.

제15조 모든 국민은 거주·이전의 자유를 가진다.

제25조 모든 국민은 선거권을 가진다.

제28조 모든 사람은 헌법과 법률에 따라 법원의 재판을 받을 권리를 가진다.

인간이라면 누구나 가져야 할 권리는 '사람'으로 정리하고, 대한민국 국적을 가진 자에게 보장할 권리는 '국민'으로 정리한 것입니다.

1948년 제헌헌법 제정 시에 '인민'이라는 말을 그대로 썼다면, 인민은 우리 헌법상의 상용어가 되었을 것입니다. 남북한에 같은 단어가 한두 개가 아닙니다. 정치적 용어와 법적 용어도 마찬가지이지요. 어쨌든 공산당이 주로 쓴다는 이유로 인민이라는 단어가 쓰이지 않게 된 것입니다. 유진오의 말대로 "좋은 단어" 하나를 기피하게 된 아쉬움이 있습니다만 그렇다고 지금 '인민'을 새로이 쓰기도 좀 어색하지요. '인민' 대신 '사람'으로 쓰자는 것은 여러 가지를 고려한 합리적 제안이라 생각합니다.

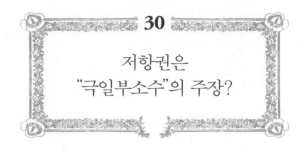

30

저항권은
"극일부소수"의 주장?

저항권은 우리 헌법 조문 자체에는 없습니다.

독일은 "모든 독일인은 (헌법적) 질서의 제거를 감행하는 자에 대하여, 다른 구제수단이 불가능한 경우, 저항할 권리를 가진다"(제20조 ④)와 같이 저항권을 헌법에 명문화합니다. 나치 정권의 국가 불법에 대한 반성으로 조문화한 것이지요.

우리는 헌법 조문에 그런 명문규정이 없으니, 저항권은 인정될 수 없는 권리일까요?

우리 헌정사에서 그리고 헌법 문헌들에서 저항권 논의는 찬반으로 갈라졌습니다.

먼저 부정설의 견해입니다.

유신체제 때 대법원은 민청학련 등의 반유신시위가 "저항권 행사"라는 피고인들의 주장에 대해, 이는 "극일부소수의 이론"이 주장하는 것에 불과하다고 썼습니다.

저항권 주장을 배척할 수는 있습니다.

개념이 추상적이어서 재판 규범으로 원용하기 어렵다며 난색을 표할 수도 있습니다.

그런데 "극소수일부"라고 했습니다.

그냥 "소수"의 의견이라고 하면 안 되었을까요.

더 줄여서 "일부소수"의 의견이라고 하면 안 되었을까요.

"극", "일부", "소수"를 합쳐 "극일부소수"라는 새로운 단어까지 창안해가며 저항권 논리를 배척한 그 사고는 참으로 억지스럽습니다. 사실에도 맞지 않고요. "극일부소수"가 나온 문제의 판결문을 한번 읽어봅시다.

소위 〈저항권〉에 의한 행위이므로 위법성이 조각된다고 하는 주장은 그 〈저항권〉 자체의 개념이 막연할 뿐 아니라 논지에 있어서도 구체적인 설시가 없어 주장의 진의를 파악하기 어려우나 이 점에 관한 극일부소수의 이론이 주장하는 개념을 살핀다면 그것은 실존하는 실정법적 질서를 무시한 초실정법적인 자연법질서 내에서의 권리 주장이며 이러한 전제하에서의 권리로써 실존적 법질서를 무시한 행위를 정당화하려는 것으로 해석되는 바, 실존하는 헌법적 질서를 전제로 한 실정법의 범주 내에서 국가의 법적 질서의 유지를 그 사명으로 하는 사법기능을 담당하는 재판권행사에 대하여는 실존하는 헌법적 질서를 무시하고 초법규적인 권리개념으로써 현행 실정법에 위배된 행위의 정당화를 주장하는 것은 그 자체만으로서도 이를 받아들일 수 없는 것이다.[48]

이 판결은 이른바 인혁당 8명에 대한 사형선고를 확정하고 바로 그 다음 날 사형집행을 해버린 이른바 "사법살인" 판결로 악명 높습니다. 2000년대에 들어 이 사형 판결이 오판이었음이 재심재판을 통해 확정됩니다. 저항권 주장을 편향되게 거부해버린 논지는 이 같은 판결 자체의 불법성과 함께했던 거지요.

1980년에는 박정희 대통령과 경호원들을 사살한 김재규와 그 부하들에 대한 재판에서 저항권 이론이 등장합니다. 변호인들이 주장했지요. 대법원은 저항권 이론을 끌어온 변호인단의 주장을 배척하면서도, "극일부소수"의 의견이라는 주장까지는 차마 못 하고 있습니다. 저항권이 "입헌 자유민주주의 국가의 헌법이론상 자연법에서 우러나온 자연권"으로서 "헌법 기타 실정법에 규정되어 있든 없든 간에 엄존하는 권리로 인정되어야 한다는 논지가 시인된다 하더라도"라고 하여, 〈헌

민청학련 판결문
유신체제 시절 대법원은 민청학련 등의 반유신시위가 "저항권 행사"라는 피고인들의 주장에 대해 그건 "극일부소수"의 주장일 뿐이라고 했습니다. 그러나 국민은 국가의 주인입니다. 국가의 주인이기에 반민주적인 독재체제에 대한 저항권도 당연히 행사할 수 있습니다.

●

법이론〉상으로는 시인될 수 있음을 인정한 거지요. 다만 저항권의 "구체적 개념의 의무내용이나 그 성립요건에 관해서는 그 견해가 구구하여 일치된다 할 수 없어 결국 막연하고 추상적인 개념이란 말을 면할 수 없"다고 부연합니다. 저항권을 재판규범으로 원용할 수 있는가라는 쟁점을 부각시키면서 "막연하고 추상적인 개념"이고, 우리의 현 단계에서는 "재판의 준거규범으로 채용 적용하기를 주저하지 않을 수 없다"고 말합니다. 우리나라의 현 단계가 어떻기에 이런 주장으로 끌고 가는지의 입론은 별도로 없고요.[49]

또한 1980년 판결에서는 헌법 전문에 나오는 "4·19의거"를 저항권 규정으로 볼 수 없다고 못 박고 있습니다. 변호인단은 우리 헌법상 가장 강력한 저항권의 예시로 헌법 전문에 명기되어 있는 "4·19"를 들었습니다. 하지만 판결에서는 그것이 저항권 규정이 아니라는 거지요. 근거는 물론 없고, 그냥 아니라고만 합니다. 이승만의 부정선거 및 대통령 하야를 주장한 4·19가 저항권의 행사가 아니라면 이를 어떻게 설명할 것인가요.

그러나 위의 대법원 판시에는, 임항준 대법원판사의 반대의견이 적시되어 있습니다.

일반적인 문제로 우리나라에서 저항권의 존재를 부정하거나 이를 재판규범으로 적용할 수 없다는 판단에서 이를 그대로 수긍하기 어려운 다음과 같은 의문점이 있음을 지적해 두고자 한다.

우리나라에 있어서의 정치의 기본질서인 인간존엄을 중심가치로 하는 민주주의 질서에 대하여 중대한 침해가 국가기관에 의하여 행하여져서 민주적 헌법의 존재 자체가 객관적으로 보아 부정되어 가고 있다고 국민 대다수에 의하여 판단되는 경우에 그 당시의 실정법 상의 수단으로는 이를 광정할 수 있는 방법이 없는 경우에는 국민으로서 이를 수수방관하거나 이를 조장할 수는 없다 할 것이므로 이러한 경우에는 인권과 민주적 헌법의 기본질서의 옹호를 위하여 최후의 수단으로서 형식적으로 보면 합법적으로 성립된 실정법이지만 실질적으로는 국민의 인권을 유린하고 민주적 기본 질서를 문란케 하는 내용의 실정법상의 의무 이행이나 이에 대한 복종을 거부하는 등을 내용으로 하는 저항권은 헌법에 명문화 되어 있지 않았더라도 일종의 자연법상의 권리로서 이를 인정하는 것이 타당하다 할 것이고 이러한 저항권이 인정된다면 재판규범으로서의 기능을 배제할 근거가 없다고 할 것이다.

임항준 판사는 저항권의 존재를 부정할 수 없는 근거로 '4·19의거의 이념을 계승하여 새로운 민주공화국을 건설한다'는 헌법 전문을 들고 있습니다. 헌법에서 저항권을 명백히 인정하고 있는데 재판규범으로 적용할 수 없다는 주장은 부당하다는 것입니다.

저항권이 자연권이라 하더라도, 자연권을 재판규범으로 해서는 안 된다는 주장도 반대합니다. 그의 견해를 인용해봅니다.

4·19 사태가 당시의 실정법에 비추어 보면 완전한 범법행위로 위법행위임에도 불구하고 이를 우리나라의 기본법인 헌법의 전문에서 의거라고 규정짓고 그 의거의 정신을 계승한다고 선언하고 있어 위 헌법 전문을 법률적으로 평가하면 우리나라 헌법은 4·19의 거사를 파괴되어가는 민주질서를 유지 또는 옹호하려는 국민의 저항권 행사로 보았다고 해석할 수밖에 없는데 우리나라 헌법이 인정한 것으로 보이는 저항권을 사

법적 판단에서는 이를 부정할 수가 있을는지 의문이고 또 저항권이 인정되는 이상 재판규범으로는 적용될 수 없다고 판단하여 그 실효성을 상실시킬 합리적 이유가 있다고 볼 수도 없다. 다수의견은 저항권이 실정법에 근거를 두지 못하고 있어서 이를 재판규범으로 적용할 수 없다는 취지로 설시하고 있으나 자연법상의 권리는 일률적으로 재판규범으로 기능될 수 없다는 법리도 있을 수 없거니와 위에 적시한 우리나라 헌법의 전문은 저항권의 실정법상의 근거로 볼 수도 있다고 할 것이다.[50]

4·19를 국민의 저항권 행사로 해석할 수밖에 없다는 것입니다. 자연법상의 권리를 재판규범으로 원용할 수 없다는 극도의 법실증주의에 대한 비판도 합니다. 김재규의 거사가 저항권행사인가 여부는 별도로 하더라도, 우리의 법 논리에서 저항권의 개념 자체를 부정할 수는 없다는 것입니다.

저항권 개념을 적극적으로 해석하여 재판규범으로 원용할 수 있는 사례는 전두환, 노태우 등의 12·12, 5·17, 5·18 내란, 군사반란죄 재판에서 분명해졌습니다. 그 이후 저항권 판례가 우리 법원의 판결과 헌법재판소 결정을 통해 적지 않게 쌓이고 있습니다. 헌법재판소의 최근 판례를 인용해봅니다.

저항권은 공권력의 행사자가 민주적 기본질서를 침해하거나 파괴하려는 경우 이를 회복하기 위하여 국민이 공권력에 대하여 폭력·비폭력, 적극적·소극적으로 저항할 수 있다는 국민의 권리이자 헌법수호제도를 의미한다. 하지만 저항권은 공권력의 행사에 대한 '실력적' 저항이어서 그 본질상 질서교란의 위험이 수반되므로, 저항권의 행사에는 개별 헌법조항에 대한 단순한 위반이 아닌 민주적 기본질서라는 전체적 질서에 대한 중대한 침해가 있거나 이를 파괴하려는 시도가 있어야 하고, 이미 유효한 구제수단이 남아 있지 않아야 한다는 보충성의 요건이 적용된다. 또한 그 행사는 민주적 기본질서의 유지, 회복이라는 소극적인 목적에 그쳐야 하고 정치적, 사회적, 경제적 체제를 개혁하기 위한 수단으로 이용될 수 없다.[51]

이 같이 저항권은, 일부 관변학자들과 정권의 시녀가 된 법원의 판결에도 불구하고, 우리의 역사적 실천을 통해 지금은 헌법상 권리로서 당당히 인정받고 있습니다. 3·1운동은 일제 통치에 대한 전체 국민의 항쟁이고, 4·19는 종신독재체제에 대한 우리 국민의 항쟁입니다. 특히 현행 헌법의 경우 4·19에 대해서는 "불의에 항거한 4·19 민주이념"이라는 문구를 통해 저항권적 행사였음을 분명히 하고 있습니다. 이처럼 현행 헌법에서 저항권을 적극적으로 해석한다면 1987년 6월 민주항쟁도 전두환 등 정치군부의 군사독재에 대한 전 국민적 저항권의 행사였고, 2016~2017년 박근혜 대통령에 대한 탄핵의 촛불 함성도 연인원 1700만 명이 참여한 국민 저항권의 행사였지요.

국민은 국가의 주인입니다. 주인이기에 국민은 반민주적 독재체제에 대해 당연히 저항권을 행사할 수 있습니다. 지금 어떤 헌법학자도, 어떤 법관들도, 저항권의 존재 자체를 부정하지는 못합니다. 저항권의 존재를 부정하는 자는 '극일부소수'도 없습니다. 국민의 저항권을 의식하는 집권자들은 그만큼 국민의 목소리를 겸허하게 경청하게 될 것이고요. 저항권의 존재는, 우리 국민이 궁극적으로 헌정 수호자인 주권자임을 환기시키고 있습니다.

III

인권이다

헌법은

7

모든 국민은
인간으로서의 존엄과
가치를 가지며,
행복을 추구할
권리를 가진다

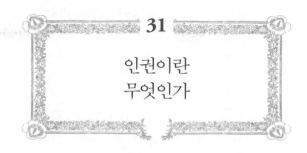

31

인권이란
무엇인가

인권이란 무엇인가요.

대답하기 쉬울 듯한데, 쉽지가 않죠.

"우리도 인간이다, 인간으로 대우해 달라!"

"사람 사이에 차별 없다. 나도 평등하게 대우해 달라!"

"조건과 환경의 차이에도 불구하고 인간은 인간이다! 그러니 인간으로서 대우해 달라."

그것이 인권입니다.

하지만 이렇게 정의하면 실감이 덜 오죠. 반대로 뒤집어보면 훨씬 명료합니다.

"흑인은 노예가 아니다. …… 인간으로 평등하게 대우해 달라."

"노동자는 기계가 아니다. …… 인간으로 대우해 달라."

"이주노동자도 기계가 아니다. …… 인간으로서의 권리를 보장해 달라."

"조금이라도 차별받고 존엄한 존재로 대우받지 못하는 사람들의 '인'간으로서의 대등한 '권'리를 인정해 달라."

이게 인권입니다.

권리를 외칠 때보다 인권을 외칠 때 목소리가 더 절박하고 손도 더

이주노동자 시위

인권은 "조금이라도 차별받고 존엄한 존재로 대우받지 못하는 사람들의 '인'간으로서의 대등한 '권'리를 인정해 달라"입니다. 이주노동자의 경우 "이주노동자는 기계가 아니다. 인간으로서의 권리를 보장해 달라"는 외침에 바로 인권의 핵심이 담겨 있습니다.

* 출처: SK 대학생 자원봉사단 SUNNY 교류운영팀.

높이 쳐들게 됩니다. 인권의 목소리를 이미지 파일로 검색해보면 높이 치솟는 장면이 많습니다. 아마도 억눌림에서 벗어나기 위한 몸부림이 그런 동작으로 나타나는 거겠지요.

왜?

"인간"으로서 인정을 받지 못하면, 존재가치가 없으니까요.

〈존엄과 가치〉를 〈평등〉하게 누리도록 〈인정〉하고 〈보장〉해 달라, 그게 인권의 핵심이라 생각됩니다.

32

모든 국민은 인간으로서의 존엄과 가치를 가지며, 행복을 추구할 권리를 가진다

"모든 국민은 인간으로서의 존엄과 가치를 가지며, 행복을 추구할 권리를 가진다."

우리 헌법 제10조입니다. 그야말로 인권의 핵심을 말하고 있습니다. 과연 어떤 뜻이 들어 있을까요.

첫째, 주어를 보지요. "모든 국민"입니다. 여기에서 국민은 집단이나 총체로서의 국민이 아니라 개인으로서의 국민입니다. 이 조항은 "국민"이 아니라 "인민" 혹은 "사람"으로 보는 게 더 좋겠습니다.

자기 이름을 넣어 "나는"으로 바꿔 읽으면 확실히 다가옵니다. "나 김갑동은 인간으로서의 존엄과 가치를 가집니다. 나는 행복을 추구할 권리를 갖습니다."

"당신은 나와 마찬가지로 인간으로서의 존엄과 가치를 갖습니다"라고 읽으면 더욱 좋습니다. 헌법은 종이 위의 글자가 아니라, 나/너/우리를 위한 인권 문서로 습득하고 체화해야 하는 것이지요.

둘째, 존엄가치를 향유할 자격은 어떻게 될까요? 돈, 지위, 신분 등이 아닙니다. "인간으로서"이니까, 인간이면 됩니다. 수형자, 국사범, 테러리스트 등도 "인간"이기에 인권을 향유할 자격이 있습니다. 가끔 흉악범을 두고 "인간이 아닌 짐승", 아니 "짐승만도 못한 자"인데 그런 자에게 무슨 인권이냐며 분통을 터뜨리곤 합니다. 분노는 이해가 갑니다만, 그들도 인간이므로, 기본권의 향유 주체입니다.

셋째, "존엄과 가치"를 봅시다. "존엄"을 다른 말로 하면, '품위 있는 존재로 존중하고 존중받는다'입니다. 가치는 어느 정도의 가치일까요. 영어로 'invaluable'이라는 단어가 있습니다. '가치 없는'이라는 뜻이 아니라 '가치를 측정할 수 없을 정도로 가치 있는'이라는 의미입니다. 모든 인간은 측량할 수 없을 정도로 가치 있는 존재로 존중받을 권리가 있고, 그러므로 자신이 아닌 타인도 존중할 의무가 있다고 봅니다. 헌법 책, 헌법 판례에 적힌 대로만 존엄과 가치가 인정되는 것이 아닙니다. 헌법은 모든 사람의 문서이므로, 각자 자신의 숨결을 불어넣어 해석할 수 있습니다.

넷째, "행복을 추구할 권리"를 살펴보지요. 사람은 사랑할 수 있어야 하고, 존중받아야 하고, 궁극적으로 삶을 행복하게 영위할 수 있어야 합니다. 헌법은 행복 추구를 '기본권'에 속한다고 합니다. 이 사고 많고 어처구니없는 부조리가 일상다반사인 세상에서, 헌법은 불행이 당신의 숙명이 아니라고 말해줍니다. "당신은 사랑받기 위해 태어난 사람"이라는 노랫말이 딱 이것입니다. 당신은 이 땅에서, 이 나라에서, 행복을 추구할 권리가 있다고 헌법은 말해주고 있습니다.

다섯째, 〈국민교육헌장〉은 "우리는 민족중흥의 역사적 사명을 띠고 이 땅에 태어났다"라는 문구로 시작합니다. 그러나 이는 우리 헌법의 논법이 아닙니다. 우리 헌법은 이렇게 말합니다. "당신은 너무나 가치 있는 존재로 존중받으며, 사랑받기 위해 이 땅에 태어났다." 당신을 향한 존중과 당신의 행복추구권은, 누구도 빼앗아갈 수 없고, 누구에게도 팔아넘길 수 없는 것입니다.

어떻습니까. 바로 이것이 헌법의 핵심조항이 우리 국민 한 사람 한 사람에게 말하고 있는 바입니다. 이런 약속을 구체적으로 구현할 나라에 살 가치가 있지 않겠습니까. 이런 약속을 현실화, 구체화하기 위한 노력에 동참하지 않겠습니까.

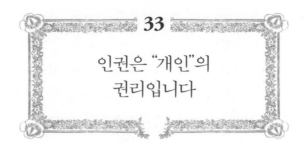

33
인권은 "개인"의
권리입니다

'소수자의 인권'이라는 말 자주 씁니다. 그러면 '다수자의 인권은 누가 지켜 주냐'고 반문하는 분들이 있습니다. 여성의 인권을 말하면 "남성의 인권은 누가?"라고 묻고, 학생의 인권을 말하면 "교사의 인권은 누가?"라고 반문하지요.

그런 물음이 부적절하다고 느끼지만, 막상 반론하려 하면 무언가 막막하고 가슴이 답답해져서 '대화가 안 통하네' 이러고 돌아올 때가 적지 않습니다.

사회의 다수자, 힘 있는 자는 굳이 인권을 들먹일 필요가 적습니다. 사회의 제도, 관습 등이 다수자나 힘 있는 자들이 원하는 모습으로 짜여 있기 때문입니다. 법률과 예규, 판례도 그렇습니다.

소수자, 약자는 그렇지 않습니다. 권력도 없고, 돈도 없고, 목소리도 내기 어렵습니다. 그늘지고 취약한 곳에 있기에 잘 보이지도 않지요. 이들은 "나도 당신과 똑같은 사람이고, 사람으로서의 존엄과 가치를 향유할 자격이 있다"고 소리 높여 외쳐야 합니다. 그래야 관심을 받고, 주목을 받을 수 있습니다. 이때 '인권'을 들고 나오는 겁니다.

그런데 인권 개념에서 더 중요한 사실이 있습니다. 인권은 소수자

집단, 약자 집단의 것도 아닙니다. 인권은 〈개인〉의 것입니다. 개인 단위로 설정된 것이기 때문입니다.

개인은 영어로 'individual'이라고 합니다. 'in-divisible-al', 즉 "더 이상 쪼갤 수 없는 존재"입니다. 한 개인로서의 완결성을 갖고 있습니다.

솔로몬이라는 임금이, 한 아이를 두고 자신의 자식이라고 주장하는 두 여성을 향해, 그 아이를 둘로 나누라고 판결한 적이 있습니다. 그런데 사람은 둘로 나눠질 수 없습니다. 쇠고기 100근은 둘로 나눠서 각각 50근을 가져갈 수 있고, 금 10킬로그램이 있으면 5킬로그램씩 사이좋게 나눠 가질 수 있습니다. 그런데 사람은 둘로 쪼개면 2분의 1씩 나눠 가질 수 있는 존재가 아닙니다. 그냥 죽음입니다. 한 인간의 가치는 2분의 1, 4분의 1씩 나눌 수 있는 게 아닙니다. 한 개인의 인권은 다른 개인의 n분의 1로 폄하될 수 없습니다. 어떤 인간이든, 다른 인간과 마찬가지로, 온 존재입니다.

그러니 다수자의 인권은 굳이 말할 것도 없고, 소수자의 인권도 열악한 처지에 있는 개개인들의 자유·평등·존엄의 향유에 더 초점을 맞춰야 합니다. 소수집단 자체가 인권의 주체가 된다는 것이 아니지요.

인권은 〈개인〉의 존엄성에 기초하고 있습니다. 〈개인〉의 존엄성은 다수의 횡포는 물론이고, 소수의 횡포에도 맞설 수 있는 정당성의 원천입니다.

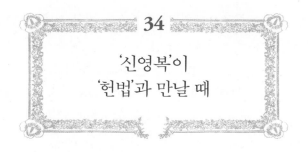

34

'신영복'이
'헌법'과 만날 때

2007년에 민주노총 집회에 참석했다가 업무방해죄로 기소된 K씨. 그는 벌금형을 받았지만, 벌금 납부를 거부했습니다. 기소와 판결에 승복할 수 없었기 때문입니다. 그러다 보니 결국 2012년에 노역장유치형을 받아 서울구치소에서 노역을 해야 했습니다.

당시 서울구치소는 워낙 좁았습니다. 혼거실에 5~6명을 넣다보니 팔다리를 뻗을 수 없고, 제대로 누워 잠잘 수도 없었습니다. 그런데 신입 수용자가 들어왔습니다. K씨는 이렇게 증언합니다.

한 방에 5~6명 정도가 들어갔는데, 어느 날 이제 새로 신입 수형자가 밤늦게 들어왔는데요. 그 사람이 누울 공간이 없는 거예요. 그러다 보니까 다들 일어나가지고 누울 수 있는 방법을 찾아보니까 다른 사람의 발이 있는 자리에 자기 머리를 두는 식으로 해가지고 그렇게 해야 누울 수 있겠더라고요. 그리고 누울 때 바로 눕지를 못하고 칼잠이라고 하죠. 옆으로 누워야 누울 수 있는 그런 상황이 돼서 어떤 분은 도저히 못 자겠다. 앉아서 자야겠다, 이런 분도 있었던 것 같습니다.

그래서 그는 천주교 인권위원회의 도움을 받아 헌법소원을 제기했습니다. 과밀수용된 곳에서 발을 뻗고 자기도 어려울 정도로 불편함을 겪었고, 이는 사람으로서 견딜 수 있는 한계를 넘어서는 고통이었다는 겁니다. 그는 헌법적으로 보면 이 같은 과밀수용이 인간의 존엄과 가치, 행복추구권, 인격권, 인간다운 생활을 할 권리를 침해한 것이라고 주장합니다. 또한 이런 수용 행위는 국가가 우월적 지위에서 일방적으로 행한 공권력 행사에 해당하므로 헌법소원 요건에 해당한다고 강조합니다.

그는 10일간의 노역장 유치를 마치고 석방되었습니다. 헌법소원에서 위헌 결정이 나도 그에게 돌아올 혜택은 없었던 거지요. 다만 우리 헌법재판소는 개인의 권리구제뿐 아니라, 헌법질서를 보장하는 기능도 갖고 있습니다. 앞으로도 구치소의 과밀수용으로 인한 인권침해는 계속 반복될 위험이 있으므로, 이런 경우에는 예외적으로 헌법재판소 개인의 권리구제를 넘어서서 판단할 가치가 있습니다. 이 사건은 헌법재판소에서 심판받을 만한 청구이익을 가진다는 말이지요.

재판은 오래 진행되었습니다. 헌법재판소는 2016년 연말이 되어서야 결정을 내렸습니다. 결과는 다소 뜻밖이었습니다. 헌법재판소가 구치소 과밀수용이 위헌임을 분명히 선언한 겁니다.

헌법재판소는 판단 기준을 '인간의 존엄과 가치'로 압축했습니다. 첫째, 인간의 존엄과 가치는 인간이면 누구나 누리는 권리입니다. 헌재는 구속된 피의자와 피고인, 수형자 역시 다른 모든 사람과 마찬가지로 존엄과 가치를 가지는 인간으로 대우해야 한다는 점을 분명히 합니다. 국가는 형벌권을 행사하는 경우에도 수용자를 단순한 객체로 취급하지 말아야 하고, 비인간적이고 잔혹한 형벌을 부과해서도 안 됩니다. 형을 집행할 때에도 인간 생존의 기본조건이 박탈된 시설에 수용해서는 안 됩니다. 수형자는 교정시설에 격리되고 타 수용자와 공동생활을 강제당하게 됩니다만, 그런 경우에도 수형자의 기본권은 구금의목적 달성을 위해 필요한 최소 범위 내에서만 제한해야 합니다. 어떤경우에도 인간으로서의 존엄과 가치를 훼손할 수는 없다고 선언한 것이지요.

교정시설은 사회 내 범죄자의 상황, 국가 예산상의 제약을 많이 받습니다. 교도소, 구치소 부지 선정과 건축에도 제약이 엄청납니다. 그러나 국가는 다음과 같은 기본 입장을 확고하게 가져야 합니다.

교정시설 내에 수형자가 인간다운 생활을 할 수 있는 최소한의 공간을확보하는 것은 교정의 최종목적인 재사회화를 달성하기 위한 기본적인조건이다. 수용면적이 수형자의 인간으로서의 기본욕구에 따른 생활조차 어렵게 할 만큼 지나치게 협소하다면, 이는 그 자체로 국가형벌권 행사의 한계를 넘어 수형자의 인간의 존엄과 가치를 침해하는 것이다.

헌법소원을 제기한 수용자는, 수용실 내에서 팔을 마음껏 펴지 못했고, 발도 다 뻗지 못했고, 다른 수용자들과 부딪치지 않기 위해 모로누워 칼잠을 자야 했습니다. 그 정도로 수용소는 협소했습니다. '인간으로서의 최소한의 품위를 유지할 수 없을 정도로 과밀한 공간'에 수용된 것이지요. 헌법재판소는 그것이 인간의 존엄과 가치를 침해하여위헌이라는 결정을 내린 것입니다.

이 헌재의 결정에 따라 앞으로 교정당국은 수용자의 인간존엄과 가치를 보장할 수 있도록 수용 면적을 늘려야 합니다. 비단 수용 면적뿐 아니라, 교정시설 내의 제반 생활조건도 인간존엄성의 기준으로 재검토해야 할 것입니다. 의료 지원 문제, 징벌 문제에서도 인간 존엄성에 위배되지 않는 정도의 인권 보장이 되어야 한다는 것이지요.

이 결정에서 주목되는 것은 보충의견입니다. 박한철, 김이수, 안창호, 조용호 등 4인의 보충의견에서 눈에 확 띄는 부분이 있습니다. 사실 교도소나 수용시설에서 '칼잠'을 자야 했던 현실은 널리 알려져 있었지만, 이 '칼잠'이 수용자에게 어떤 영향을 미치는가를 생생하게 증언한 분이 있습니다. 바로 신영복 선생이지요. 그는 20년 옥살이를 하고 출소한 후 감옥에서 쓴 편지를 모아《감옥으로부터의 사색》이라는 저서를 냈습니다. 담담하게 전하는 편지글 속에 원망이나 분노의 감정을 완전히 초월한, 원숙한 지혜를 녹여낸 명저 중의 명저이지요. 헌재의 보충의견에는, 바로 신영복의 글이 다음과 같이 인용되어 있습니다.

신영복은《감옥으로부터의 사색》에서, "없는 사람이 살기는 겨울보다 여름이 낫다고 하지만 교도소의 우리들은 차라리 겨울을 택합니다. …… 여름징역은 바로 옆 사람을 증오하게 한다는 사실 때문입니다. 모로 누워 칼잠을 자야 하는 좁은 잠자리는 옆사람을 단지 37℃의 열덩어리로만 느끼게 합니다. 이것은 옆사람의 체온으로 추위를 이겨나가는 겨울철의 원시적 우정과는 극명한 대조를 이루는 형벌 중의 형벌입니다. 자기의 가장 가까이에 있는 사람을 미워한다는 사실, 자기의 가장 가까이에 있는 사람으로부터 미움받는다는 사실은 매우 불행한 일입니다. 더욱이 그 미움의 원인이 자신의 고의적인 소행에서 연유된 것이 아니고 자신의 존재 그 자체 때문이라는 사실은 그 불행을 매우 절망적인

신영복 자필 편지

2016년 연말 헌법재판소는 구치소 과밀수용이 위헌임을 선언했습니다. '인간의 존엄과 가치'를 판단 기준으로 삼아 어떤 경우에도 인간으로서의 존엄과 가치를 훼손할 수 없다고 못 박은 것이지요. 헌재의 결정에서 특히 주목할 부분은 박한철, 김이수, 안창호, 조용호 등 4인의 보충의견입니다. 4인은 보충의견에서 교도소나 수용시설에서의 '칼잠'이 수용자에게 어떤 영향을 미치는지 생생하게 증언한 신영복 선생의 글(1985년 8월 28일 대전감옥에서 계수씨에게 쓴 편지)을 인용했습니다.

●

> 季 씨빛 보기께
>
> 없는 사람이 살기는 겨울보다 여름이 낫다고하지만
> 교도소의 우리들은 없이 살기는 더합니다만 차라리 겨울을
> 택합니다. 왜냐하면 여름징역의 열가지 스무가지 장점들을
> 일시에 무색케해버리는 결정적인 사실 ── 여름징역은
> 자기의 바로 옆사람을 증오한다는 사실 대문입니다.
> 모로누워 칼잠을 자야하는 좁은 잠자리는 옆사람을 단지
> 37°C의 열덩어리로만 느끼게 합니다.
> 이것은 옆사람의 체온으로 추위를 이겨나가는 겨울철의
> 원시적 우정과는 극명한 대조를 이루는 형벌중의 형벌입니다.
> 자기의 가장 가까이에 있는 사람을 미워한다는 사실,
> 자기의 가장 가까이에 있는 사람으로부터 미움받는다는 사실은
> 매우 불행한 일입니다. 더구나 그 미움의 원인이 자신의
> 고의적인 所行에서 연유된 것이 아니고 자신의 存在그자체
> 대문이라는 사실은 그 불행을 매우 절망적인것으로 만듭니다.
> 그러나 무엇보다도 우리자신을 불행하게하는것은 우리가 미워하는 대상이
> 이성적으로 옳게 파악되지 못하고 말초감각에 의하여 그릇되게
> 파악되고 있다는 것, 그리고 그것을 알면서도 증오의 감정과 대상을
> 바로잡지 못하고 있다는 자기혐오에 있습니다.
> 자기의 가장 가까운 사람을 향하여 키우는 "부당한 증오"는 비단
> 여름잠자리에만 고유한 것이 아니라 없이사는 사람들의 생활
> 도처에서 발견됩니다. 이를 두고 섬급한 사람들은 없는사람들을
> 도덕성의 문제로 받아들여 그 心性을 탓하려 들지도 모릅니다.
> 그러나 우리는 알고 있습니다. 오늘내일 오다 온다하던 비 한줄금
> 내리고 나면 丰昡도 더는 버티지 못할줄 알고 있으며, 머지않아
> 朝夕의 秋涼은 우리들끼리 서로 키워왔던 불행한 증오를 서서히
> 거두어가고, 그 상처의 자리에서 이웃들의 "따뜻한 가슴"을
> 깨닫게 해줄 것임을 알고 있습니다.
> 그리고 秋凉가을처럼 정갈하고 냉철한 高쓴 品賦을 일깨워줄
> 것임을 또한 알고 있습니다.   ×
>
>   ×
> 쏫事했던 昮숙사月1週日의 일들도 이 여름이 지나고나면 아마
> 한장의 명확한 사건으로 정리되리라 믿습니다. 변함없이 잘 지내고
> 있습니다. 친정 부모님과 동생들께도 안부전해주시기 바랍니다.
>
>   8月 28 작은형 씀

* 출처: 신영복, 《감옥으로부터의 사색──신영복 옥중서간》, 돌베개, 1998, 330쪽.

것으로 만듭니다. 그러나 무엇보다도 우리 자신을 불행하게 하는 것은 우리가 미워하는 대상이 이성적으로 옳게 파악되지 못하고 말초감각에 의하여 그릇되게 파악되고 있다는 것, 그리고 그것을 알면서도 증오의 감정과 대상을 바로잡지 못하고 있다는 자기혐오에 있습니다"라고 썼다. 위 글은 1985년에 작성된 것인데, 과밀수용으로 인하여 수형자들이 신체적·정신적 고통에 시달리다 못해 서로를 인격체가 아닌 물건처럼 대하며 미워하고, 이를 자각하면서도 상대방에 대한 증오를 멈출 수 없어 결국 스스로를 혐오하게 되는 비극적인 상황이 30여 년이 지난 오늘날에도 계속되고 있음은 매우 안타까운 일이다.

보충의견은 "수형자라 하더라도 인간으로서의 품위를 지킬 수 있는 수용환경에서 각자의 인격을 형성하고 발전시킬 기회를 가질 수 있도록 함으로써 그들이 다시 자유를 회복하였을 때에는 개인과 공동체의 상호연관 속에서 균형을 잡고 자신의 인생과 공동체에 대한 책임을 다할 수 있는 인격체로 살아갈 수 있도록 하는 것이야말로 국가형벌권 행사의 궁극적인 목적이자 이를 정당화할 수 있는 근거라고 우리는 믿는다"고 맺고 있습니다. 이는 참으로 품위 있고 수준 높은 우리의 법 텍스트라고 생각합니다. 그중에서도 특히, 신영복의 귀중한 증언이 섞인 문장이 헌법재판소의 텍스트에 녹아들어가는 부분은 참으로 문학과 법의 귀중한 만남이고, 서로의 가치를 더해주는 우리 공동체의 성숙한 모습이라고 봅니다.

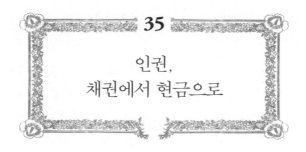

35
인권,
채권에서 현금으로

　우리 헌법 규정을 읽어보면 한 가지 오해하기 쉬운 부분이 있습니다. "대한민국은 민주공화국이다"(제1조)를 읽으면 '에이, 아닌데' 이런 반응이 나옵니다. "모든 국민은 법 앞에 평등하다"(제11조)를 읽으면 '유전무죄 무전유죄 몰라?' 하고 반발합니다. 그렇다고 '대한민국이 민주공화국이 전혀 아니냐', '우리 국민이 법 앞에 전혀 평등하지 않냐' 이렇게 반문하면 '그렇게까진 말할 수 없지' 합니다.

　우리 법령상 "이다"라고 쓰인 부분은 "이어야 한다"고 읽어야 맞습니다. 헌법에서 인권 관련 규정은 사실명제가 아니라 당위명제입니다. "모든 국민은 법 앞에 평등하다"는 규정은, 정확히 독해하자면, "모든 국민은 법 앞에 평등해야 한다"이지요. "All citizens are equal before the law"가 아닙니다. "All citizens shall be equal before the law", 즉 '평등하다'가 아니라 '평등해야 한다', '자유롭다'가 아니라 '자유로워야 한다'는 겁니다.

　어떻게요? 주권자인 국민 한 사람 한 사람이, 자유롭고, 평등하고, 존엄하게 인정받기 위해 노력해야 한다, 투쟁해야 한다는 것입니다. 헌법이 자동적으로 인권을 보장해주는 것이 아닙니다. 우리는 헌법규범상 인정된 인권을 확보하기 위해 노력해야 합니다.

비유하자면, 여기서 헌법상의 인권은 채권 같은 것입니다. 헌법은 국민에게 인권이라는 채권을 가지고 있다고 말합니다. 채권을 현금으로 바꿀 때를 떠올려봅시다. 쉽게 되는 경우도 있지만, 매우 어려워서 엄청 노력해야 하는 경우도 있지요. 투쟁과 희생까지 불사해야 가능한 경우도 있고요. 현재 현금처럼 갖고 있는 권리도, 원래는 채권이었는데 우리 조상들이 엄청난 희생을 통해 현금으로 바꾼 것입니다. 우리의 인권규범은, 주권자로서 국민이 인권의 현금화를 위해 엄청난 노력을 해야 함을 의무화하고 있습니다.

여기서 잠깐. 채권과 현금, 수표와 현금 개념은 마틴 루터 킹 목사의 연설에서 빌려온 것입니다. 그는 1963년 흑인(유색인종)들이 평등한 시민권을 주장하며 벌였던 워싱턴 대행진에서 〈우리에겐 꿈이 있습니다 I Have a Dream〉이라는 기념비적 연설을 했습니다. 다음은 그 일부입니다.

우리가 이 나라의 수도에 이렇게 모인 것은 바로 수표를 현금화to cash a check하기 위해서입니다. 우리 공화국의 설계자들이 〈독립선언서〉와 〈헌법〉이라는 위대한 문서를 기초했을 때, 그들은 모든 미국인들을 상속자로 한 약속어음에 서명한 것입니다. 거기에는 모든 사람, 백인뿐 아니라 흑인을 포함한 모든 사람은 "생명, 신체, 행복 추구"라는 "양도할 수 없는 권리"를 보장한다는 약속이 명기되어 있습니다. 그러나 유색인종에 관한 한, 미국은 그 약속어음에 부도내고 있음이 명백합니다. 이 신성한 의무를 존중하기는커녕, 흑인들에게는 "잔고부족"이라는 직인을 찍은 악성어음을 발부한 것입니다. 그러나 우리는 '정의의 은행이 파산했다

마틴 루터 킹

1963년 흑인들이 평등한 시민권을 주장하며 벌였던 워싱턴 대행진에서 마틴 루터 킹 목사는 〈우리에겐 꿈이 있습니다〉라는 연설을 했습니다. 이 연설에서 그는 권리에 대해 어음을 현금화하는 것, 채권을 현금화하는 것이라고 말합니다. 어음이나 채권을 현금화하기 위해서는 많은 노력이 필요하지요. 권리도 마찬가지로 많은 노력이 필요하며, 그러한 노력을 기울이지 않는다면 한갓 부도 어음이자 공수표일 뿐임을 간명하게 알려준 것입니다.

the bank of justice is bankrupt'는 주장을 믿을 수 없습니다. 이 나라의 기회의 금고가 그토록 거대한데 잔고 부족이라니, 그런 주장을 우리는 받아들일 수 없습니다. 그래서 우리는 여기 모였습니다. 바로 그 수표를 현금화하기 위해서 우리는 모였습니다. 우리가 지불 요청을 하면, 풍요로운 자유와 확고한 정의를 우리에게 현금화해주기 바랍니다.

명연설이지만 과연 자본주의 한복판의 연설답습니다. 어음을 현금으로, 채권을 현금으로 하는 것이 권리라는 주장이니까요. 모든 권리가 그러합니다. 어음을 현금화하고 채권을 현금화하려는 노력이 없다면 권리는 한갓 공수표, 부도수표일 수밖에 없습니다.

정치인들의 선거 공약도 마찬가지입니다. '공약公約'은 '공적 약속'이지만, 거의 지키지 않기에 '텅 빈 약속[空約]'이라고들 비판합니다. 그러나 공약이 공수표, 부도수표가 아니라 바로 현실정책으로 실현되도록 하는 것은 주권자의 노력이고 압박입니다. 1963년 수도 워싱턴에 모인 100만의 시민들은 〈미국 독립선언〉과 〈게티즈버그 연설〉에 들어 있는 바로 그 위대한 약속, 즉 모두가 차별받지 않고 자유로운 시민을 꿈꾸는 그런 나라 건설을 위한 노력이고 압박이었습니다. 이처럼 인권은 거듭 확인되고, 실천되고, 주장되어야 현실화되는 것입니다.

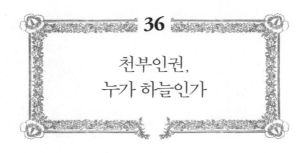

36

천부인권,
누가 하늘인가

인권을 말할 때 '천부인권天賦人權'이라는 말이 자주 등장합니다. 문자 그대로 보면 '하늘로부터 부여받은 권리'입니다. 여기서 하늘[天]은 뭘까요? 정통성의 궁극 원천인 것 같은데요. 유신론적 입장에서 이 하늘은 하느님God이겠지요. 조물주Creator라 하기도 하고요.

〈미국독립선언서〉에 "All men are created equal"이라는 유명한 구절이 있습니다. 더 정확히 쓰자면 "God created all men as equal"입니다. 그다음 문장은 더 뚜렷합니다.

"They are endowed by their Creator with certain unalienable Rights, that among these are Life, Liberty and the pursuit of Happiness창조주는 양도할 수 없는 확실한 권리를 부여했으며, 그 권리 중에는 생명과 자유와 행복의 추구가 있다." '창조주'(조물주)가 '양도할 수 없는 권리'(이게 인권입니다)를 '부여endow했다'는 거지요. 즉 '인권은 창조주 하느님이 인간에게 부여한 것[天賦]이다, 그러니 그 권리는 다른 사람이나 국가가 빼앗아갈 수 없고, 개개인은 남에게 그 권리를 넘겨줄 수도 없다'는 의미입니다. 여기서 "천부"인권의 개념이 확실히 나오네요.

그런데 창조주니, 신이니, 이런 말 안 쓰고 싶은 분들도 많습니다.

미국독립선언서

흔히 인권을 말할 때 '천부인권'이라는 용어를 씁니다. '하늘로부터 부여받은 권리'라는 뜻의 천부인권은 〈미국독립선언서〉(1776)에 등장합니다. "창조주는 양도할 수 없는 확실한 권리를 부여했으며, 그 권리 중에는 생명과 자유와 행복의 추구가 있다." 즉 '인권은 창조주 하느님이 인간에게 부여한 것(천부天賦)이니 다른 사람이나 국가가 빼앗을 수없고, 개인은 남에게 그 권리를 넘겨줄 수 없다'는 의미입니다.

종교가 다른 사람이나 무신론자에게 이런 말이 설득력을 가지기는 어렵겠지요. 유신론이든 무신론이든 관계없이, 모든 사람에 해당되는 인권의 근거를 찾아야 합니다.

〈미국독립선언서〉보다 한 달 먼저 발표된 인권 문서로 〈버지니아 권리장전Virginia Declaration of Rights〉이 있습니다. 각국의 인권 문서에 지대한 영향을 준 근대 최초의 인권장전입니다. 여기서는 신, 조물주 같은 단어를 쓰지 않습니다.

모든 사람은 by nature 동등하게 자유롭고 독립적이다. 모든 사람은 몇 가지의 타고난 권리를 가지며, 그 권리는 사람들이 사회조직에 들어가는 계약을 할 경우에 그들의 자손에게서 빼앗거나 빼돌릴 수 없는 항목들이다. 사람들은 재산을 취득하고 보유하고, 행복과 안전을 추구하고 확보하기 위한 수단들의 뒷받침 하에, 생명과 자유를 향유할 권리가 있다*That all men are **by nature** equally free and independent, and have certain inherent rights, of which, when they enter into a state of society, they cannot, by any compact, deprive or divest their posterity; namely, the enjoyment of life and liberty, with the means of acquiring and possessing property, and pursuing and obtaining happiness and safety.*

〈버지니아 권리장전〉은, 모든 사람이 똑같이 자유롭고 독립된 존재인데, 그 자유와 독립은 '자연적by nature'인 것이라고 말합니다. 영국 시민혁명기의 정치사상가 존 로크의 사회계약론을 그대로 조문화한 거지요. 여기서 '자연적'은 두어 가지 명확한 의미를 가지고 있습니다.

첫째, '태어날 때부터 가지고 나온 것'이라는 의미입니다. 우리는 흔히 사람의 손으로 가공하지 않은 것을 천연기념물이라 합니다. 그런 점에서 천연기념물은 곧 자연기념물이지요. 천생연분이라는 말도 태어날 때부터 예정되어 있던 짝을 가리키는 말이고요. 그러니까 〈천=자연〉입니다. 기본적 인권을 '자연권natural rights'라 부르는데, 이는 '사람으로 태어날 때 이미 가지고 있는 권리birth-right'라는 뜻이 됩니다.

둘째, 자연법을 영어로 하면 'natural law'입니다. 'law'는 법이기도 하지만 법칙이라는 뜻으로 쓰입니다. 대표적인 자연법칙으로 뉴턴의 만유인력 법칙을 들 수 있겠지요. 이 법칙은 인간, 심지어 신도 어쩔 수 없는 우주의 객관적=기계적 질서입니다. 이를 법으로 가져와 자연법natural law이라고 할 때 역시 이 같은 의미는 이어집니다. 자연법의 내용은 인간이 멋대로 바꿀 수 없는 핵심을 갖고 있다는 뜻이 되는 거지요. 근대의 인권사상가들은 인권을 자연권에 포함시켰습니다. 자연권이 되면, 인권은 국가나 국왕이 침해하거나 빼앗을 수 없는, 불가침·불가양의 권리로 승격됩니다. '인권=자연권=천부권'으로 되는 거지요.

요컨대 〈천부인권〉은 ① 신으로부터 직접 부여받은 권리, ② 자연적으로, 태어날 때부터 갖고 있는 권리입니다. 둘 다 다른 사람이, 공동체가, 국가가 침해할 수 없는, 타인에게 양도할 수 없는, 개개인에게 속한 고유한 권리inherent right입니다.

바로 이 자연권을 조문화한 것이 우리 헌법 제10조입니다. "모든 국민은 인간으로서 존엄과 가치를 가지며, 행복을 추구할 권리를 가진다." 이것이 인권의 핵심입니다. 그 인권은 어디서 도출될까요? 신도 아니고, 자연도 아닌 것 같은데 과연 어디일까요? 우리는 "인간으로서", 즉 인간인 이상 당연히 인권을 가지는 것입니다. *'All people shall* *have dignity and value **as human beings**'* 정도가 되겠지요.

헌법 제10조 뒷부분에는 "국가는 개인이 가지는 불가침의 기본적 인권을 확인하고 이를 보장할 의무를 진다"고 되어 있습니다. 기본적 인권은 "불가침"입니다. 여기서 불가침은 "천부, 불가침, 불가양"을 요약한 것입니다. 인권은 개인이 타고날 때부터 가진 권리로서, 국가나 다른 힘 있는 곳에서 침해할 수 없고, 개인이 다른 이에게 양도할 수 없다는 뜻이지요. 가령 노예계약을 맺거나 신체포기각서를 쓰는 것 등은 불가양의 권리를 어긴 행위이므로 모두 무효가 되고, 그런 계약을 강요한 자는 인권침해로 처벌받게 됩니다.

'인간이기를 포기한 악당에게도, 짐승만도 못한 범죄자에게도, 우리 헌법상의 인권을 보장해야 하느냐?' 이런 분노가 생겨날 때가 있지요. 뭐라고 답할 수 있을까요. '그런 사람이 생물학적으로 '인간'이 맞느냐?'고 묻는다면, '예, 인간 맞습니다'라고 답해야 합니다. 그는 인간으로서의 존엄과 가치를 가지며(가져야 하며), 우리 헌법상의 인권보장의 혜택을 당연히 누립니다(누려야 합니다). 그것이 우리 헌법 규정입니다. 그게 인권의 핵심이기도 하고요. 사람을 사람으로 대접할 때, 그에 대한 국가적 제재도 정당성을 가집니다. 타인을 노예로, 개돼지로 다루면, 그 사회와 수준도 인간적 수준 이하로 떨어져 버립니다.

요컨대 천부인권은 다음과 같습니다.
1. 하느님이 주신 권리God-endowed rights. 사람이 빼앗지 못할지니.
2. 태어날 때부터 가진 권리birthrights. 이후에 누군가가 빼앗지 못할지니.
3. 자연적으로 인간에게 주어진 권리natural rights. 인위적으로 만들어

진 게 아닐지니.

4. 불가침, 불가양의 권리inalienable rights. 사람(개인)에게 전속되어 있으므로, 남이 빼앗아갈 수도 없고, 남에게 팔아넘길 수도 없을지니.

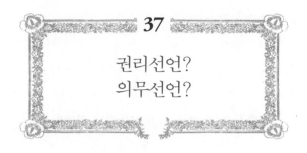

37

권리선언?
의무선언?

A: 시민권리선언, 학생인권헌장 등이 나오는데, 왜 의무선언, 의무헌장은 없나요? 아니면 시민권리의무선언, 학생인권의무헌장 이렇게 하면 골고루 좋지 않나요?

B: 음, 그럴 필요가 있나요. 우리 세대는 〈국민교육헌장〉(1968년 말)을 강제로 외웠는데, 거기엔 "자유와 권리에 따르는 책임과 의무를 다하며……"라는 구절이 있어요. 그 문장을 보면, 자유와 권리는 슬쩍 넘긴 채 "책임과 의무"에 방점을 찍고 있습니다. 민주국가는 "자유와 권리"에 주안점을 두어야 하는데 말입니다. 권리를 강조할수록 민주국가, 의무를 강조할수록 독재국가라 보면 맞을 겁니다.

A: 아니, 국민이 책임과 의무를 다하는 건 당연하지 않나요.

B: 국민의 의무는 굳이 선언과 헌장으로 강조할 필요가 없어요. 내가 징집 연령에 도달했는지는 나보다 국가가 먼저 알고, 더 잘 챙겨요. 세금 체납했는지는 나보다 국세청이 더 잘 알아요. 납세의무 위반하면 조세범으로, 병역의무 위반하면 병역법으로 철저히 처벌받습니다. 그러니 의무의 이행은 개인이 크게 걱정할 필요가 없는 겁니다.

A: 권리, 인권도 마찬가지 아닌가요.

B: 권리, 인권은 국가가 앞장서 챙겨주지 않고, 상사가 앞장서 가르쳐주지도 않아요. 헌법상의 권리, 인권만으로는 종이 위의 글자고 그림의 떡입니다. 그 글자에 생기를 불어넣고 살아 움직이게 만드는 것은 인간의 노력입니다. 인권은 계속 음미되고 확인되어야 합니다. 그래야 뭔가 주눅 들고 기 죽어 있는 백성이 기를 펴고 권리 주장을 위해 입이라도 뗄 수 있는 겁니다.

A: 헌법에 다 있다면, '서울시민 인권선언'이니 '경기도학생인권헌장'이니 '대학원생인권가이드라인'이니 하는 것을 별도로 만들 필요도 없잖아요.

B: 등교할 때 엄마가 매일같이 "오늘 차 조심하래이", "나쁜 식품 사 먹지 말거래이" 말씀하지요. 잔소리가 보약입니다. 좋은 걸 계속 강조하는 게 뭐 나쁜가요. 나라뿐 아니라, 지역, 학교, 동네, 가정에서 계속 음미되고 적용되어가면 좀 더 인간을 존중하는 공동체가 될 수 있겠지요.

A: 인권이 하늘의 선물이라도 되는 듯이 말하네요.

B: 아니, 그보다는 일용할 양식이자, 맑은 공기, 깨끗한 물에 대한 갈망과 같은 거겠지요.

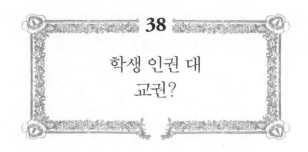

38

학생 인권 대
교권?

A: '학생인권조례' 같은 걸 만들면, 교권을 제약하지 않을까요?

B: 교사는 학생에게 인권을 가르쳐야지요. 가르침의 최고는 실천하는 겁니다. 교사가 인권을 가르치고, 인권을 실천하면 되는 겁니다.

A: 아무래도 걱정이에요. 요즘 학생들, 도저히 감당할 수 없는데, 인권조례까지 만들어놓으면 눈 딱 뜨고 대들 텐데…….

B: 선생이 학생의 인권을 존중하는 건 너무 당연한 겁니다. 학생 인권 존중한다고 자기 권한이 줄어든다는 분들은, 자기태도에 대한 반성부터 해야 합니다.

A: 학생 인권 내세우면 이제 선생 좋은 시대는 끝나가는 건가요?

B: 학생이 좋은 시대가 되어야 선생 좋은 시대가 되는 게 아닌가요. 학생 인권은 곧 선생 교권입니다. 제로섬이 아니라 융합이 되어야지요.

A: 아무래도 인권은 좀 투쟁적인 것 같아서…….

B: 인권은 인간존중이고 인간사랑입니다. 모두를 평등하게, 존중하자. 이게 가르침의 으뜸이고 기초임을 잊지 말아야 합니다.

39

인권장전은
보증수표?

A: 국가가 인권을 무시·경시·탄압하면 시민들은 어떻게 해야 하나요?

B: 글쎄요. 음, 약자는 추운 겨울을 서로의 체온으로 견뎌내야 하니, 서로 밀착하고, 손잡고, 함께 공감하고 연대해야 하지 않을까요.

A: 그럼 헌법과 각종 인권규약은 별다른 의미 없는 종이쪼가리에 불과한가요?

B: 그 종이쪼가리도 거저 나온 게 아닙니다. 영국, 프랑스, 미국, 독일, 러시아, 중국, 3·1혁명, 4·19, 5·18, 6·10 등 전 세계 사람들의 피와 땀과 눈물로 쌓은 기념비입니다.

A: 그런데 인권 문서가 인권의 보증수표는 아니잖아요.

B: 보증수표로 확정된 것도 많지요. 투표권 같은 것이 그렇지요. 쟁점 중인 많은 인권은 아마 현실에서는 채권 같은 거겠지요. 그 채권을 현금화하기 위해서는 또 다른 땀과 눈물과 분투가 필요합니다. 여기에서 보증수표로 확정된 인권 문서가 힘을 발휘합니다. 채권의 현금화 주장이 억지가 아니라 나의 권리라는 공적 정당성의 토대로 기능하거

든요. 쟁점 중인 인권의 확보를 위해 땀과 눈물을 흘리고 분투를 전개할 때 출발점을 다르게 만드는 거지요.

　A: 그럼 인권을 정의하자면요?
　B: 글쎄요. 음, 늘 개념 정의하라면 당혹스럽네요. "연약한 풀잎들이 엮는 따뜻한 연대" 같은 것?!

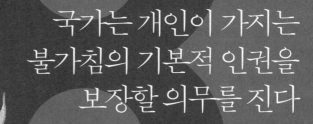

8

국가는 개인이 가지는 불가침의 기본적 인권을 보장할 의무를 진다

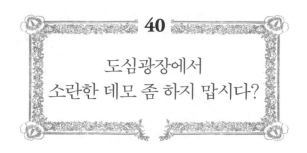

40

도심광장에서
소란한 데모 좀 하지 맙시다?

A: 서울광장 같은 데서 소란 피우면 선량한 시민들을 위한 공간을 뺏어가는 것 아닌가요?

B: 힘 있는 사람들은 사무실에서 서류와 명령으로 하고 싶은 것 다 할 수 있지요. 힘 있는 사람들은 조용히 자기 뜻을 우아하게 관철합니다. 그렇게 하지는 못하지만 어느 정도 힘 있는 사람은 언론을 활용해서 글 쓰고 말을 전파하지요. 언론을 이용하려면 힘이 제법 있어야 해요.

그럼 힘 없는 사람들은 어디 가서 주장을 펼 수 있나요? 그게 도심의 광장입니다.

A: 때로는 소란을 막기 위해 원천봉쇄해야 하지 않나요?

B: 광장을 틀어막으면 대나무숲에 가서 '임금님 귀는 당나귀 귀'라고 한밤중에 몰래 외치게 됩니다. 민주국가는 국민이 주인인데, 국민을 야밤중에 대나무숲에서 소쩍새처럼 울게 하는 게 말이 되나요? 국민을 소쩍새로 만들어서야 되겠어요? 광장의 주인은 국민입니다.

A: 그런데 주장을 하더라도 좀 조용히 하면 안 되나요?

B: 조용히 하면 들은 척도 않으니까 시끄럽게 외치게 되는 겁니다. 위정자들이 국민의 낮은 소리를 세심하게 귀담아들으면, 뭐하러 힘들게 소리지르겠습니까.

A: 광장에 모여 소란피우는 행위는 사회 혼란을 부채질하는 것 아닌가요?

B: 위정자들이 광장에서 외치는 국민의 목소리를 잘 듣고, 그것을 효과적으로 정책과 입법에 반영하면 훨씬 혼란 없이 해결될 수 있습니다. 조영래 변호사 봐요. 망원동에서 수재 입은 수많은 이재민들이 시청광장 가서 거적 깔고 데모할 수도 있었습니다. 그런데 그가 공익소송으로 천재天災가 아닌 인재人災임을 깨끗하게 밝혀내니까, 모두 법을 통해 조용히 해결했잖아요. 위정자가 지혜롭게 국민의 원성을 듣고 정책으로 잘 풀어내면 됩니다. 그런 지혜와 의지가 없는 위정자는 국민을 무조건 광장에서 쫓아내려고만 합니다. 그런 우매하고 포악한 위정자를 몰아내자는 게 민주주의입니다.

A: 안정 없이 민주주의가 있을 수 있나요?

B: 민주주의는 원래 소란스러운 겁니다. 미국에서 '셰이즈의 반란 Shays' Rebellion'이라고, 독립전쟁 참전했다가 돈 한 푼 못 받고 알거지가 된 농민들이 반란을 일으켰어요. 반란을 진압한다고 힘들어한 위정자들이 국가안보와 병사월급 문제를 근원적으로 해결해야겠다고 모여서 결국 국민의 인권을 보장하고 대표를 제대로 선출하여 나라를 만드는 멋진 기획을 성공시켜요. 이게 USA의 탄생입니다. 토머스 제퍼슨도 "민주주의는 좀 소란스러워야 한다. 폭풍도 있고 바람도 있고……"

라고 했습니다. 이 정도의 지혜가 있으면 반란은 사회의 위기를 경고하는 나팔이자 사회의 각성제로서 괜찮아요. 문제는 반란이 아니라 위정자의 지혜와 의지 여부입니다.

A: 그래도 저는 조용한 광장, 깨끗한 광장을 원해요.

B: 오케이, 그럼 평양의 김일성광장을 추천합니다.

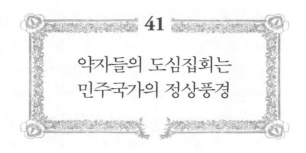

41
약자들의 도심집회는
민주국가의 정상풍경

1980년대 중반 어느 날, 서울대 아크로폴리스 중앙광장에 장미꽃이 가득 심겼다. 삭막한 캠퍼스를 꽃밭으로 만들려는 근사한 조경계획의 일환이었을까. 학생들은 달가워하지 않았다. 데모 막는다고 짜낸 꼼수로 간주했기 때문이다. 다음 시위 때 잠시 광장을 차지한 학생들은 가시를 무릅쓰고 장미를 모조리 뽑아버렸다. 장미가 아름다워도 화권花權을 인권人權 위에 둘 수는 없는 일.

얼마 전 서울시청 건너편 대한문 앞에도 화단이 조성되었다. 중구청이 보도에 흙을 퍼붓고, 서둘러 화초를 심었다. 그 자리는 바로 쌍용차 천막농성장이었다. 용산참사 유가족과 제주 강정마을 사람들이 함께했던 좁은 공간이었다. 지나가는 시민들의 반응은 갖가지였을 것이다. 비난하거나 외면하는 시민들이 있는가 하면, 그 아픔을 함께하고 공감과 연대의 분위기를 확산하는 데 도움을 준 시민도 있었다. 그런 사연 많은 농성장을 강제철거한 뒤 심은 꽃은 시민들에게 과연 어떻게 다가올까.

도심의 보도 위에 천막 치고 농성하는 건 일단 정상적인 모습으로 보기 어렵다. 시민들과 관광객들은 불편을 느끼거나, 불쾌해질 수 있고, 심지어 불안해할 수도 있다. 그런 여러 감정들이 농성자들에게도 이리저리 전달된다. 부정적 느낌만 있는 것은 아니다. 우리 사회의 불편하고 불쾌한 문제들의 존재를 직시하게 되고, 안타까움과 연민을 표하고, 공감과 연대를 최소한도나마 표현하고 싶어 할 수도 있다.

거리는 힘 없는 사람이 자신의 주장을 펼 수 있는 최후의 무대이기도 하다. 사실 힘 있고 영향력 있는 사람들은 거리로 나설 필요가 없다. 사무실에서 정책으로 세상을 요리하거나, 언론을 통해 영향을 끼칠 수 있다. 그러나 사무실과 공장에서 내몰리고 언론 창구도 닫혀 있는 이들의 경우 나설 곳은 거리밖에 없다. 약자들이 힘들게 노상에서 펼치는 주장조차 봉쇄하고, 실정법을 내세워 압박하고, 심지어 '서 있을 장소'까지 빼앗아버리면, 그들은 어디로 가야 할까. 표현의 자유의 우월성을 전제로 형성되는 게 민주국가라면, 그 민주국가는 표현할 공간과 매체 접근 기회의 평등한 확보에도 충분한 주의를 기울이는 게 합당하지 않을까.

왜 하필 그 장소냐 하는 의문이 들 수도 있다. 집회는 늘 변두리가 아니라 도심을 겨냥하기 마련이다. 여러 도시의 중심가, 정치적인 조명을 받을 장소에서는 이런 구호, 저런 주장을 하는 시위대를 만난다. 다양한 주장과 표현을 대하는 그 자체가 관광거리이기도 하다. 민주국가 도심의 집회시위는 예외적 모습이 아니라 일상의 한 풍경이다.

진짜 조용하고 청결한 도심 환경을 원하는가. 좋은 모델이 있다. 평양과 베이징의 광장이다. 시위대도 확성기도 없고, 담배꽁초도 별로 없다. 드넓은 광장에서 관광객들은 거대 건물 사진 몇 장 찍고 나면 할 것도 별로 없다. 사방에 배치된 공안요원들의 경계를 체감하며 걷는다. 꽃단장은 각도 나오게 잘 되어 있다. 독재시대, 우리에게도 익숙했던 그런 풍경들. 그런 풍경이 지금 우리에게 재현되기를 원하는가.

시민들의 주장 가운데 생존권에 직결된 사안에 대해서는 특히 다각도의 섬세한 접근이 필요하다. 생존의 절실함은 때로 엄격한 법 집행을 무조건 정당화할 수 없는 상황을 제공한다. 그럴 때 정책 당국의 일차적 관심사가 생존권 주장하는 시민들을 어떻게 광장에서 몰아낼까의 차원에 머물러서는 안 된다. 이미 용산참사라는 반면교사가 있지 않은가. 정책 당국은 시민들의 주장 속에 들어 있는 억울함의 근본 원인을 이해하고, 경청과 인내를 통해 해결책을 찾으려 애써야 할 것이다. 어떤 시민도 정부의 '적'으로 간주해서는 안 된다.

다시 대한문 앞으로 돌아간다. 예의 그 농성 장소는 이제 화사한 봄으로 채워져 있는가. 꽃을 보호한답시고 철제 펜스를 둘렀고, 그것도 부족해 전경으로 인의 장막을 쳤다. 천막촌 시절보다 훨씬 살벌하고, 불편하고, 분노지수와 절망지수는 더 높아졌다. 꽃을 방패 삼은 정책적 졸렬함은 조롱거리가 되어 있다. 사람을 철거하고 꽃을 영입하는 그런 자세를 거두고, 시민에게 꽃을 건네는 따뜻함으로 새롭게 출발할 일이다.[52]

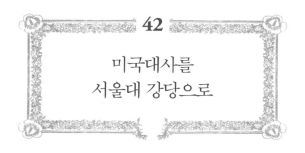

42

미국대사를
서울대 강당으로

미 대사가 대학 캠퍼스에서 공개강연을 한다는 건 참으로 희귀한 일입니다. 반미 정서가 절정이던 1980년대엔 어림도 없었고, 2000년대에도 쉽지 않는 일입니다. 하물며 관악캠퍼스에서는 더욱 그렇지요.

2004년의 일입니다. 서울대 법대에서는 미 대사를 초청하여 공개강연을 갖도록 했습니다. 특별히 무언가 하자는 것보다 대학캠퍼스에서는, 대학답게 주요한 국내외적 이슈를 공개적으로 다룰 수 있어야 한다는 생각에서, 학생들에게 살아 있는 교육을 제공한다는 측면에서, 법대 학장(안경환)이 수락했던 것입니다. (어느 쪽이 먼저 요청했는지 경위는 아롱아롱합니다.) 어느 쪽에선가 걱정이 점차 커져갔겠지요. 대사가 대학 캠퍼스에 들어가 큰 충돌이나 사고라도 나면 어쩌지 하는 그런 걱정 말입니다. 경찰청 정보과에서 괜찮겠냐고 자꾸 전화가 옵니다. 학장과 나(부학장)는 우리 학생들을 절대 신뢰하고 있었기에 아무 물리적 충돌은 없을 거라고 일렀습니다만, 자꾸 전화가 오니 법대 보직자 팀도 은근히 신경이 쓰였습니다. 당시 법대 학생회장은, 용산 미군캠프에 돌입하여 항의시위도 한 투사였습니다.

학생대표들과 만나 얘기를 나누었습니다.

학생들: 미 대사가 오면 저희로서는 그냥 넘어갈 순 없습니다.
학장단: 그야 학생들의 자유고, 다만 대학이 초청했으니 초청인사에 대
  한 예우는 준수해주기 바라고.
학생들: 이라크전쟁 반대시위를 면전에서 확실히 하겠습니다.
학장단: 출입 방해는 하지 말고, 법대생으로서 "적정한 표현의 자유"를
  하되, 상대방의 "표현의 자유를 방해해서는 안 된다"고 생각합니다.
  …… 둘 다 표현의 자유를 적절하게 할 수 있도록 합시다.
학생들: 저희도 나름 방법을 생각해보겠습니다.

드디어, 그날이 왔습니다. 여러 단대생들과 학생회 팀들이 "Stop Iraq
Invasion" 등의 피켓을 준비했습니다. 정보과 경찰 등도 소리 없이 왔
고요. 허바드 대사가 학장을 예방하러 학장실로 왔습니다. 표정에서
긴장이 읽힙니다. 밖에서 "이라크전쟁 반대", "Stop War" 등의 구호소
리가 들려왔습니다. 학장과 대사가 함께 강연장으로 이동했습니다.
학장실과 강연장 사이엔 길이 둘 있습니다. 하나는 학생들이 가득
모인 광장을 지나 강당으로 가는 길이고, 다른 하나는 학생을 피해서
갈 수 있는 옆길이었습니다. 행정실 직원이 옆길을 권했습니다만, 학
장은 단호히 일축하고, 광장을 지나 강당으로 가는 길을 잡아 허바드
대사와 나란히 걸어갔습니다.

이동로에는 학생들이 피켓과 함께 구호를 한창 외치고 있었습니다.
"Stop Iraq War!"

허바드 미국대사의 서울대학교 강연

2004년 서울대 법대에서 허바드 미국대사를 초청하여 공개강연 행사를 열었습니다. 여러 학생들이 "Stop Iraq Invasion" 같은 피켓을 들고 "Stop War"를 외쳤습니다. 강연장에서는 인권국가 미국의 인권침해와 인종차별이 적나라하게 지적되었습니다. 하지만 폭력과 같은 불상사는 없었습니다. 헌법상의 권리를 잘 조화시키면서 각자의 의사를 제대로 전달했지요. 폭력은 설득에서 마이너스로 작용한다는 점, 잊지 말아야 합니다.

기자들이 둘러싸고, 진로가 가끔 막히기도 했지만, 진로 방해 정도
엔 이르지 않았지요. 긴장됐지만, 대사는 강연장으로 무사히 진입했습
니다.

강연장은 실내였습니다. 발표와 토론의 무대로, 집회시위의 자유보
다 언론의 자유가 행사될 공간이었지요. 이게 혼동되면 아수라장이 됩
니다. 실내는 주장과 반론의 말들이 부딪치는 자리입니다. 마이크를
골고루 받아 목소리의 크기가 아니라 설득력으로 경쟁하는 장입니다.
준비 열심히 해서 표현과 토론 잘하는 쪽이 이기는 법입니다. 대학, 지
성의 공동체에서, 말에서 밀리면서 억지로 행사장 자체를 봉쇄하는 것
따위는 스스로가 하수임을 드러내는 것이고요.
학생들에게 말했지요. '원한다면 여럿이 혹은 대표가 와서 대사가
발표한 뒤 얼마든지 토론·반론해도 좋다, 반론시간 충분히 보장한다,
대학은 원래 그런 곳이다, 영어가 딸리면 통역 얼마든지 활용할 수 있
도록 준비하겠다'고 했습니다. 학생들의 도전정신, 토론 자세를 키우
는 것도 선생의 할 일이지요.

학생들이 여럿 참석했습니다. 대사에게는 강연 30분, 토론 1시간 정
도로 충분한 설전이 오갈 수 있음을 예고했고요. 일국의 대사는, 자국
의 정책을 반대하는 주장에 대해 충분히 설득력 있는 견해를 전할 책
무와 역량이 있어야 합니다. 대학에 온 이상, 청년들의 반론은 충분히
예상 가능한 바이기도 하고요.
강연이 끝난 뒤, 이라크 전쟁, 관타나모 수용소 등 왕년의 인권국가
미국이 대표적인 인권침해국가·수용소국가가 된 모습, 각종 인종차별

모습들이 적나라하게 지적되었습니다. 대사는 상기된 표정으로 답변한다고 바빴고요.

야외에서는 간단한 피켓팅 모습과 만나기도 했지요.

집회시위의 자유, 언론의 자유가 충분히 보장되는 가운데, 각자가 최선을 다해 자신의 논리를 전달하려 노력했습니다. 아마도 대사는 그날의 일(자신의 노력, 자신이 접했던 반대들)을 기록하고 본국에 보고했겠지요.

그날의 승자는? 모두라고 봅니다. 격조도 있으면서, 헌법상의 권리를 잘 조화시키면서, 각자의 의사를 제대로 전달했으니까요.

이런 방법이 아니라, 칼이나 돌, 불로써 싸우는 것은 자신의 무능력을 드러내는 것입니다. 폭력은 설득에서 마이너스로 작용합니다. 섣부른 힘 과시(폭력)는 자신이 아니라 상대방의 입지를 더욱 강화시켜줍니다. 그것도 모르는 자는 좌도 아니고 우도 아닙니다. 그냥 한심한 것이고, 민주시민의 덕목을 갖추지 못한 것이라 할밖에요.

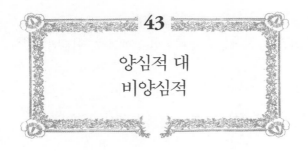

43

양심적 대
비양심적

양심적 병역거부를 허용하는 것은 양심적 병역거부자에게 특혜를 부여
하는 것이 아니다. 그의 권리만을 보호하고자 하는 것도 아니다. 우리
공동체에서 다를 수 있는 자유를 인정하는 것이며, 이로써 민주주의의
가치를 지키고 모든 국민이 인간으로서의 존엄과 가치를 누리도록 하
는 것이다.[53]

2018년 11월에 나온 대법원 전원합의체 판결의 한 구절입니다. 양
심적 병역거부라고 하면 거부감부터 표하는 분들이 있습니다. 다음 대
화를 한번 상정해봅시다.

A: 나는 내 내면의 양심의 소리, 신앙의 소신 때문에 양심적 병역거부를
　할 수밖에 없어.
B: 뭐? 그럼 나처럼 군대 가면 비양심적이란 말이냐?

이런 반응이 쉽게 나옵니다.
하도 유포되다보니, 이 주제를 다룰 때 반사적으로 떠오르는 연상 문장이 되는 지경에까지 이르렀습니다.

그런 반응은, 그야말로 전형적인 흑백논리, 이분법입니다. 유사한 예를 봅시다.

C: 난 양심상 도저히 고기를 못 먹겠다. 채식주의자 되겠다.

D: 뭐? 그럼 육식 먹는 나는 비양심적이란 말이냐?

C는 D를 보고 비양심이라 한 적이 없습니다. 육식이 보편적이라 하더라도 난 이러저러한 이유에서 "고기 못 먹겠다"는 자기고백일 뿐, 타인을 비난할 생각은 조금도 없습니다. '육식이 당연한 사회이지만 난 채식을 할 테니, 내 생각 좀 존중해줘'라고 호소하는 것이지요.

양심적 병역거부론자도 마찬가지입니다. '국방의 의무를 수행하는 B를 '비양심'이라고 비난하는 게 아니라 존중한다. 다만 나는 도저히 병역이라는 군사적 방법을 수행하지 못하겠다. 총을 들 수가 없다. 대신 사회적으로 힘든 대체복무의 길이 있으면 하겠다. 그러니 나를 단순병역기피자와 동일시하여 처벌하는 방식으로 대응하지 말아 달라'는 것이지요. 사회적·공익적 대체복무의 가능성은 아주 많이 열려 있습니다. 그런 가능성을 제도화해준다면 기꺼이 사회적 부담의 짐을 지겠다는 것이지요.

도저히 병역 의무, 집총 의무는 못 하겠다고 할 때, 우리는 대뜸 비난을 퍼부을 것이 아니라 우선 물어야 합니다. 그 개인이 비윤리적·비사회적 인간은 아닐 것이기 때문이지요. "왜? 네 생각은 뭔데? 왜 그런 생각을 갖게 되었는데? 그런 생각이 도저히 불변이라는 거냐?" 그러면 아마 종교적 이유도 댈 것이고, 살상(가능성) 훈련을 스스로 도저히 택할 수 없는, 내면의(양심의) 압력에 견딜 수 없는 자신의 상황을 말하게 될 것입니다.

우리 사회는 1999년까지는 그런 소수의 힘든 상황과 목소리를 아예 외면했습니다. 2000년대 초 《한겨레21》 등에서 그 목소리를 전달하기 시작했고, 변호사들이 군사법정이 아닌 민간법원에서 그 목소리를 전달하기 시작했고, 그 목소리에 판사들 중의 일부가 반응하기 시작했지요. 일부는 위헌제청하기도 했고, 다른 일부는 형량을 법정최저선(1년 6개월 실형)으로 선고하기 시작했고 그런 반응들이 쌓이면서 또 판사들 일부가 무죄를 선고하기 시작했고, 그 무죄의 판결들이 10여 년간 엄청나게 축적되었습니다. 양심적 병역거부자들의 목소리가 하급심 판결에 쌓였고, 마침내 최고재판소인 헌법재판소의 헌법불합치와 대법원의 무죄 판결에까지 이른 것입니다. 비군사(민간)법정에서 약 18년간 관련 판결이 축적되면서, 이러한 단계까지 온 것이지요.

양심적 병역거부는 병역 의무 앞에 사람을 "양심적 대 비양심적"으로 흑백 양분하는 논리가 아닙니다. "다수의 생각 대 개인의 생각"입니다. 개인의 생각이 다수의 생각을 도저히 따를 수 없을 때, 그렇지만 그 개인의 생각이 타인을 해치거나 공격하는 생각이 전혀 아닐 때, 그 생각의 존재를 인정해주면서 우리 사회 전체가 함께 공동선을 이룰 방법을 고민한 결과가 대체복무제 허용이라는 출구입니다. 이번 대법원 판결에서 소수의 '다를 수 있는 권리the right to be different'라는 단어가 처음 등장했습니다. 어느 분은, 이 판결에서 "왠지 선진국이 된 듯한 기분이 들어" 두근두근했다고 하네요.

앞으로 〈양심적 거부 대 비양심적 복무〉라는 잘못된 프레임으로 오도하는 일이 없기를 바랍니다. 〈다수의 생각 대 일인의 생각〉입니다.

〈다를 수 있는 권리〉의 인정, 그리고 공동선을 위한 공통의 사회적 복무라는 차원에서 이해를 넓혀갔으면 합니다. 대법원판례 몇 줄 인용해봅니다.

양심적 병역거부를 허용하는 것은 양심적 병역거부자에게 특혜를 부여하는 것이 아니다. 그의 권리만을 보호하고자 하는 것도 아니다. 우리 공동체에서 다를 수 있는 자유를 인정하는 것이며, 이로써 민주주의의 가치를 지키고 모든 국민이 인간으로서의 존엄과 가치를 누리도록 하는 것이다.

소수자 문제는 다수결을 통해 해결할 수 없다. 다수결을 통해 해결되지 못하고 남은 것이 소수자 문제다.

민주주의 사회는 다수와 다른 신념을 가진 소수자들을 관용하고 포용함으로써 사회구성원으로 함께 공존하는 것을 지향한다.

이러한 대법원판례는 한국 대법원의 유일무이한 독자견해가 아닙니다. 우리가 종종 참고하고 싶어 하는 선진국의 판례들에서 쌓이고 쌓인 논리입니다. 다를 수 있는 자유, 소수자 문제, 관용, 포용, 공존……. 이런 단어를 판례에서 자주 볼 수 있기를 바랍니다.

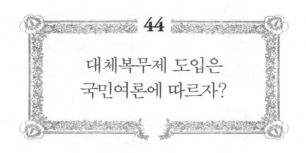

44
대체복무제 도입은
국민여론에 따르자?

A: "국민여론"은 대체복무제에 대해 아직 다수가 찬성하지 않습니다.

B: 양심적 병역거부는 소수자/개인의 인권 문제입니다. 다수결원칙, 다수의견만 따른다면, "인권"은 보장될 수 없습니다. 다수의 횡포하에 오히려 소수의 인권을 짓밟게 됩니다.

A: 그래도 여론조사 결과를 보면, 다수의 여론조사에서 대체복무제에 대해 부정적인 것은 사실 아닙니까.

B: 여론조사에는 함정이 있습니다. "짜장면이 좋아, 짬뽕이 좋아" 하는 질문에서는 선호도가 쉽게 측정됩니다. 그러나 "짜장면이 좋아, 나시고렝이 좋아?"라는 질문을 던진다면 답은 짜장면에 기울어집니다. 나시고렝이 뭔지 모르는 사람이 훨씬 많기 때문입니다. "대체복무제 도입에 찬성? 반대?" 하면 "반대"를 선택하는 사람이 많은 것도 마찬가지일 수 있습니다. 대체복무의 형태와 내용에 대해 잘 모르기 때문에 안전하게 "반대"를 택하는 국민이 많을 가능성도 염두에 두어야 한다는 거지요.

정확한 정보를 충분히 제공한 뒤에 찬/반 의견을 물어야 합니다. 나시고렝이든, 대체복무제든 말입니다. 그런데 우리 정부는 정확한 정보 제공을 위한 아무런 노력도 않고, 그냥 여론조사 핑계대면서 잠자고 있는 것 아닙니까?

대체복무제 논의는 헌법재판소와 대법원이 양심적 병역거부를 양심의 자유의 일환으로 인정하고, 대체복무제 없는 현행 법률은 헌법불합치이고 처벌할 범위 밖에 있다고 선언함으로써 새 국면을 맞이하고 있습니다. 그러나 대체복무의 기간, 종류, 선별 등을 둘러싸고 계속 논쟁이 이어지고 있습니다. 대체복무가 징벌적 차원이 아니라, 양심의 자유와 다를 권리와 인간존엄성을 보장하는 바탕 위에서 잘 설계되기를 바랍니다. 이런 논의 과정을 통해 우리의 인권감수성이 더 성숙할 수 있으면 더없이 좋을 것이고요.

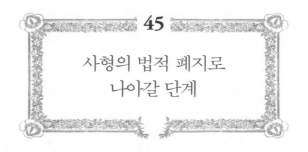

45

사형의 법적 폐지로
나아갈 단계

인권 보장을 위해서는 인간의 생명 그 자체의 보장이 필수 전제입니다. 생명 없이 인권은 어떤 의미도 없기 때문입니다. 국가 제도로서 사형제는 인류의 역사와 함께했지만, 20세기 들어 사형폐지론이 거세게 대두되었습니다. 특히 2차 세계대전을 치르고 참혹한 인종학살을 겪은 데 대한 반성으로 사형폐지를 아예 헌법에 명문화한 나라도 있고, 독재와 전체주의를 벗어나면서 사형폐지를 헌법화한 나라도 있습니다. 법률로 폐지한 나라는 이제 106개국을 넘어서고 있습니다. 지난 10년간 사형을 집행하지 않아 사실상 사형폐지국으로 분류되는 나라를 합치면 실질적 사형폐지국은 142개국에 달하지요. 사형을 존치하고 집행하는 나라가 오히려 지구상에 3분의 1도 안됩니다.

한국은 독특합니다. 우리는 여러 법률에 사형을 두고 있고, 선고를 하고 있습니다. 다만 사형 집행은 1998년 이래로 멈춰 있기에 사실상 사형폐지국이 된 지 20년을 넘어서고 있습니다. 개헌할 때 사형폐지를 명문화하자는 주장이 적지 않습니다. 문재인 대통령의 개헌안(2018)에서는 "모든 사람은 생명권을 가진다"고 명시하여 간접적으로 사형폐지를 지원하고 있습니다. 논쟁이 치열한 사형의 존폐에 대해 헌법과 인권 차원에서는 어떻게 접근해야 할까요. 전반적으로 사형폐지의 논거를 한번 정리해보겠습니다.

살인자에게는 사형! 이는 누구에게나 있는 원초적 감정입니다. 그러나 어느 정도 문명화가 이루어진 오늘날에는 어떤 나라도 〈살인=사형〉이라는 방식으로 처형을 하지 않습니다. 사형은 기본적 형벌로서의 위치를 거의 상실하여, 극히 예외적으로만 실행되는 최후의 수단으로 물러서고 있는 중입니다.

우리 대한민국은 사형제를 법률로 유지하고 있지만, 점차 처형의 빈도를 줄여오다가 1998년부터는 사형 집행을 멈췄습니다. 2015년을 기준으로 보면, 한 해 동안 제1심에서 사형을 판결한 건수는 하나도 없습니다. 대법원에서 2015년 8월에 사형을 확정한 판결이 하나 있는데, 이는 대법원으로서는 2년 7개월 만의 일이라고 합니다. 2016년 들어 대법원은 이른바 윤일병 사건에 대해 사형 확정 판결을 내렸습니다. 하지만 4인의 대법관이 반대의견을 제시했지요. 전반적으로 볼 때, 2019년까지 20년 이상에 걸친 우리의 체험은 사형에 집착하지 않고도 정상적인 형 집행이 가능함을 보여줍니다. 그만큼 사형에의 의존도는 실무상으로도 고사枯死하고 있는 중입니다. 사형이 폐지되어도 종신형 혹은 (중)무기형을 통해 형벌의 목적을 달성하는 데 지장이 없을 것입니다.

이제 '사실상의 사형폐지국'에서 한걸음 더 나아가, '법률상 사형폐지국'으로 발돋움할 때가 되었다고 생각합니다.

1998~2017년 한국·일본·대만 사형 집행 인원

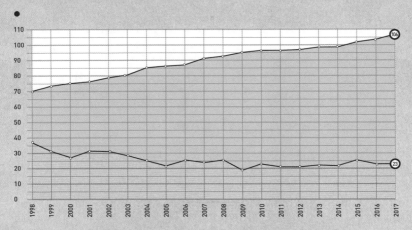

	계	'98	'99	'00	'01	'02	'03	'04	'05	'06	'07	'08	'09	'10	'11	'12	'13	'14	'15	'16	'17
한국	0	0	0	0	0	0	0	0	0	0	0	0	0	0	0	0	0	0	0	0	0
일본	87	6	5	3	2	2	1	2	1	4	9	15	7	2	0	7	8	3	3	3	4
대만	138	32	24	17	10	9	7	3	3	0	0	0	0	4	5	6	6	5	6	1	0

* 출처: 국제엠네스티 2017년 주요 사형 통계.

1998~2017년 세계 사형 집행/폐지국 현황

- 2017년 12월 31일 기준, 106개국이 모든 범죄에 대한 사형을 법적으로 완전 폐지.
- 실질적으로 사형집행을 하지 않는 국가를 포함할 경우 총 142개국이 사형을 폐지 또는 미집행
- 2017년 12월 31일 기준, 사형을 집행한 국가는 23개국 ('98년 37개국 → '17년 23개국으로 감소)
* 출처: 국제엠네스티 2017년 세계 사형현황.

사형 폐지는
세계적 추세입니다

　사형 폐지는 세계적인 추세입니다. 법률로 사형을 폐지한 나라가 106개국이고, 10년 이상 사형을 집행하지 않아 '실질적인 사형폐지국'으로 분류되는 나라가 40개국입니다. 200개 국가 중에서 142개국이 사형을 기본형벌로 쓰지 않고, (법률상 혹은 실질적으로) 폐지하고 있는 것입니다.

　UN 기구들도 사형 폐지 결의를 거듭하고 있습니다. 모든 유럽 국가들이 사형을 폐지했습니다. 사형을 인정하는 미국에서도 20개 주는 사형을 폐지했고, 다른 주도 점점 폐지하는 추세입니다. 사형을 집행하는 주는 미국 남부의 몇 개 주에 집중되어 있습니다. 사형존치 주에서도 사형 집행의 행정적 정지moratorium가 늘어가고 있습니다.

　주변 국가 중에서 기본형벌로서 사형에 집착하는 나라는 중국, 북한, 베트남 등 사회주의권 국가입니다. 필리핀은 민주화의 초입에 사형을 폐지했고, 몽골은 최근 사형을 폐지했습니다. 캄보디아도 폴 포트 정권의 패망 이후 사형을 폐지했지요.

　이슬람 국가들은 대개 사형을 두고 있는데, 그중 몇몇은 잔혹한 집행으로 악명이 높습니다. 일본은 사형을 집행하고 있으며, 타이완은 2000년 초반 사형 집행을 몇 년간 중단했다가 지금 재집행하고 있습니다.

　이와 같이 사형의 폐지 및 중단은 전 세계적인 흐름으로 진행되고 있으며, 앞으로도 이 같은 추세가 역진될 가능성은 거의 없습니다.

종신형, 무기형은 사형에 대한
확실하고 효과적인 대안입니다

사형을 폐지한다고 흉악범을 풀어주자는 게 아닙니다. 흉악범은 종신형이나 중·무기형으로 복역하게 될 것입니다. 폐쇄교도소는 흉악범의 재범 방지를 위한 안전장치로서 충분한 기능을 발휘합니다.

교정 당국은 재범 방지를 위해 충분히 효율적으로 작동합니다. 살인죄를 짓고 교도소에서 복역하는 도중에 흉악범죄를 저지를 가능성은 효과적인 교정 관리를 통해 봉쇄할 수 있습니다.

흉악범죄에 대한 예방효과가 사형이라는 수단을 통해서만
달성될 수 있다고 볼 수 없습니다

사형을 폐지하면 장래의 흉악범죄를 막을 수 없지 않을까 하는 우려도 있습니다. 사실 흉악범들이 신경을 곤두세우는 것은 범행 전후에 체포될 우려, 나머지 범행까지 다 드러날 염려 등입니다. 체포된 후 길고 긴 재판 과정을 거쳐 확정되는 사형, 훨씬 긴 복역 기간을 거쳐 자신에게 닥칠지도 모를 사형을 겁내서 살인을 억제할 것이라는 생각은 그리 현실적이지 않습니다. 그 정도의 장기적 안목을 갖고 자신의 행동을 치밀하게 조정할 내적 통제능력이 있는 자는 흉악범죄를 저지를 가능성이 거의 없습니다.

흉악범들은 대개 눈앞의 범죄 목표를 달성하겠다는 것 이외에는 딴 생각을 하지 못하는 심리적 터널 속에 갇혀 있습니다. 체포될 때는 인간이기를 포기한 야수처럼 거친 자가 수형생활을 통해 나약한 인간의 모습으로 돌아오는 사례도 적지 않습니다. 그 예는 김대두, 주영형, 지존파 등 우리의 역대 사형수 중에서도 충분히 찾을 수 있습니다.

피해자의 법감정은 존중되어야 하지만,
사형이라는 방법이 해결책이 될 수 없습니다

피해자의 법감정에 비추어 사형을 유지해야 한다는 입장도 있습니다. 피해자와 가족의 상실감과 아픔은 이루 말할 수 없을 정도이며, 범죄자에 대한 분노는 당연한 것입니다. 우리 사회는 흉악범행을 막지 못한 데 대해 책임감을 느끼고, 아픔에 대한 공감과 위로를 함께 나누고, 피해 회복을 위한 정신적·물질적 지원에 앞장서야 합니다. 피해자와 가족들에게 우선 필요한 것은 그 아픔을 함께하고 치유에 나서는 공동체입니다. 국가는 그런 역할을 스스로 감당해야 합니다.

정의로운 처벌은 피해자(가족)를 치유하는 과정의 하나로서 필수적입니다. 하지만 그것이 반드시 사형이어야 하는 것은 아닐 겁니다. 범죄 사실이 확인되고, 진범이 잡혀서 엄중한 처벌을 받고, 그 과정에서 피해자(가족)의 입장이 존중받으며, 그들의 아픔을 사회적으로 공유하는 과정이 더욱 중요합니다. 이를 통해 범죄가 초래한 피해자의 고통이 완치되기는 어려울지라도 승화될 수는 있을 것으로 생각합니다.

이러한 전면적인 회복적 정의의 과정이 전혀 충족되지 못할 때, 피해자가 모든 불행의 원흉인 가해자의 사형을 바랄 수는 있을 겁니다. 다만 형벌의 종류와 한계는 피해자(가족)의 선택사항이 아니라, 우리 사회의 문명화의 정도 및 우리 국가의 인권 수준에 따라 정해진다고 봅니다. 한때는 참수형이 없는 나라가 없었겠지만, 지금은 탈레반 지배 지역, 이른바 이슬람국가IS 등에서나 자행되는 극히 혐오스런 형벌로 간주됩니다. 북한에서는 총살형의 방법을 기본으로 쓰고 있지만, 우리는 총살은 물론 사형 자체를 더 이상 형벌로 쓰지 않는 인권국가입니다.

사형은 테러범죄에 대한
적절한 수단이 될 수 없습니다

요즘 세계 각처에서 대규모의 흉악한 폭탄테러가 자행되고 있습니다. 혹 사형을 폐지하면 테러범죄에 대처할 효과적인 수단이 없어지는 게 아니냐는 우려도 있습니다. 굳이 스스로 포기할 필요가 있느냐는 거지요. 그러나 정치적 목적이 뚜렷한 테러범에게 사형은 순교자 심리를 유발할 뿐, 후속 테러의 억제 요인이 되지 않습니다. 2011년 대규모 테러를 겪은 노르웨이에서는 테러범에게 21년의 유기징역형(최상한)을 과했고, 2015년 자살 폭탄 테러와 대량 총격 사건을 겪은 프랑스의 경우에도 이미 폐지된 사형을 부활하자는 주장이 대책으로 언급되지는 않았습니다.

사실 사형은 테러집단을 겁주는 게 아니라 사기를 올려줍니다. 극단적인 종교적·정치적 광신의 분위기에서 "순교자"가 된다는 것은 명예스러운 일이고, 순교자에 대한 예우는 다른 테러범의 사기를 북돋는 기능을 합니다.

적군파 테러로 악명 높았던 1970년대 서독의 경우 그들에 대해 사형을 선고하지 않았습니다. 테러범의 심리적 도전에 대한 국가의 사형 집행은 또 다른 테러적 방법이고 테러범의 술책에 말려드는 것이라는 정책의지로 사형에의 유혹을 물리쳤습니다. 또한 테러범의 전향을 통해 얻을 수 있는 가치, 구체적으로 테러범이 가진 정보의 유용성 등도 고려할 필요가 있습니다. 테러범에 대한 종신형·무기형으로, 우리의 사법－교정체계는 보안과 교정의 목적을 달성할 수 있을 것입니다.

국가안보를 위해 사형이 필요하다는 주장은
경험적으로 타당하지 않습니다

국가안보와 관련하여 처벌받는 범죄는 형법상의 내란, 외환죄, 그리고 국가보안법상의 범죄일 것입니다. 또한 역사적으로 한국전쟁 중의 〈비상사태하범죄처벌에관한특별조치령〉, 5·16쿠데타 직후의 〈반국가범죄의처벌에관한법률〉 등이 있습니다.

그런데 그 법령들은 위헌 또는 악법으로 지탄받은 것이 적지 않으며, 국회의 입법 혹은 헌법재판소의 위헌결정 등으로 폐기되었습니다.

그 법령 위반으로 사형에 처해졌던 인사들 중 많은 피고인들이 재심을 거쳐 잘못된 사형판결이라는 판단을 받은 상태입니다. 이승만 정권 때의 조봉암, 5·16 직후의 조용수, 이중간첩으로 유명했던 이수근, 이른바 인혁당재건위에 연루된 인사들 등은 사형 집행을 당했지만, 2000년대에 들어 재심을 통해 무죄 판결을 받았습니다. 오히려 반국가사범 중에서 고문과 조작, 억울한 오판의 희생자들이 많습니다. 반국가사범에 대해서는 사형제도의 남용이 더욱 문제되는 지경입니다. 사형폐지론의 정당성에 무게를 더해주는 것이지요.

지금 사형을 폐지한다고 국가안보가 당장 위태로워질 것처럼 걱정하는 분들이 계십니다. 그런데 국가안보는 사형제도에 의존하는 것이 아니라, 국방력과 군사력, 궁극적으로는 이 나라를 지켜내려는 전 국민의 의지와 노력에 달려 있는 것입니다.

1990년 이후 사형판결을 받은 사안을 보면, 남용되었든 어쨌든, 국가안보와 관련하여 사형판결을 받은 인사가 전혀 없습니다. 지난 30여 년간 사형판결 없이도, 국가안보 유지에 전혀 지장이 없었음을 이 경험적 통계는 보여주고 있습니다.

사형폐지는 우리의 주변 국가에도
긍정적 영향을 미칠 것입니다

한국의 사형폐지는 주변 국가에도 긍정적 영향을 줄 수 있을 것입니다. 한국의 모델을 따라 타이완에서도 사형 집행을 줄여 오가다 2000년대 중반에 사형 집행을 몇 년간 중단한 적이 있습니다. 일본, 베트남, 태국 등에서도 한국의 경험이 긍정적으로 논의되고 있습니다. 중국에서도 한국의 사형 추이를 관심 있게 보고 있고요.

우리의 사형폐지는 특히 공개처형이라는 잔혹한 방법을 일상화하고 비법률적 처형까지 서슴지 않는 북한체제를 인권적으로 압박·견인하는 촉매가 될 수 있을 것입니다. 북한에 대한 체제 우위를 확인하는 가장 인상적인 방법 중의 하나가 사형제 폐지입니다. 과거와 현재의 여러 인권 쟁점이 얽혀 있는 동아시아에서 인권국가로서의 한국의 위상을 일신하는 계기가 될 수 있을 것입니다.

한 가지 덧붙인다면, 대한민국은 사형폐지로 출발한 나라입니다. 1919년 〈대한민국 임시헌장〉 제9조는 "생명형, 신체형 및 공창제를 전폐함"이라고 되어 있습니다. 여기서 생명형이 사형을 의미함은 물론입니다. 일제의 잔학한 형정에 대한 경험이 새로운 국가, 대한민국의 출범 때에 사형폐지를 헌법에 포함시키게끔 한 것이지요. 이러한 선진 애국지사들의 정신을 다시 새겨볼 필요가 있습니다.

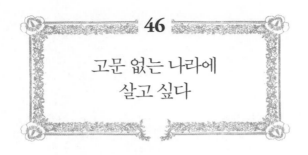

46
고문 없는 나라에
살고 싶다

　고문이란 수사 과정에서 자백을 받아내기 위해 피의자에게 신체적·정신적 고통을 가하는 것입니다. 문명국가는 모두 고문을 통한 수사 방법을 거부합니다. 고문한 수사관은 처벌을 받고, 고문으로 얻은 증거는 모두 증거로 인정하지 않습니다. 우리 헌법에서도 고문 금지를 처음부터 명확히 규정하고 있습니다. "모든 국민은 고문을 받지 아니하며, 형사상 자기에게 불리한 진술을 강요당하지 아니한다"(제12조 제2항).

　그런데 헌법과 법률의 규정에도 불구하고 참혹한 고문이 실제로 행해졌습니다. 유감스럽게도 한동안 경찰은 고문으로 악명이 높았고, 중앙정보부 등의 특수수사기관은 더욱 그러했습니다.

　군부정권은 민주화투쟁 탄압 과정에서 고문을 자행했습니다. 치안본부 대공분실(남영동)의 경우 아예 설계 단계부터 고문실을 준비했습니다. 우리 헌법을 탄생시킨 1987년 6월 민주항쟁의 구호를 압축하자면 "고문 없는 나라에 살고 싶다"는 자유에 대한 절규, 그리고 "대통령부터 동장까지 내 손으로"라는 직선제 대표 선출에 대한 열망이었습니다.

고문 없는 나라에 살고 싶다
군부정권은 정권 유지를 위해 민주화운동을 탄압하면서 고문을 자행했습니다. 1987년
6월 민주항쟁은 이 같은 정권의 불법적 탄압에 대한 국민의 준열한 응답이었습니다.
"고문 없는 나라에 살고 싶다"는 자유를 향한 절규, "대통령부터 통장까지 내 손으로"
라는 직선제에 대한 열망이었지요.

* 사진제공: 민주화운동기념사업회, 박용수.

1980년대 중반 고문 중에서도 가장 악명 높았던 것이 물고문과 성고문이었습니다. 박종철 고문사 사건에 대한 은폐와 폭로의 싸움은 6월 민주항쟁의 동력 중 하나였습니다. 부천경찰서의 성고문은 한국의 공권력이 도덕성과 적법성을 상실한 폭력기구임을 실증했습니다. 이전부터 경찰에서 고문은 만연했지만, 이 시기에는 고문을 당한 이들이 힘들게 폭로함으로써 고문 문제가 더 이상 감추어지기 어렵게 되었습니다.

잔혹한 고문 폭로의 정점에 김근태 선생이 있습니다. 잔혹한 고문의 실상에 대해서는 고문 관련 일반적 논의보다, 김근태 본인의 육필 기록이 훨씬 도움이 될 것입니다.

1985년 9월 4일부터 26일까지 김근태 당시 민주화운동청년연합 의장은 서울 남영동 치안본부 대공분실에 불법 감금되어 처절한 고문을 당했습니다. "고문 없는 세상에 살고 싶다"는 것은 식민지와 독재체제를 겪은 국민의 염원이었습니다. 김근태의 사망(2011) 후 반고문투쟁의 기념비로 삼고자 그의 삶과 말과 글을 정리해서 언론에 실은 적이 있습니다. 다음은 그가 쓴 탄원서, 항소이유서, 상고이유서, 옥중기록에서 발췌한 것입니다.

■ 남영동에서

"지난 9월 치안본부 대공분실에서 참혹한 고문을 당했습니다. 비인간적이고 불법적인 고문에 의해, 동물적 능욕을 당했습니다. 본인에게 요구한 것은 항복입니다. 저를 깨부수겠다고 말했고,

실제로 그렇게 했습니다."

"전기고문은 불고문입니다. 물고문으로 땀이 배면, 그때부터 전기고문이 시작되었습니다. 처음엔 짧고 약하게, 그러다 점점 길고 강하게 전류 세기를 높였습니다."

"물고문이 수렁에 빠져 허우적거리며 질식해가는 것이라면 전기고문은 뜨거운 불인두로 지져서, 바싹 말려 바스러뜨리고 돌돌 말려서 불에 튀기는 것입니다. 핏줄을 뒤틀고 신경을 마디마디 끊어내는 것 같았습니다."

"고문자들은 '최후의 만찬이다', '너 장례날이다'라고 협박하면서 전기고문을 가했습니다. 델시 가방을 든 건장한 사내는 '장의사 사업이 이제야 제철을 만났다. 너 각오해라. 민주화되면 네가 고문으로 복수하라', 이런 참혹한 이야기를 하며 전기고문을 했습니다."

"저는 죽음의 그림자가 드리울 때마다 아우슈비츠 수용소를 연상했으며, 비인간적 상황에 대한 절망에 몸서리쳤습니다. 고문자들은 고문을 하면서도 '시집간 딸이 잘 사는지 모르겠다'는 등의 말들을 태연히 주고받았습니다."

■ 검찰청에서

22일간의 남영동 고문이 끝난 뒤 "포니자동차로 호송되면서 낯익은 거리, 푸른 하늘이 아직도 있구나, 푸른 하늘이 나에게 다시 왔다, 이것이 인간에게 얼마나 복된 것인가 하는 감회가 새로웠습니다."

"검찰청 엘리베이터에서 내린 순간, 아! 거기에 인재근(부인)이 있었다. 못 본 지 한 달밖에 되지 않는데 우리 사이의 거리는 까마득하였다. 인재근의 삶 곁에 도저히 돌아갈 수 없을 것 같았다. 그러나 순간이었다. 물기가 핑 도는 인재근의 눈빛이 나를 원상으로 되돌리기 시작했다. 정치군부, 남영동 야수들이 심어놓은 내 가슴의 죽음의 사탄은 소리를 지르면서 내 몸에서, 마음속에서 쫓겨나가기 시작했다."

■ 법정에서

홍성우 변호사의 말. "첫 공판기일은 한마디로 전율할 만한 법정이었습니다. 김근태가 재판 첫 단계에서 자신의 고문을 그대로 폭로했습니다. 얘기하는 것 보면 몰라요? 진실한 말을 하는 건 누가 봐도 알아요. 법정은 경악과 분노와 눈물과 통곡으로 휩싸였지요."

"오죽하면 대한변협이 나서서 고문경관들을 고발까지 했겠어요. 그런데 검찰은 고문 주장을 일축했어요. '김근태의 주장만이 있을 뿐, 이를 뒷받침할 하등의 자료가 없다'(김원치 검사). 그래서 기소해 달라고 법원에 재정신청을 했는데 법원은 처리도 않고 깔아뭉갰지요. 기가 막힐 일이 한둘이 아니었어요."

"김근태가 장문의 탄원서를 썼어요. 고문사실이 적확하게 묘사되어 있고, 특히 고문경찰관 이름도 있습니다. 그런데 이 탄원서가 사라졌어요. 검찰 손에 있을 때 슬쩍 빼버린 거지. 우리가 공문서 절도죄로 고소까지 했어요."

전두환 정권이 끝나면서 마침내 고문경찰관들이 기소됐다. 김근태는 그들 재판에 증인으로 출석했다. 판사는 앉아서 증언할 것을 권했지만, 김근태는 서서 증언하겠다고 밝혔다.

리영희 교수. "나는 날 고문한 책임자를 기억하지 못했어요. 그런데 나보다 몇 십 배 혹독한 고문을 당하면서 고문자들의 얼굴과 이름을 기억하고, 날짜와 시간까지 재생해서 훗날 처벌을 가능케 했던 김근태의 초인적 능력에는 오직 감탄할 뿐이에요."

■ 옥중서신

"판검사들은 자신들의 손으로 감옥에 처넣어진 20대 초·중반 1,000여 명 청년들의 소리 없는 통곡을 들을 수 없다. 가막소(감옥) 벽에 여기저기 쓰인 글에서 나는 학생들의 가슴에 새겨 있는 한숨과 외로움을 보았다. 군사독재 물러가라, 민주주의 만세, 민주화운동은 승리한다, 서민생계 보장하라 등이 시멘트벽에 깊게 새겨져 있다."

"내 귀여운 아이들아
너희들하고 놀아주지도 못하고
애비가 어디 가서 오래 못 와도
슬퍼하거나 마음이 약해져선 안 된다
외로울 때는 엄마랑 들에도 나가보고
봄 오는 소리를 들어야지
바람이 차거들랑 옷깃 잘 여며
감기 들지 않도록 조심도 하고."(자녀에게 보낸 편지)[54]

9

모든 국민은
법 앞에 평등하다

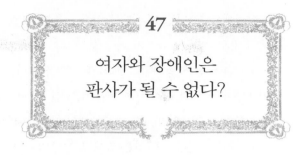

47

여자와 장애인은
판사가 될 수 없다?

"여자가 판사가 되는 건 가당치 않다"

이태영 선생은 최초의 여성 법조인입니다. 해방 이전에는 여성을 법학과에 입학시키지도 않았고, 여성 학교에는 법학과가 없었습니다. 여성이 법대에 들어갈 수 있게 된 것은 해방 이후의 일입니다. 해방 이후 설립된 서울대학교에서부터 여성을 남성과 동등하게 입학시키면서 시작된 거지요. 이태영은 그 기회를 놓치지 않고 서울대학교 법과대학 제1기로 입학했습니다.

이태영은 아주 열심히 공부하여 1952년 사법시험에 합격했습니다. 그는 시보를 마치고 곧 판사가 될 꿈에 부풀어 있었습니다. 그런데 남자 동기들에게 판사 임용장이 날아드는 동안에도 그에게는 아무 소식이 없었습니다. 판사 임명권을 갖고 있었던 대통령 이승만은 "여자는 아직 시기상조이니 가당치 않다"는 쪽지를 붙여 이태영의 판사 임명만 거부했습니다.

이태영 시보는 김병로 대법원장에게 정식으로 항의했습니다. 김병로 대법원장은 이례적으로 이승만 대통령을 면담하고 설득을 시도했지만, 대통령은 이번에는 "야당집 마누라를 판사 자리에 앉혀 놓았다가 무슨 일이 생길지 모른다"며 단호히 거부했습니다. 이태영의 남편 정일형은 당시 야당 편에 선 국회의원이었습니다. '여성'에다 '야당 남편'까지 있던 이태영에게는 판사의 길이 완전히 막힌 상황이었지요. 여성판사 제1호의 탄생은 2년 뒤인 1954년입니다. 이태영이 아닌 황윤석 씨였습니다. 여자는 "시기상조"라는 말은 오늘날의 관점에서 보면 도저히 납득할 수 없겠지요. 평등권 앞에서 시기상조라는 말은 성립 불가능합니다. 평등권은 '즉각, 지금부터!' 입니다.

물론 이태영은 그것으로 좌절하지 않고 변호사로 개업했습니다. 곧 수많은 억울한 여성들이 이 최초의 여성변호사에게 찾아왔습니다. "마치 4천년 역사 이래 첫 여자 변호사가 탄생하기를 기다렸다는 듯이" 몰려들었다고 합니다. 그의 변호사 사무실 앞에는 분함과 원통함을 호소하는 여성의 눈물이 마를 새가 없었습니다. 수많은 여성들을 상담하고 대변하면서 그는 가정법률상담소를 만들어 키웠습니다. 그리고 남녀 간의 불평등을 가정에서부터 개혁하기 위해 가족법 개정운동에 나섰습니다.

헌법과는 달리 민법 중 가족법에는 여성차별적 조항이 많았습니다. 재산 상속에서도 여성은 남성의 절반 이하의 몫만 허용되었습니다. 호주제, 동성동본불혼 조항 등은 가부장적 가족제도를 유지하는 토대였습니다. 몇 십 년이 지나서야 비로소 위헌/헌법불합치가 선고되어 역사의 뒤안길로 사라졌지요. 이태영 변호사는 개인적 억울함을 극복하고, 모든 여성의 인권 신장과 불평등 제거를 위해 싸웠습니다.

이태영 변호사

최초의 여성 법조인 이태영 선생은 "여자는 시기상조이니 가당치 않다"는 이승만 대통령의 반대로 판사 임용이 어려워지자 변호사로 개업했습니다. "첫 여자 변호사가 탄생하기를 기다렸다는 듯이" 몰려든 수많은 여성들을 상담하고 대변하면서 가정법률상담소를 만들고 가족법 개정운동에 나서는 등 여성의 인권 신장과 불평등 제거를 위해 싸웠습니다.

* 출처: 정일형·이태영박사 기념사업회.

소아마비가 있으면 판사가 될 수 있을까요

지금이야 '무슨 바보 같은 질문이야' 하겠지요. 1982년에 조병훈, 김신, 박찬, 박은수 등 4인이 사법시험에 합격한 후 사법연수원을 마치고 판사를 지원했습니다. 당시엔 대체로 성적 순서에 따라 판사가 될 수 있었고 이들도 판사가 되기에 충분한 성적이었습니다. 그런데 이들만 판사로 임명되지 못했습니다. 비판 여론이 들끓었지요. 그러자 당시 대법원장 유태흥은 "신체가 비정상적인 사람보다는 정상인 사람을 택하는 것이 합당하다"면서 "판사의 업무도 점점 격무화되어가는 만큼 판사 선발기준에도 신체조건을 강조할 필요가 있다"고 했습니다.

여론의 비판을 받고 대법원이 정신을 차렸는지, 몇 개월 뒤 이들은 판사로 임명될 수 있었습니다. 모두 훌륭한 법조인이 되었고, 대법관도 되었습니다. 비슷한 신체적 핸디캡을 가졌던 김용준 판사는 이전부터 임용상의 장애가 전혀 없었고, 이후 헌법재판소장까지 역임했습니다.

신체장애와 판사 업무 사이에 무슨 상관성이 있을까요. 사법시험에 합격하고 연수원을 잘 마친 것으로 이미 전문적 업무를 수행할 자질이 검증된 것인데, 장애에 대한 편견이 이들의 판사 길을 일시적으로 막은 것이지요. 그 편견이, 그러한 편견을 교정하고 인간을 평등하게 대우해야 할 책무를 지고 있는 사법부에서 고스란히 노출된 점에 대해 사법부는 더욱 부끄러움을 느껴야 하겠지요.

지금은 사정이 어떨까요. 서울대 법학전문대학원 제1기 학생 중에 시각장애인도 있고, 휠체어에 의존해야 했던 장애인도 있었습니다. 이들은 모두 훌륭한 학업생활을 했습니다. 성적도 무난했고, 동료들과의 관계도 원만하고 리더십도 좋았습니다. 졸업 후 변호사 시험에 전원

합격하여 훌륭한 법조인이 되어 있습니다. 한 변호사는 장애인 관련 사건을 전문으로 취급하는데, 다른 변호사들이 놓치는 지점을 예리하게 포착하여 승소율도 높습니다. 시각장애를 가진 다른 이는 현재 판사가 되어 있습니다. 눈이 안 보이는 장애인도 자신의 역량을 키우면 판사 업무를 잘 수행할 수 있음을 증명한 것이지요.

이와 같이 평등권은 현실적 차별뿐만 아니라 각종 편견과 맞서는 싸움을 통해 더욱 풍부해집니다. 헌법상 평등권이 있다고 해도, 실제로 그 평등권의 실현은 여러 사람들의 차별과 편견의 철폐 노력을 통해 확실하게 구현될 수 있습니다. 앞의 사례는 그 예증입니다. 헌법상의 평등권 조항은 이를 위한 든든한 기준점이 되는 것이고요.

48
헌법상
"균등"의 원칙

우리 헌법 규정에서 의외로 자주 보이는 용어가 "균등"입니다. 우선 헌법 전문을 봅시다.

안으로는 국민생활의 "균등한 향상"을 기하고,
정치 경제 사회 문화의 모든 영역에 있어서 각인의 기회를 "균등"히 하고…….

이는 본문 각 조항에서도 확인됩니다. "균등"이라는 단어가 들어간 것도 있고, "균등"의 내용을 반영한 것도 있습니다.

모든 국민은 능력에 따라 균등하게 교육받을 권리를 가진다(31조).
근로자의 생활보장을 위해 "근로자의 고용의 증진, 적정임금의 보장, 최저임금제" 등을 시행해야 한다(32조).
재산권 행사는 공공복리에 적합하도록 해야 한다(23조).
농지에 대해서는 지주의 횡포를 누르고, "경자유전의 원칙"이 달성되도록 하고 "소작제는 금지"한다.

농어업은 보호 육성해야 하고, 지역 간은 균형 있는 발전을 해야 하고, 중소기업은 보호 육성해야 한다.

제헌헌법에는 "근로자는 (기업의) 이익의 분배에 균점할 권리가 있다." (18조)

이처럼 헌법 전문에서 "균등"이 원칙으로 선언되고, 본 조항에도 곳곳에 자리 잡고 있는데, 일반 시민뿐만 아니라 헌법재판소와 헌법학자까지도 이 "균등"에 무관심한 편입니다.

여기서 "균등"은 뭘 의미할까요? 균등이라는 단어를 헌법에 채워 넣은 유진오 선생은 우리 헌법의 3대 원리를 "자유의 원리, 평등의 원리, 균등의 원리"라고 정리합니다. 그러니까 균등이라는 글자를 일부러 넣은 이유가 있는 것이지요. 유진오는 말합니다.

나라는 일부 사람을 위해 있는 게 아니라 모든 국민의 행복을 위해 있는 것이다. 국가는 강한 사람, 돈 많은 사람을 좀 억누르고, 특히 약한 사람, 가난한 사람이 인간다운 생활을 하지 못하면 그를 도와서 인간다운 생활을 할 수 있게 해주어야 할 책임이 있다.

그럼 균등은 평등과 무엇이 다를까요?

유진오에 따르면, 균등은 "법률상 평등보다 더 실질적"이라고 합니다. 균등이 "모든 국민이 실질적으로 인간다운 생활을 할 수 있게 하는 것"이라는 말이지요. 자유권적 기본권과 대비되는 사회적 기본권의 내용은 "균등의 원칙"과 합치하는 점이 적지 않습니다.

이렇게 헌법 조문은 '억강부약抑强扶弱'으로 충만합니다. 현실보다도, 법률 조항보다도, 더 균등을 강조하고 사회적 약자 편을 들고 있습니다. 실제로 헌법을 제정·개정하는 집단들은 국민의 동의를 얻기 위해, 특히 국민 중 강자 아닌 약자(다수)의 동의를 얻기 위해 부심합니다. 그 과정에서 국가와 정부를 만들면 다수약자의 이익이 보장됨을 문구상으로 보여주려 합니다. 국가·정부가 수립되면, 이전보다 더 "자유"로워지고, "평등한 대우"를 받으며, "인간다운 생활"을 보장받는다고 약속하는 것이지요. 이렇게 〈자유+평등+균등=헌법의 기본원리〉를 구성합니다. 다만 유진오의 이런 관점을 이후의 헌법학에서 충실히 계승하지 못해 균등에 대해 깊이 파고들지 못한 아쉬움이 있습니다.

그럼 우리 현실에서는 "균등"이 잘 실행되고 있는가요? 충분히 그렇다고 말할 수는 없지요. 헌법 규정에 충실하다면, 능력만 있으면 교육을 "균등"하게 받을 권리가 있습니다. 초중고만 아니라 대학도 마찬가지일 것이고요. 등록금 못 내서 학교 못 다니는 사람이 있다면, 이는 분명히 위헌 상태입니다. 학생생활을 계속하기 위해 '알바'를 하지 않을 수 없고 '알바' 때문에 충분히 공부하기 어려운 학생이 있다면, 그건 균등하게 교육받을 권리가 실현되지 못하고 있는 것입니다. 경제여건이 교육받을 권리에 장애가 되어선 안 됨을 우리 헌법은 분명히 하고 있거든요.

국민생활의 균등한 향상을 위한 혁명적 조치의 예가 '농지개혁'입니다. 우리의 경우에는 제헌헌법에서 농지개혁을 선언하고, 1950년 3월에 완성합니다. 조선시대나 일제하에서와 달리, 소작제를 전면 금지하고 경작자만 농지를 보유할 수 있도록 해서 부재지주 제도를 없앴습니다. 경작자가 농지를 균등하게 갖고, 그를 기초로 국민생활의 균등한 향상을 기하고, 그를 토대로 산업발전을 하자는 취지였지요. 급속한

산업발전은 1950년대 이후의 교육 열풍도, 학부모의 열성도 있지만, 농지개혁을 통해 국민이 자기 자산을 갖게 된 점도 일정부분 작용했습니다.

지금 국민생활이 이토록 불균등한데, 그것을 시정해서 균등한 향상을 기하려는 정책 방향이 얼마나 확고한가요. 앞서 보았듯이, "균등"은 우리 헌법조문상의 기본정신입니다. 유진오는 우리 헌법을 "민족적·사회적 헌법"이라 일컬었습니다. "균등"이 뼈대가 됨을 헌법기초자들이 두루 인정한 것입니다.

헌법의 전문과 조문은, 우리의 현실보다 훨씬 평등, 균등을 지향하고 있음을 분명히 하고 있습니다. 우리의 현실을 불균등한 위헌상태로 놓아두지 말고, 헌법규범대로 보다 균등하게 바꿀 책임이, 주권자인 국민에게 있습니다.

"국민생활의 균등한 향상"을 기하기 위해 !
헌법에 보장된 그대로의
자유를! 평등을!! 균등을!!!

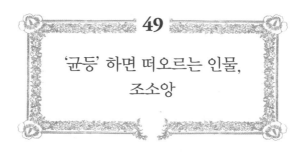

'균등' 하면 떠오르는 인물, 조소앙

우리 헌법사를 보면 균등이라는 단어가 무심코 들어간 게 아님이 확실합니다. 균등 개념을 강력하게 주창한 이는 조소앙 선생입니다.

그는 〈대동단결선언〉(1917)의 초안을 썼고, 〈대한민국 임시헌장〉(1919)의 초안을 썼습니다. '대한민국'이라는 단어 자체를 처음 쓴 분이기도 합니다. 임시정부 몇 십 년간 작성된 대부분의 헌법 문서가 그의 손을 거쳤습니다. 그래서 그를 임시정부 헌법의 아버지, 대한민국 헌법의 숨겨진 아버지[55]라 일컫기도 합니다.

조소앙은 삼균주의를 기본이념으로 제창했습니다. 사람과 사람, 민족과 민족, 국가와 국가 간 균등한 생활을 기본방침으로 설정했습니다. 그것은 어떻게 가능할까요? 조소앙의 글을 인용해봅니다.

어떻게 하여야 사람과 사람이 균등할 수 있는가? 정치 균등화, 경제 균등화, 교육 균등화가 이것이다. 보통선거제를 실시하여 정권을 안정시키고, 국유제를 실행하여 경제를 안정시키고, 국비 의무교육제를 실행하여 교육을 안정시킨다. 이것으로 국내의 균등생활을 실행한다.[56]

삼균주의는 임시정부의 모든 헌법에 나타납니다. 조소앙의 영향력도 어느 정도 작용했지만, 헌법 문서의 실제 초안자가 조소앙 자신이었기 때문이기도 합니다. 임시정부의 건국 방침을 집약한 〈대한민국 건국강령〉에서는 삼균주의가 더 한층 뚜렷합니다.

2. 우리나라의 건국강령은 삼균제도에 역사적 근거를 두었으니 선민이 명명한 바, 이는 사회 각층 각 계급의 지력과 권력과 부력의 향유를 균평하게 하며 국가를 진흥하며 태평을 보유하라 함이니 홍익인간과 이화세계하자는 우리 민족이 지킬 바 최고공리임.

6. 임시정부는 삼균제도의 건국원칙을 천명하였으니 이른바 보통선거 제도를 실시하여 정권을 균均하고, 국유제를 채용하여 이권을 균하고, 공비共費교육으로써 학권을 균하며, 국내외에 대하여 민족자결의 권리를 보지하여서 민족과 민족, 국가와 국가와의 불평등을 삼제芟除할지니.

1946년 조소앙은 3·1절 기념사에서 삼균주의의 정신을 이렇게 풀이합니다. "아이마다 대학을 졸업하게 하오리다. 어른마다 투표하여 정치적 권리를 갖게 하오리다. 사람마다 우유 한 병씩 먹고 집 한 채씩 가지고 살게 하오리다." 우리나라가 어떻게 되어야 할지 아주 손에 잡힐 듯이 분명하지 않나요.

한마디로 정치, 경제, 교육이라는 핵심적인 세 영역에 균등의 원리를 확실히 실천해야 한다는 것입니다. 조소앙은 차별 없는 보통선거제, 경제에서 주요산업 국유화와 토지개혁 및 노동권 보장, 교육에서 기회균등과 학비 면제를 주창합니다. 물론 시대 변화에 따라 산업국유화 부분은 일부에 그쳤지만, 보통선거와 토지개혁, 교육균등은 헌법에

대한민국 임시정부 건국강령 초안

우리 헌법 규정에서 자주 보이는 "균등"은 〈대동단결선언〉(1917)과 〈대한민국 임시헌장〉
(1919) 초안을 쓴 조소앙 선생이 강력하게 주창한 개념입니다. 대한민국 헌법의 숨겨진
아버지 조소앙은 사람과 사람, 민족과 민족, 국가와 국가 간 균등한 생활이 필요하다는
'삼균주의三均主義'를 제창했습니다. 그림은 조소앙이 '삼균주의'에 입각하여 독립운동과
건국방침 등을 정리한 〈대한민국 임시정부 건국강령〉(1941) 초안입니다.

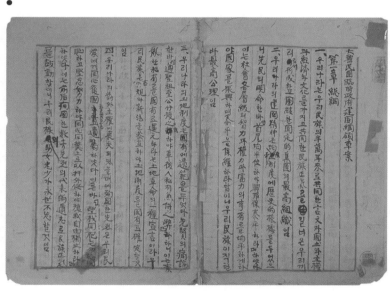

* 출처: 문화재청.

그대로 조문화되어 있습니다.

다만 완전의무교육은 아직도 미완의 과제로 남아 있습니다. 이 때문에 교육에서 실질적 불평등에 대한 불만이 고조되어 있는 실정입니다. 균등의 원칙은 약화되어서는 안 됩니다. 현실적 불평등의 경향을 제어하고 보다 균등의 원칙하에 공적 제도가 운영되도록 하는 것, 이것이 우리 헌법의 지향점임을 명심하기만 해도 여러 정책에 대한 비판적 거점을 마련할 수 있을 것입니다.

1948년 제헌헌법 속기록을 보면, 교육권을 논의할 때 이례적으로 의원들이 많은 제안을 합니다. 그만큼 교육에 대한 의원들의 관심이 지대했다는 것이지요. 전통시대 때부터 교육에 엄청난 관심을 가지고 투자해왔던 우리 국민의 관심사를 반영한 것이기도 하고요.

우선 초안부터 다른 권리와 다릅니다. "모든 국민은 균등하게 교육을 받을 권리가 있다. 초등교육은 의무적이며 무상으로 한다. 모든 교육기관은 국가의 감독을 받으며 교육제도는 법률로써 정한다"는 게 초안입니다. 그런데 국회 심의 과정에서 "적어도 초등교육은 의무적이며 무상으로 한다"고 고쳐졌습니다. "적어도"가 추가된 것인데, 주용기 의원의 적극적 발의로 포함된 것입니다. 일단 초등학교는 의무·무상교육으로 하되, 우리의 국력과 민도의 향상에 맞춰 무상교육 기간을 연장할 수 있는 방안을 헌법 속에 마련해둔 것입니다. 제헌헌법 속에 "적어도"가 들어간 덕분에, 이 부분에 대한 헌법 개정 없이도 의무·무상교육의 기간을 늘려갈 수 있었고, 현재 우리나라는 초등학교 6년과 중학교 3년의 교육을 의무교육 기간으로 정하고 있습니다.

균등교육과 무상·의무교육의 정신을 살리기 위해서는, 이후 무상·의무교육의 범위를 더욱 늘려갈 필요가 있습니다. 독일처럼 대학교육도 학비 전액을 무상으로 하는 방안이 "균등"한 교육 기회를 보장하는 실질에 맞기도 하고요. 이것이 어떻게 가능할까 하지만, 독일이 대학 교육을 무상으로 할 때의 국민소득이 우리나라의 지금보다 훨씬 낮았다는 점만 상기하면 됩니다. 요는 정책적 우선순위와 정책의지의 문제일 뿐이라는 것이지요.

의무교육이라 함은 등록금 면제만을 의미하는 게 아닙니다. 교육 기간 동안 소요되는 비용 일체를 다 공짜로free education 할 수 있어야 합니다. 그런데 몇 년 전 무상급식에 대한 정치적 논란이 크게 제기된 것을 보면, 균등교육, 의무교육, 무상교육의 헌법 조문 및 정신에 대한 보다 깊은 접근이 이루어질 필요가 있음을 절감하게 됩니다.

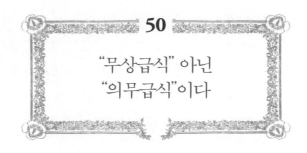

50
"무상급식" 아닌 "의무급식"이다

　나는 반세기 전인 1965년에 시골 초등학교에 입학했다. 보릿고개가 실감나던 후진국 때다. 점심시간에는 전교생이 빈 도시락통을 들고 줄서서 가마솥에 끓인 강냉이죽을 타 먹었다. 한 번 더 타 먹으려고 다시 줄을 섰다가 들켜 꿀밤 맞는 아이도 있었다. 똑같이 누리는 점심시간은 소소한 즐거움의 일상이었다.

　4년 뒤 대도시로 전학을 갔다. 거기선 강냉이죽이 아니라 부풀린 옥수수빵과 우유가 급식으로 나왔다. 몇 명에게만 돌아갈 몫이었다. 담임선생이 가난한 학생들을 특정해서 그들에게만 빵과 우유를 제공했다. 난 가정 형편상 옥수수빵을 타 먹었다. 시골에서 강냉이죽을 먹을 때와는 분위기와 느낌이 무언가 달랐다. 한편에 찜찜함이 남았는데, 아마도 가난의 "낙인"이 소리 없이 목구멍에 걸리는 기분 때문이었으리라.

　그런 찜찜한 기억 탓인지, 학교 무상급식 추진은 무척이나 반가운 처방이다 싶었다. 여러 논란과 시행착오를 거쳐 이 제도는 학생 복지의 한 부분으로 착근되었다. 그런데 무슨 정치적 셈법인지 학교급식이 새롭게 정치쟁점화하고 있다. 심지어 무상급식을 중단하는 조례를 통과시키는 자치체까지 있을 지경에 이르렀다.

우선 개념부터 바로 세우자. "무상급식"이라니까 '세상에 공짜가 어디 있느냐고 따진다. 일리가 없지 않다. 그런데 의무교육을 실현할 책임은 바로 국가에 있다. 의무교육 제대로 하려면 공부와 함께 밥도 의무적으로 챙겨줘야 한다. 의무 입대하는 군인들에게 피복과 식사는 당연히 지급되듯이 말이다. 의무교육제하의 학교급식은 "무상급식"이 아니라 국가의 지급의무가 수반되는 "의무급식"이다. 학생들에게 식사는 교육을 위한 전제이고, 그 자체가 교육의 일부이기도 하다. 그러니 기본교육의 일부로서 "기본급식"이다.

"무상"급식을 폐지하자는 쪽은 예산의 효율적 배분을 내세운다. 그런데 같은 교실에서 밥 먹는 아이들을 유상파와 무상파로 쪼갤 때, 거기에 소리 없이 차별의 낙인이 스며드는 것을 느끼지 못하는가. 자신의 가난을 입증하여 자녀에게 눈칫밥 먹게 할 부모의 속 쓰림도 느끼지 못하는가. 부모와 자녀에게 남기는 자기모멸감은 어떻게 할 것인가. 급우들끼리 웃고 떠드는 점심 자리에 서늘한 위화감을 조성한 잘못을 느끼지도 못하는가.

교육자로서 몇 십 년의 경험을 토대로 학생 교육에서 가장 유념해야할 덕목이 뭐냐고 내게 물으면, 학생들의 자존감을 높여주는 것이라 답하겠다. 참으로 좋은 선생이 누구였던가를 자문자답해보라. 지식, 외모, 인기 그런 게 아니라, 자신의 가치를 발견해주고 믿어준 선생이 먼저 떠오를 것이다. 자존감이 낮으면 성취동기도 낮아지고, 학교 가는 즐거움도 사그라진다. 자존감이 높은 학생은 주변 환경이 열악해도 이를 극복해낼 내적 에너지로 충만하다. 평등존중 급식이 아닌 차별낙인 급식은 학생의 자존감에 매일같이 생채기를 낸다. 자존감에 상처받는 학생에게 학습비 몇 푼 안겨줘 봐야 성적은 물론이고 다른 의미 있는 성과를 기대하기 어렵다.

심지어 "학교는 공부하러 가는 곳이지 밥 먹으러 가는 곳이 아니다"라는 언사까지 예사로 하는 자치단체장도 있다. 세상의 모든 엄마는 그와 다르다. 엄마는 자녀가 귀가하면 오늘 밥 잘 먹었느냐부터 묻는다. 성적 갖고 야단치다가도 밥은 반드시 챙긴다. 학교에서 점심은 위장을 채우는 시간이 아니라, 친구들과 환담이 오가는 소중한 교육시간이다. 대통령은 국민 밥 챙기기, 도지사는 도민들 밥 챙기기부터 제대로 해야 한다. 사람 살림의 대본大本인 밥 먹는 것의 소중함과 교육적 가치도 모르는 자는 행정지사의 자격이 없다.

아이들 밥값 가지고 정치인들이 몇 년째 논란하는 것 자체가 창피한 일이다. 우리 경제 형편이 애들 밥도 골고루 못 먹일 정도로 확 나빠진 것도 아니다. 차별의 낙인이 찍힌 눈칫밥은 아무리 먹어도 배부를 리 없거니와 학생의 장래에도 악영향을 미친다. 아이들 골고루 제대로 먹이면서, 학습 기회도 골고루 충족할 방책을 강구하는 게 무에 그리 어렵단 말인가.[57]

IV

투표가 세상을 바꾼다

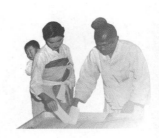

10

모든 국민은
법률이 정하는 바에 의하여
선거권을 가진다

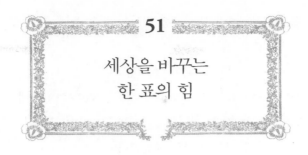

51
세상을 바꾸는
한 표의 힘

1960년대 중랑천 뚝방 판자촌에서 살던 신순애의 가족은
수시로 판자촌을 철거하러온 용역들에게 시달렸습니다.
오늘 부수면 내일 또 땜질하며 거처로 삼고 연명해갔습니다.
그런데 판자촌 때려 부순다는 말이 싹 사라지는 시기가 있었으니
그게 바로
선거를 코앞에 둔 때였습니다.
순애 아빠는 "365일이 선거철이었으면 좋겠다"고 했습니다.

그렇습니다. 투표 때엔 1인 1표로 평등한 것입니다.
투표 끝나면 허구한 날 때려 부수던 자들도
투표 앞두곤, 판자촌민 앞에서도 머리를 조아리고 아부합니다.
 평소에 군림하던 자일수록 투표일이 가까워지면 더 땅을 향해 고개
를 숙입니다.
 세상에서 가장 평등하게 설계된 "1인 1표"
 그걸 놓치고, 불평등이 어쩌고 하는 사람은 불평등 운운할 자격이
없습니다.

이 한 표, 끝까지, 반드시 투표할 것이며,

속지 말고 투표할 것이며,

투표 앞두곤 큰소리 땅땅 쳐야 할 것입니다.

4년에 하루가 아니라, 1년 365일을 투표권자(주권자) 앞에 긴장하면서 지내도록 만드는 것은

정치인이 아니고, 유권자 바로 당신입니다.

1인 1표.

나는 재벌과 대정치인과 동등한 힘을 가졌습니다.

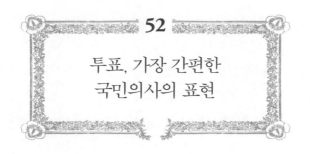

52

투표, 가장 간편한
국민의사의 표현

지난 2014년 4월 16일 이후 우리 맘속에선 봄이 사라졌습니다. 세월
호의 인명참사도 슬프고 아팠지만, 한 명도 구조해내지 못한 총체적
무능력에 깊이 절망하고 분노했습니다. 그런 가운데 지방선거(2014년
6월)를 맞게 됩니다.

이번 선거는 대선, 총선과 달리 지방선거입니다. 정치적 심판으로서
의 성격이 약하지 않으냐고 하겠지만, 정치권은 전방위로 선거를 기획
하고 개입합니다. 국정 심판이라는 선거의 본질이 지방선거에도 세차
게 작용하고 있기 때문입니다.

그토록 민심의 흐름에 귀 막고 있던 청와대가 조금 달라지는 듯도
합니다. 대통령과 정권 담당자들이 확실히 바뀌었을까요. 그럴 리가
없습니다. 지난 대선 때 그토록 경제민주화와 기초복지를 확약했건만,
선거가 끝나자마자 휴지통에 던져버리고도 태연했던 정권입니다. 변
화의 외양을 띠는 이유는 단 하나, 선거가 코앞에 있기 때문입니다. 거
칠것없는 정권도 유권자의 표를 얻기 위해서는 온갖 코스프레, 정치쇼
도 마다하지 않습니다.

투표하려 해도 막상 뽑을 사람이 없다는 말을 자주 합니다. 그러나

투표에는 양면성이 있습니다. 누구를 뽑는 투표 행위는, 다른 누구를 뽑지 않겠다는 배제적 심판 행위이기도 합니다. 최선을 고르긴 어렵지만, 최악을 분별하고 걸러내는 것은 어렵지 않습니다. 물론 가능한 한 최선을 고르려는 노력을 소홀히 해서는 안 됩니다. 인간은 누구나 다소간 이기적이지만, 그 가운데서도 공동선을 위해 애쓴 노력들이 있다면 가점을 줄 일입니다. 하나의 오점으로 전부를 매도하기보다는 각 후보의 장단점을 비교하며 골라야 합니다. 사람을 제대로 고르기 위해서는, 시장에서 상품을 고르는 데 쏟는 것보다 훨씬 더한 정성을 들여야 합니다.

모든 후보는 공약을 냅니다. 공약을 읽다 보면 신나는 미래가 펼쳐집니다. 그러나 공약公約이 공약空約으로 변질된 역사가 되풀이되다 보니 공약 자체를 신뢰하기 어렵습니다. 그럼 어떻게 해야 할까요. 공약을 이행할 후보의 사람됨에 초점을 맞추는 게 더 낫겠습니다. 한 사람이 살아온 길이야말로 앞으로 살아갈 길에 대한 신뢰성 있는 지표가됩니다. 치열한 선거 과정에서 얼마나 인간적인 품위와 상대방에 대한 존중심을 보여주는가도 평가 항목으로 삼을 수 있습니다.

4월 16일 이후 우리는 수없이 눈물을 흘렸고, 또 많은 눈물을 대면했습니다. 눈물의 가치와 진정성도 한 번은 짚어볼 때가 된 것 같습니다. 어려운 이웃과 함께 흘리는 연민과 공감의 눈물은 소중합니다. 그러나 치밀하게 연출된 눈물, 가족과 측근의 문제로 흘리는 눈물도 있습니다. 인간적 눈물과 선거용 눈물은 차원을 달리합니다. 그러니 누구를 위해서, 무엇을 위해, 누구와 함께 울었던가를 함께 살펴야 할 것입니다. 감성적 공감과 함께, 이를 현실적 정책의 추진 동력으로 연결시키는 자세와 역량을 갖고 있는가도 아울러 살펴봐야 합니다.

세월호를 통해 확인한 것은 관련자들의 비리와 부패, 생명의 존엄성에 대한 경시, 정치·행정의 총체적 무능력입니다. 이러한 비극을 보면서 도처에 유사한 비극의 요소들이 내재해 있음을 우려하지 않을 수 없습니다. 가라앉은 '대한민국호'를 지역적 차원에서 바로잡고 안전한 항해를 이끌어갈 선장과 항해사를 제대로 뽑아야 합니다.

그 결정적 관건은 선거입니다. 투표는 가장 간편한 방법으로 낼 수 있는 가장 힘 있는 국민의 소리입니다. 투표장에서 조용히 누르는 붓두껍의 힘은 군대의 대포 소리보다 훨씬 위력적입니다. 진짜 국민의 소리가 무엇인지를 일깨우고, 우리의 미래를 만들어가는 주역이 됩시다.[58]

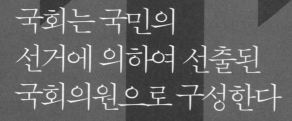

11

국회는 국민의
선거에 의하여 선출된
국회의원으로 구성한다

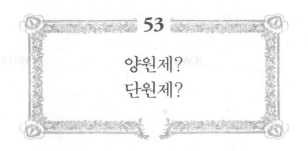

53

양원제?
단원제?

1948년 유진오가 제헌헌법을 설계할 때 국회는 양원제로 초안을 짰습니다. 일단 편의대로, 한쪽을 하원, 다른 쪽을 상원이라 부르고 얘기해봅시다.

이승만도 처음에는 양원제에 동의했다고 합니다. 그런데 초안을 양원제로 짰던 국회의 의견은 달라졌습니다. 심의 과정에서 국회의원들이 압도적으로 단원제에 손을 들었던 거지요. 왜 그랬을까요? 제헌의원들이 단원제를 통해 독점적 이익을 누리고 싶었기 때문이 아니었을까요? 양원제가 되면, 하원을 통과해도 법률이 안 되고 상원의 통과를 기다려야 합니다. 상원을 통과해도, 하원을 통과해야 되는 것이고요.

양원제의 폐단을 말하면서, 다음 얘기가 헌법 책에 자주 인용됩니다.

상원의 의사가 하원과 다르다면, 상원은 국민의 총의에 어그러지는 것이므로 유해하다. 상원의 의사가 하원과 같다면 그것은 무용하다. 그러니 상원은 둘 필요가 없다.

'다르면 유해하고, 같다면 불필요하다.' 언뜻 보면 그럴싸합니다. 그런데 실은 그게 아닙니다. 미국처럼 상·하원의 원 구성 방법을 달리하면 대표성이 더 풍부해집니다. 미국은 하원은 인구비례로, 상원은 주의 대표로 규정했습니다. 개인과 주의 대표성을 골고루 배려한 거지요. 이는 미국 헌법의 장기지속성을 보증할 수 있는 비법이 되었습니다.

하원을 소선거구제로 하면, 인구의 다수는 대표성에서 배제됩니다. 투표율이 50퍼센트일 경우 그중 2분의 1 이상이면 당선되니까 사실상 선거구민 26퍼센트의 지지만 얻으면 의원이 됩니다. 그럼 75퍼센트는 언제나 배제됩니다. 만일 상원을 중선거구제로 하거나, 직능대표로 하거나, 비례대표성을 강화하면 소선거구제의 단점이 보완됩니다.

더 중요한 것은, 단원제일 때는 뜨거운 여론을 그대로 반영해 입법이 되어버린다는 것입니다. 의원들은 유권자의 국민정서, 여론에 매우 민감합니다. 국민의 분노를 그대로 담아 입법화될 경우, 강경정책 일변도가 되어 입법적 균형을 상실하기 십상입니다.

양원제라면, 하원을 통과한 법률이 상원을 통과하기 위해 다소 시간이 걸리지만, 그 사이에 뜨거운 여론이 좀 냉각기를 가지면서 보다 온건하고 균형감 있는 정책이 법으로 만들어질 수 있습니다. 단원제는 신속성이 장점이지만 졸속성이 문제입니다. 이는 양원제에 의해 보완될 수 있습니다.

제헌기에는 국가 활동의 신속성을 위해 단원제가 바람직했지만, 지금은 입법의 중요성이 커진 만큼 신중성이 더 중요할 수 있습니다.

상원의 의사가 하원의 의사와 다르다면 인민의 총의에 어그러지는 게 아니라, 다양한 대표 구성에 따라 다른 의견 결집이 일어날 수 있습니다. 졸속입법을 냉각시켜 보다 온건하고 합리적인 입법을 만들 수

토머스 제퍼슨과 조지 워싱턴

1787년 미국 헌법 제정기에 단원제로 할 것인지 양원제로 할 것인지를 두고 논란이 벌어졌습니다. 제퍼슨은 단원제를, 워싱턴은 양원제를 선호했습니다. 우리 입법부는 단원제로 되어 있습니다. 신속한 입법이 장점이지만 졸속입법의 위험이 있습니다. 양원제일 경우 입법에 시간이 걸리긴 하지만 온건하고 균형 잡힌 정책이 법으로 만들어질 수 있습니다. 그림은 토머스 제퍼슨(왼쪽), 알렉산더 해밀턴(가운데)과 협의하는 조지 워싱턴(오른쪽)의 모습입니다.

있다는 것이지요.

일화 한 토막을 보지요. 1787년 미국 헌법 제정기에 단원제냐 양원제냐를 두고 논란이 벌어졌습니다. 제퍼슨은 단원제를 추구했고, 워싱턴은 양원제를 선호했습니다.

토론을 벌이다가 제퍼슨이 잔에 뜨거운 물을 받고는 다른 잔에 옮겨 식힌 후 차를 탔습니다. 이를 본 워싱턴은 "차도 한번 식혀야 마실 수 있듯이, 입법도 한번 식혀야 사람들이 마실 수 있는 상태가 됩니다"라고 했다 합니다. 실제 있었던 일인지는 모르나, 그런 일화가 회자되었다고 하더군요.

우리 입법부는 단원제로 되어 있습니다. 대중여론이 너무 뜨거울 때 입법화되면, 그건 졸속입법이 될 가능성이 높습니다. 법률은 뜨거운 문제의식에서 출발하되, 냉철하게 이것저것 짚고, 순기능과 역기능 살펴보고, 예산과 인력이 뒷받침될 수 있는지 확인해보고, 1주가 아니라 6개월이 지나도 같은 의견인가를 짚어보면서 입법화되어야 합니다. 양원제라면 입법 통과가 온탕에서 냉탕으로 이동하면서 정리될 수 있습니다.

요즘은 많은 입법이 의원입법입니다. 과거에는 행정부 입법이 많았지요. 비판도 많았지만, 행정부가 법률안을 발의하면 국회가 비판적으로 한번 거를 수 있었습니다. 행정부/입법부가 양원적 기능의 한 부분을 수행했던 셈이지요. 하지만 요즘은 행정부의 입법도 의원입법의 형태로 발의합니다. 냉각시킬 기능이 없는 셈입니다. 양원제적 측면의 장점을 살릴 수 있는 방안을 고민할 필요가 있겠습니다.

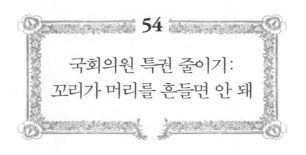

54

국회의원 특권 줄이기:
꼬리가 머리를 흔들면 안 돼

국회의 중요도가 갈수록 높아갑니다. 법안도 의원입법이 갈수록 늘어갑니다. 국정감시의 역할도 갈수록 중요해집니다. 그런데 국회의원의 갑질과 특권을 줄이라며 내놓는 방안 중 얄팍한 포퓰리즘성 주장이 너무 많습니다.

의원수를 줄이자?

우리 국민은 자신들이 뽑아놓고도 국회를 가장 불신합니다. 그래서 의원 수 늘리기엔 질색합니다. 정당들도 국민 눈치 보느라 의원 수 늘리기에 선뜻 손을 들지 못합니다. 현 의원들은 늘리는 데 내심 반대하고 있기도 합니다.

의원 수를 줄일수록 현직 의원들의 특권의식은 더해지고, 권력이 가진 자의 손아귀에 들어가고, 소수자 대표를 확보하기 어렵습니다. 오히려 늘려야 합니다. 제헌국회 때도 300명(그중 북한대표 100석은 채워지지 못함), 지금도 300명입니다. 인구가 두 배로 늘었는데도 말입니다. 더 늘리되, 사표 방지, 소수대표성 보장, 비례대표제 확충을 통한 실질

득표 반영 등의 내실을 채워가야 합니다.

보좌관 줄이자?

전문 보좌관은 더 늘려주는 게 낫습니다. 단, 친인척 채용 등 비전문성, 비정책성 인사에 제동을 거는 기준을 만들어 시행해야 합니다. 좋은 입법 하나는 보좌관 100명 수당을 충당하고도 남는 사회적 효용을 가져옵니다. 정책 역량과 입법 역량을 강화하면 불필요한 분쟁이 줄어들고, 투명성과 예측성이 높아집니다. '전문성 있는 보좌관을 더 채용토록 하고, 보좌관의 질적 역량을 강화하자'는 방향으로 나아가야 합니다.

면책특권 없애자?

의원들의 불체포특권과 면책특권은 권력 견제에 반드시 필요한 권한으로, 역사적으로 형성된 것입니다. 권력 감시를 위한 순기능이 훨씬 많았습니다. 면책특권이 없었으면 박계동 의원의 전두환-노태우의 비자금 단서 폭로도 불가능했을 겁니다. 다만 문자 그대로 허위명예훼손, 사생활 침해 등에 한해서는 실제 피해자가 있으므로 원상회복을 위한 대책이 강구되어야 합니다. 판결 결과를 공시하도록 한다든가, 다음 선거 홍보물에 해당 사실을 알리도록 한다든가 등 여러 방안을 논의할 수 있을 겁니다. 형사처벌이 아니라, 국회 내의 윤리기구를 제대로 가동시키고, 국회 내에서 처리하도록 하는 방안도 적극 강구해야 합니다. 예컨대 허위발언에 대해서는 본회의에서 사과발언하거나

의장이 이를 공표하는 방안이 있을 수 있습니다. 실제로 손해를 발생시켰다면 의원 개인이 아니라 소속 정당에 청구하는 방안도 가능할 겁니다. 돌이 섞였다고 밥솥을 버리자는 주장은 곤란합니다. 면책특권을 없애면, 권력기관들이 즐거워할 것이고, 검찰은 의원들을 임기 내내 불러 괴롭힐 것입니다.

의원연봉 절반으로 줄이자?

줄여봐야 총액은 얼마 안 됩니다. 그런 주장이 '정치쇼'입니다. 의정활동과 선거준비, 대인관계 때문에 의원들은 늘 돈 걱정입니다. 이런 안은 사실 서민 의원보다 재벌 의원이 더 좋아할 겁니다. 의원연봉 인상과 최저임금제를 연동시키는 방안이 "국민생활의 균등한 향상을 기하고"라는 헌법 전문에 더 맞는 방안일 수 있습니다.

요컨대 국회의원 특권 줄이기에서 '줄이자/깎자/없애자'는 주장은 대체로 '쇼'입니다. 그보다는 국회의원의 의정활동 충실화에 집중해야 하고, 의정활동 투명화와 평가 제대로 하기에 집중해야 합니다.

55

대통령과
국회의 갈등

제헌국회의 속기록을 보면 뜻밖의 장면이 적지 않습니다. 흔히 이승만 대통령이 전권을 휘두른 것 같지만, 실제로는 그렇지 않았거든요.

제헌국회에서 대통령과 부통령을 선출합니다. 이승만은 압도적 다수의 지지로 대통령으로 선출됩니다. 하지만 부통령은 이승만의 지명으로 뽑히지 않았습니다. 이승만 대통령이 언급한 부통령 후보감 세명(이시영, 오세창, 조만식) 중에서 의원들이 자유투표로 뽑았지요. 결선투표를 거쳐 원로 독립운동가 이시영 선생이 선출되었습니다.

국무총리도 이승만 대통령이 희망한 이가 뽑히지 않았습니다. 국무총리는 대통령이 임명하여 국회의 동의를 받도록 규정되어 있습니다. 이승만 대통령은 첫 총리로 이윤영을 임명합니다. 그는 북한 출신으로 조만식 선생이 지도자로 있던 조선민주당에 관여하다가 이남으로 내려온 목사 출신 제헌의원입니다. 제헌국회 개원 때 이승만 의장은 뜻밖에 이윤영 의원에게 기도로 국회를 시작할 것을 주문하고, 이윤영 의원은 기도와 축도를 합니다. 당시 국무총리로는 김성수 등이 유력하게 거론되었습니다. 그런데 이승만은 독자적 세력기반이 없던 북한 지역 인사를 임명한 것입니다. 의원들은 반발했고, 이윤영은 과반수를 얻지 못해 국회 동의에 실패했습니다. 이승만의 첫 대국회 활동은 그렇게 실패로 끝났고 이승만은 망신만 당했지요.

직책	국회표결	
대통령 선출	이승만 **180** 김구 13, 안재홍 2	확정
부통령 선출	(1차) 이시영 113, 김구 65, 조만식 10, 오세창 5 장택상 3	미결
	(2차) 이시영 **133** 김구 62 이구수 1	확정
국무총리 동의	이윤영: 가 59, 부 **132**	부결
	이범석: 가 **110**, 부 84	확정
대법원장 동의	김병로 가 **117**, 부 31	확정

이승만은 국회가 거부하지 않을 인사를 신중히 골라야 했습니다. 이승만은 평생을 독립운동에 바쳤고 광복군 사령관을 지낸 이범석 선생을 총리로 임명하여 국회 동의를 요청했습니다. 이범석은 국회 과반수를 획득하여 초대 총리가 되었습니다. 그만큼 군사 지식을 갖고 있는 이가 거의 없었고 널리 존경받는 인사여서 그는 초대 국방부장관까지 겸임했습니다.

대법원장도 대통령의 뜻대로 되지 않았습니다. 대법원장 역시 대통령이 임명하여 국회의 동의를 받도록 되어 있었습니다. 대통령이 국무회의에 서광설을 적임자로 언급하자, 국무위원들은 일제히 반발했습니다. 회의석상에서 이인 법무부장관이 김병로를 대법원장 적임자로 추천하고 그에 대해 각료들이 의견 수렴을 해버리는 바람에 이승만은 김병로를 대법원장으로 임명할 수밖에 없었습니다. 김병로는 수십 년간 항일변론의 선두에 섰고, 미군정하에서는 사법부장으로 사법 행정

대한민국정부통령 급 초대내각

* 소장처: 대한민국역사박물관(www.much.go.kr).

을 총괄했습니다. 그의 연공과 정평이 대법원장직 수행에 전혀 하자가 없다는 데 의견이 일치하는 터여서, 국회는 특별한 찬반 논의도 진행하지 않고 투표에 부쳐 동의 절차를 완료했습니다.

요컨대 이승만은 초대 대통령이었음에도 불구하고, 첫 단계에서 국무총리와 대법원장이라는 가장 중요한 직책의 인사를 자신의 뜻대로 하지 못한 셈입니다. 그만큼 1948년 당시에는 대통령 독재가 아니라, 대통령과 국회 사이에 건강한 협조 및 긴장관계가 설정되어 있었습니다.

대통령과 국회 사이의 긴장은 입법을 둘러싸고도 벌어졌습니다. 반민족행위자를 처벌하기 위한 반민특위법의 제정과 반민특위 활동에 대해 대통령은 극도로 반대했지만, 국회는 이를 강행하고자 했습니다. 대통령은 법 통과를 반대했고, 법 통과 뒤에는 법의 시행을 방해했고, 나중에는 반민특위의 특경대를 무력화하는 경찰의 조치를 용인했습니다. 1949년의 일입니다.

1949년에는 법원조직법의 제정을 둘러싸고 큰 충돌이 벌어졌습니다. 국회의 법률에 대해 대통령이 거부권을 행사한 첫 사안이었습니

대한민국정부 초대내각

대통령과 국회는 여러 사안에서 갈등할 가능성이 있습니다. 압도적 다수의 지지로 선출된 이승만 대통령도 제헌국회와 여러 사안에서 부딪혔습니다. 부통령도 이승만 대통령이 지명한 인사가 제헌국회의 동의를 얻지 못해 원로 독립운동가 이시영 선생이 선출되었습니다. 국무총리도 마찬가지였지요. 결국 광복군 사령관을 지내는 등 평생을 독립운동에 헌신한 이범석 선생이 국회 과반수를 획득하여 초대 총리가 되었습니다. 그림은 1948년 7월 2일 교재사진연구회에서 발행한 대한민국 정부통령 및 초대내각의 사진과 약력이 수록된 〈대한민국정부통령 급 초대내각大韓民國正副統領 級 初代內閣〉 포스터입니다. 이승만 대통령(왼쪽), 이시영 부통령(오른쪽), 이범석 국무총리(가운데)의 모습이 보입니다.

다. 쟁점은 "대법원장"을 대통령이 그냥 임명하느냐, 아니면 "법관회의의 제청"을 거쳐 임명하느냐였지요. 이를 둘러싸고 첨예한 갈등이 전개되었습니다. 전자로 하면 사법권에 대통령의 입김이 직접 미치고, 후자로 하면 그나마 사법부의 의견이 반영될 수 있었지요.

1949년 법원조직법 제정에서 정부가 제출한 법률안에 대해 국회 법제사법위원회는 위원회 대안을 만들었습니다. 통과된 법률은 정부안이 아니라 국회안이었습니다. 대통령은 이에 반대하여, 이의서를 첨부한 후 국회로 환부합니다. 대통령의 이의 가운데 핵심은 〈대법원장의 보직〉에 관한 조항이었습니다.

국회를 통과한 법률에는, "대법원장의 보직은 (대법원장, 대법관, 각고등법원장으로 구성된) 법관회의의 제청으로 대통령이 이를 행한다"고 되어 있었습니다. 대법원장의 실질적 선출을 대통령이 아니라 법원이 하도록 한 것이지요. 정부 측은 이러한 조항이 대통령의 헌법상 임명권을 제한하므로 위헌이라고 주장했습니다. 제헌헌법에는, "대법원장인 법관은 대통령이 임명하고 국회의 승인을 얻어야 한다"(제78조)고 규정되어 있었습니다. 대법원장 임명 권한은 대통령의 전속 권한이므로, 법관회의 제청을 사전 절차로 삽입하는 것은 헌법상의 대통령의 임명권을 법률로써 제약하게 되어 위헌이라는 주장이었지요.

대통령의 이의에 따라 1949년 9월 19일 국회 본회의에 법원조직법의 재의再議안이 상정됩니다. 권승렬 법무부장관이 정부의 입장에서 재의 요구에 관해 설명했고, 김병로 대법원장은 헌법은 대법원장의 임명에 관한 원칙적 규정으로서, 임명 자격이나 절차는 법률로 정하는 것이므로, 이 법률안은 위헌이 아니라고 주장했습니다.

법률안은 재석의원 156명 가운데 가 117표, 부 37표로 출석원의 3분의 2를 넘어 통과했습니다. 그리하여 법원조직법이 공포되었습니다.

대법원장의 임명 절차를 둘러싸고 대통령과 국회, 대법원과 대통령이 직접 부딪친 이 사안에서 국회는 사법부 편을 확실히 들어주었습니다. 대통령으로서는 또다시 패배한 셈입니다. 국회가 대통령의 시녀가 아니라, 제 역할을 확실히 한 거지요. 내용적으로도 대통령에 기울어질 사법부의 위상을 키워준 면이 있는 역사적 결정이었습니다. 법률안 제정을 둘러싼 모든 절차를 치렀다는 점에서 보면 국회사적으로도 의의가 있을 것입니다.

V

사법부와 소수의견

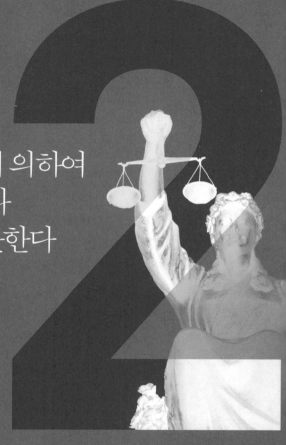

12

법관은
헌법과 법률에 의하여
그 양심에 따라
독립하여 심판한다

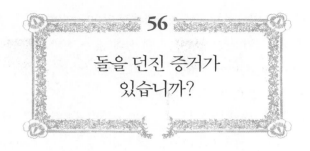

56
돌을 던진 증거가
있습니까?

1986년 전두환 군부독재하의 일입니다.

직선제 개헌을 촉구하는 시민들이 시위하다가 혹은 시위대 근처에 있다가 잡혀왔습니다. 경찰이 즉결심판을 청구했습니다. 당시의 관례대로라면, 물을 것도 없이, 그냥 경찰의 요구대로 간단히 선고하고 맙니다. 심지어 판사가 피고인들 얼굴도 보지 않고 무신경하게 판결을 내리고 퇴정해버리기도 했지요.

그런데 인천지방법원의 신참 당직판사 한 명은 달랐습니다.

판사: 피고인은 돌을 던졌습니까.

학생: 던진 적 없습니다.

판사: (약간 당황) 그럼 즉결에 회부한 경찰은 투석에 대한 증거를 갖고 있습니까.

경찰: (전례 없는 질문에 급당황) 저 …… 증거는 없지만 …… 그때 학생들이 돌을 던졌고…….

판사: 피고인이 돌을 던졌다는 '증거'가 없으므로 무죄를 선고합니다.

1985년 6월 6일 공휴일 즉심재판장에서 일어난 일입니다.

지극히 상식적인 판결인데, 당시엔 전례 없는, 한마디로 난리가 난 재판이었습니다. 뜻밖에 무죄를 받은 피고인도 놀랐지만, 경찰과 안기부는 난리가 나고, 법원도 뒤집어졌지요.

판사는, 판사한 지 3개월 만이고, 당직판사로서는 첫 사건이었습니다. 경험 많은 판사가 법 밖의 기준에 입각해 판결을 기계적으로 내리고 있을 때, 신참판사의 법률에 의거한 판결이 나왔던 것입니다.

그 방법은 너무도 간단했습니다.

'증거재판주의이니, 증거가 없으면 무죄를 선고할 수밖에 없다.'

'무죄추정의 원칙이 있으니, 증거는 경찰, 검찰 측에서 제시해야 한다. 제시 못 하면 무죄다.'

벌거벗은 임금님 우화에 등장하는 소년의 시각이었지요.

판결의 대가는 어땠을까요?

신참판사는 인천지방법원에서 강원도 영월지원으로 급거 전보발령을 받았습니다. 단종이 유배 갔던 바로 그곳입니다. 당시 인사권자(유태홍 대법원장)는 이 신참판사를 영월로 "유배" 내지 "좌천"시켜 혼내고, 본보기로 삼으려 했던 것 같습니다.

이렇게 되면 판사는 항의성 사표를 내거나 할지 모르지만, 이 판사는 두말없이 영월로 갔습니다. 영월도 소중한 우리 국민이고, 영월의 재판이 인천이나 서울의 재판보다 비중이 낮을 리 없다는 신념으로 말입니다.

그 뒤에도 이 판사는 사법부에 대한 외압에 과감히 맞서고, 사법부

내부의 관료주의·권위주의와도 싸웠습니다. 우리 사법민주화에는 그 판사와 뜻을 같이하는 여러분들이 싸워 이룩한 여러 업적들이 스며들어 있습니다.

그 판사는 나중에 우리 대법원의 대법관이 되었습니다. 대법원에서 인권과 소수자 보호를 위한 소수의견을 과감히 펼쳤습니다. 그 대법관과 함께 과감히 자신의 뜻을 펼쳐낸 대법관들을 독수리 5남매(김영란, 김지형, 박시환, 이홍훈, 전수안)라 부르기도 했습니다.

이 판사의 이름은 박시환입니다. 작은 사건 하나도 당시의 관례가 아니라 법과 원칙에 따라 재판하려 했지요. 바로 그 정신이 사법부 독립의 핵심입니다. "법관은 헌법과 법률에 의하여 그 양심에 따라 독립하여 심판한다"고 헌법 제103조에 규정된 그대로입니다. 모든 법관이 바로 이러한 헌법 규정대로 판단한다면, 법관 및 사법부에 대한 국민의 신뢰는 높아질 것입니다. 사법부 신뢰는 국민의 마음속으로부터 형성되는 것이기 때문입니다.

57

사법부 독립과
판사 맘대로?

사법부 독립은 일차적으로 '정치권력으로부터의 독립'을 말합니다. 만일 법원 판결에 대해 권력자 측에서 불만을 표시한다면, "이의가 있으면 상소하시오"라는 김병로 대법원장의 말씀으로 일축하면 됩니다.

그렇지만 사법 독립이 국민의 소리에 귀 막고 법관 맘대로 해도 된다는 건 아닙니다. 국민의 상식에 부합하는지 고민도 해야 되고, 비판이 거세면 왜 그럴까, 내 판결과 잣대가 문제가 있는가 이런 고민도 진지하게 하고, 국민의 신뢰도 살펴야 합니다. 국민여론은 그냥 무시해도 된다는 게 사법 독립이 아닙니다. 국민여론에는 억지도 있고, 즉흥이나 선입견에 기인한 것도 없지 않습니다. 하지만 그 속에는 합리성, 상식, 보편적 정의에의 호소, 차별에 대한 원초적 분노, 헌법가치의 실현 요구 등의 가치가 녹아들어 있는 경우도 적지 않습니다. "판사가 내린 판결이 법 앞에 평등한가", "경제강자 앞에 굴복한 게 아닌가" 같은 국민적 물음은 한 귀로 흘려들을 게 아닙니다.

'권력 앞엔 단호하게, 국민 앞엔 겸허하게.' 이것이 판사의 바탕입니다. 단호하게 해야 할 권력에는 정치권력만이 아니라 경제권력, 언론 권력 등이 두루 포함되어야 합니다. 판결은 판사가 '법률과 양심에 따라 독립하여' 내려야 하지요. 하지만 판사의 권한이라는 건 국민주권을 실현하는 도구의 하나에게 주어진 책무일 따름입니다. 판사의 권한이 판사 맘대로일 리 만무합니다. '제대로 재판해야 할 공적 의무'일 뿐이라는 말이지요. 법리에는 문제 없다고 자신만만해하는 법관이 아니라, 늘 미흡함이 무엇인지를 고민하고 지공무사至公無私의 자세를 견지하려 애쓰는 그게 진짜 판사입니다.

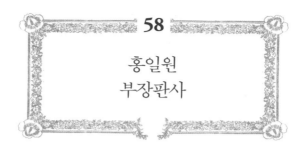

58
홍일원
부장판사

　이승만 대통령과 자유당 정권 말기인 1959년, 경향신문은 동아일보와 함께 가장 강력한 비판언론이었습니다. 자유당의 정적인 민주당의 장면을 지지하는 당파성을 갖고 있어 '야당 대변지'라 불릴 정도로 정권에 비판적인 논조의 기사를 게재했습니다. 정권은 그런 경향신문을 늘 '눈엣가시'처럼 여겼습니다.

　1959년 초 이승만 정권은 경향신문의 몇몇 기사 및 사설, 칼럼을 꼬투리 잡아 필자를 내란죄 등으로 입건하거나 신문사를 압수수색하는 등의 탄압을 가하다가, 1959년 4월 30일 아예 폐간을 통고했습니다. 공보실이 내린 폐간 통고의 근거는 미군정법령 제88호(1946년 5월 29일 제정)였습니다. 언론사를 행정부의 일방적 처분으로 폐간할 수 있다는 전대미문의 탄압 방식이었지요. 여론이 물 끓듯했고, 경향신문 측은 고등법원에 폐간 정지 가처분소송과 폐간 정지 본안소송을 제기했습니다.

　1959년 6월 26일 서울고등법원의 판결이 내려졌습니다. 정말 예기치 않게도, 행정부의 폐간 처분이 잘못됐다는 판결이었습니다! 감히, 어떻게? 도대체 판사가 누구였기에? 바로 홍일원 부장판사였습니다.

경향신문 폐간 조치 알리는 벽보

1959년 4월 30일 이승만 대통령은 강력한 비판을 펼치던 경향신문을 폐간했습니다. 언론사를 행정부의 일방적 처분으로 폐간한 전대미문의 탄압이었습니다. 홍일원 부장 판사는 1959년 6월 26일, 행정부의 경향신문 폐간 처분이 잘못됐다는 판결을 내립니다. 사진은 1959년 4월 30일 서울 소공동 경향신문 사옥 벽보판 앞에서 정부의 경향신문 폐간 조치를 알리는 벽보를 보고 있는 시민들의 모습입니다.

* 사진제공: 경향신문.

34년 뒤 그는 다음과 같이 회고했습니다.

사건을 배당받자 대법원장·고법원장이 매일 불러요. "혹시 그럴 일은 없겠지만 정부 패소가 나면 다 죽는다"는 게 그 분들의 얘기였죠.

그는 "목숨 내놓고 독립운동하는 기분으로 정부패소결정을 내렸다"고 회상했습니다.

평소 나를 아껴주던 대법관 몇 분을 만나 상의를 드렸습니다. 대부분 "이 나라 형편이 홍 부장이 희생된다 해도 바로 될 것 같지 않으니 대세에 따르라"는 것이었습니다.

4·19가 나기 꼭 1년 전, 자유당 정권 말기의 광기어린 독재에 제동을 걸 수 있는 사람은 아무도 없었습니다. 사복형사들이 법원 사무실과 명륜동 홍 판사의 집 주위를 끊임없이 맴돌았습니다. 그러나 경향신문에 잘못이 없다는 것은 삼척동자도 다 알고 있었던 사실이었지요.
홍 부장은, 결심이 이미 서 있었습니다. "결정기일도 기왕이면 자유당 전당대회 예정일인 6월 30일 직전으로 잡자는 오기가 생기더군요. 큰 목소리를 내던 자유당 강경파에게 타격을 주기 위해서였죠."
경향신문 승소 결정이 내려지자 정부는 너무나 놀랐습니다. 불과 몇 시간 뒤인 오후 6시, 정부는 예정에 없던 국무회의를 긴급소집하여 "법원의 결정에 따라 발행허가취소처분을 철회하는 대신 동신문의 발행을 무기정지처분한다"는 기상천외한 대응책을 발표했습니다. 진짜 꼼수 중의 꼼수였지요.

경향신문의 복간은, 그로부터 1년이 지난 1960년 4월 26일 오후에 내려졌습니다. 4월 26일 오전에 이승만 하야 소식이 나오자 대법원이 부랴부랴 발행허가취소처분이 잘못되었다는 가처분을 한 것입니다. 그런 눈치보기 대법원과 대법원장에 대한 비난이 폭등하여, 결국 대법원장도 사임했습니다.

그 역사의 격랑 속에 살아 있던 법관 한 분, 바로 홍일원입니다. 물론 좌·우 배석의 이름도 기억되어야 하겠지요. 김정규 판사, 최보현 판사가 그분들입니다.

역사적 국면에서 법대로 재판하기, 양심과 용기를 가지고 재판하기의 모범입니다.

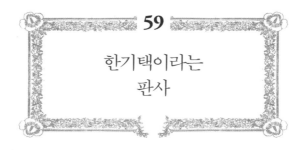

59
한기택이라는
판사

10여 년 전 불의의 사고로 세상을 떠난 한기택 판사를 떠올리며 "좋은 판사, 좋은 법원이란 무엇인가"를 판사들과 토론할 기회가 있었다. 40대 중반 한창 일할 나이에 떠났기에 무언가를 성취하기에는 좀 부족하지 않나 생각될 법도 한데, 그를 아는 사람들은 참판사의 전범으로 한기택을 떠올리는 데 주저함이 없었다.

타인의 운명을 재단하는 판사는 재판에서 엄중하고도 신중해야 한다. 재판은 판사의 실력뿐 아니라 전인격이 만들어내는 작품이다. 한기택 판사는 하나하나의 재판을 치밀하게 준비하고, 법정에서는 신중하게 경청했다. 소액사건 같은 작은 사건에서도 예외가 없었다.

한기택 판사는 늘 다소간 주저하는 자세로 동료 판사들의 의견을 구하고 치열한 토론을 통해 결론을 끌어냈다. 그의 재판부에서는 배석판사도 보조적 역할이 아니라 동등한 판사로 관여했다. 정성껏 만든 판결문을 법정에서 정확히 전달하면서, 당사자들이 알아들을 수 있도록 주문을 반복해서 읽어주고 설명했다. 그는 평소 "목숨 걸고 재판한다"는 신조로 살았다. 자신이 맡은 재판에 애정과 혼을 불어넣고, 겸허하고 성심을 다하는 구도자적 자세로 일관했다.

승진과 보직 고민은 판사 생활 내내 따라다니는 멍에 같은 것이다. 그것에 연연하다 보면 인사권자에게 예속되고, 사법의 관료화가 심화된다. 누구보다 소신과 독립을 지켜야 할 판사가 눈치보다 보면 외풍이 스며들 여지가 생긴다. 이를 어떻게 이겨낼까. 한기택 판사는 썼다. "내가 뭐가 되겠다는 생각을 버리는 순간, 진정한 판사로서 나의 삶이 시작된다. 판사로서 목숨 걸고 악착같이 붙잡아야 할 것은 그 무엇이 아니라, 법정에 있고 기록에 있는 다른 무엇이다"라고. 승진이나 보직 같은 '그 무엇'에 연연하지 않고, 진정한 판사의 생명은 법정과 기록 속의 '다른 무엇', 즉 좋은 재판에 있음을 그는 묵직하게 일깨워준다.

1980년대 후반 그가 판사생활을 시작했을 때 사법부는 '정권의 시녀'로 지탄받았고, 민주화의 초입에서도 침묵과 타성에 갇혀 있었다. 한기택은 몇몇 소장판사들과 함께 〈새 대법원 구성에 관한 성명〉을 냈다. 첫머리가 이렇다. "이제 일천한 법관경력밖에 지니지 못한 우리들이 경륜과 인품을 지닌 선배 법관과 별다른 상의 없이 감히 판결에 의하지 아니한 발언을 하게 됨으로써 혹시 누가 되지 않을까 몹시 걱정스럽습니다." 질풍노도 시대에 나온 성명서 중에서 가장 겸손하고 온유한 톤이었는데, 초안자인 그의 성품이 배어 있다고들 한다. 여태껏 법관들이 기본권 보장의 최후 보루로서 사명을 한 바 없음을 자책하면서, 사법부의 신뢰 회복을 위해 "사법부의 수장 등 대법원의 면모를 일신"할 것을 역설했다. 그는 첫 서명자였다. 이 성명서에 순식간에 수백 명의 판사들이 함께했고, 김용철 대법원장의 사임과 함께 사법민주화의 디딤돌이 되었다.

억울한 시민들이 최후로 호소할 국가기관이 법원이다. 송사에 휘말리는 일만큼 골치 아픈 것도 없다. 그렇기에 좋은 판사를 만난다는 것은 더없는 행운일 것이다. 어떤 판사가 좋은 판사일까? 외부의 압력이나 영향에 눈치보지 않고 오직 사건의 진실을 추구하는 판사. 자신의 판단을 과신하지 않고 동료 법관들과 지혜를 모아가는 판사. 재판 당사자에게 따뜻하고 친절한 판사. 재판다운 재판을 할 수 있도록 사법제도의 개선에 앞장서는 판사. 이런 판사다운 판사상을 생각할 때 자연스레 떠오르는 인물, 그게 한기택 판사다.

세상이 팍팍해질수록 재판에도 잡다한 압력과 잡음들이 끼어들기 마련이다. 현재가 어렵다고 느끼면 과거와의 대화를 통해 성찰적 지혜를 얻는 것도 한 방법이다. 법조계에서는 김병로 대법원장, 조영래 변호사와 함께, 이제 한기택 판사가 마음의 대화 상대로 등장한다. 과거의 인물들과 진지하게 대화하는 가운데 지혜와 용기를 충전하는 판사들이 늘어났으면 한다. "저런 판사에게 재판 한번 받아봤으면 좋겠다"는 그런 판사의 존재를 그토록 갈망하는 세태에서는 더더욱.[59]

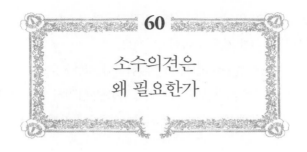

60

소수의견은
왜 필요한가

법 공부할 때 소수설이 자주 나옵니다.

'판례, 다수설 외우기도 힘든데, 도처에 소수설이 나와 헷갈리게 만드니 원망스럽기도 하고, 소수설 싹 없애버릴 수 없나.' 이런 생각이 가끔 들지요.

게다가 대학의 학자라는 사람들, 그중에서도 내로라하는 사람들은 소수설에 집착하니 무시할 수도 없고요.

시험 볼 때 선생에게 배운 소수설만 쓰다간 감점을 받거나 위험 수위에 이를 것 같아집니다. 그럴 바엔 다수설, 판례 따라 죽 다 쓰고, 소수설은 무시해버리자는 생각이 막 듭니다.

도대체 소수설, 소수의견은 왜 필요한 것일까요?

첫째, 소수설은 다수설보다 더 곰곰이 생각해본 학설일 가능성이 있습니다. 넓은 문이 아니라 좁은 문을 택하려면, 남 안 가는 길 걸으려면, 나름 숙고해야 명함을 내밀 수 있기 때문입니다.

둘째, 모든 학설은 단독설부터 시작됩니다. 처음부터 다수설은 없었지요. 현재의 다수설도 단독설→소수설→다수설의 수순을 밟았을 것이고요.

셋째, 소수설이 있어야 다수설도 긴장합니다. 논리의 싸움에서 설득력을 확보하기 위한 경쟁이 이뤄지니까요.

넷째, 소수설은 종종 미래의 다수설입니다. '복사 문서도 형법상 문서위조죄의 문서에 해당할 수 있는가?' 처음엔 당연히 'NO'였지요. 그러다 한둘이 적극설(해당된다)을 펼치더니, 마침내 판례의 다수설이 되었고, 형법 조문에까지 진출합니다. 그래서 복사 문서의 문서성에 대한 형법 조항이 하나 늘어났습니다. 대부분의 법률 규정이 이런 과정을 거쳐가며 하나하나 쌓인 것입니다.

다섯째, 소수설은 용기도 있어야 합니다. 다수견해에 따르면 모난 돌 정 맞을 일도 없겠지만, 다수가 저쪽에 있는데 반대의견을 제기하려면 용기가 필요하지요. 그 용기는 전염됩니다. 내가 반대의견을 내면, 주저하던 제3자도 자기주장을 적극적으로 펼칠 힘을 얻습니다.

여섯째, 학생 입장에서 다수설/소수설 어느 쪽을 편들어야 하는지 묻는 이들이 있습니다. 우리는 현재를 살아가기에 다수설, 판례 등을 익혀야 하고, 그 법리를 공부해야 합니다. 또한 현재의 부족함을 익히 알고 있기에, 대안적 사고도 해야 하고 미래의 비전을 꿈꾸어야 합니다. 그 대안과 비전의 아이디어는 소수설에서 찾을 수 있습니다. 시험공부를 위해서는 결론만 중요할지 모릅니다. 생각하면서 살아가기 위해서는 다수의견과 함께 반드시 소수의견을 읽고 생각을 펼쳐가야 합니다.

그런데 다수든, 판례든, 소수든, 다 남의 견해입니다. 여러 학설과 대립하는 판례를 공부하는 것은, 궁극적으로 내 견해를 더 탄탄히 하기 위함이지요. 다른 견해를 두루 살펴봐도 설득되지 않을 때, 미흡함을 느낄 때, 나는 나의 견해를 세상에 내놔야 합니다. 그 견해가 타인과 만나면서 즐거운 상호작용을 하고, 이를 통해 새로운 우주가 만들어집니다.

학문은 현존 세계에 대한 이해를 토대로 새로운 세계를 꿈꾸는 작업입니다. 외워야 할 답이라기보다 호기심과 궁금증으로 가득 찬 지식이지요. 기성세계는 여러 이해관계 때문에 정해진 답을 묵수해야 할지 모릅니다. 하지만 적어도 대학만은 자유로운 영혼의 교류의 장이 되어야 합니다. 대학의 공기는 사람을 자유롭게 할 수 있어야 합니다.

어디 대학뿐이겠습니까. 다른 곳에서도 소수의견은 일방적·수직적 소통의 지배를 막고, 토론과 생각을 불러일으키는 계기가 됩니다. 소수의견 내기 어려운 분위기라면, 약한 이의를 제기하거나 그것도 어려우면 가벼운 잽("저, 질문 하나 해도 되나요?")도 도움이 될 겁니다. 질문이 살아 있고, 이의를 제기할 수 있고, 자신의 견해를 단독의견으로 세울 수 있는 바로 그것이 합리적 문화를 유포시키고, 개혁적 사회를 만들어갑니다. 그러니 호연독존浩然獨存하는 기개를 조금씩이라도 키워갑시다.

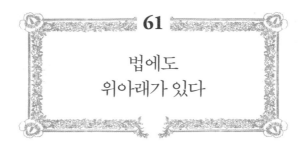

61

법에도
위아래가 있다

1989년 서울지방변호사회에서 '행형제도의 개선'을 주제로 심포지엄을 열었습니다. 그 자리에 학생운동과 노동운동으로 여러 차례 감옥살이를 했던 김문수 씨가 참석하여 다음과 같은 증언성 토론을 했습니다.

교도소 자체가 항상 하위법이 우위에 선 대표적인 장소라고 생각합니다. 헌법에 규정되어 있는 미결수는 무죄로 추정한다는 것은 다 거짓말이지요. 헌법보다는 행형법이 우선이고, 행형법은 법무부의 각종 규칙에 밀립니다. 법무부 규칙보다도 시국 상황이 바뀔 때마다 한 장씩 내려오는 법무부의 공문 쪼가리가 더욱 힘이 세고, 법무부의 공문쯤은 교도소장의 말 한마디면 간단히 무시됩니다. 1년 내내 있어야 얼굴 한 번 보기 힘든 교도소장보다 매일 얼굴을 맞대고 생활하는 담당교도관의 재량권이야말로 수감자들이 제일 무서워하는 막강한 권력이지요. 행형법이 들어 있는 법전은 잘 넣어주지도 않습니다. 그걸 가지고 코 걸기 때문에 코 안 걸리고 발목 안 잡히기 위해서인 것 같습니다.[60]

원래 법체계상으로는 헌법이 가장 상위의 법입니다. 법률은 헌법에서 허용된 범위 내에서만 규정됩니다. 대통령의 명령은 법률의 위임한 범위 내에서 정해질 수 있고, 규칙은 법률 아래에 있고, 공문은 규칙 아래에 있습니다. 현장 공무원의 재량은 공문 아래에서만 인정되어야 마땅합니다. 법률이 헌법에 위배되면 위헌법률이 되어 효력을 가질 수 없어야 합니다. 이를 법단계라고 합니다. 상위법 우선이고, 헌법의 최고규범성이 인정되어야 한다는 것이지요.

그런데 독재시대는 완전 딴판이었습니다. 헌법은 규범력이 없고, 국회가 만든 법률보다는 대통령의 명령이 더 세고, 현장의 권력이 더욱 세고, 법보다 주먹이 더 센 시대였습니다. 이것은 거꾸로 된 법단계라 볼 수 있는데, 독재시대일수록 이런 거꾸로의 법단계가 통용되었지요. 김문수 씨는 뒤에 국회의원 하고 경기지사 지낸 바로 그분입니다. 지금은 보수정치인으로 알려져 있지만, 1980년대에는 노동운동에 적극적으로 참여하고 민중당 창당도 한 진보적 민주투사였습니다. 그가 체험으로 통찰해낸 거꾸로의 단계를 바로잡는 일, 그것이 제도적 민주화의 과정이기도 합니다.

헌법, 법률, 명령, 규칙의 차이는 뭘까요. 그중에서 헌법이 가장 강력한 힘을 가져야 하는 이유는 무엇일까요.

우선 제정권자의 차이가 있습니다. 법률은 국민의 대표자인 국회에서 만듭니다. 300명의 의원 중 151명이 찬동하면 법률이 성립됩니다. 대통령의 명령은 국무회의를 통과하면 만들어집니다. 20여 명이 관여하는 셈입니다. 규칙은 지방자치단체의 장이 만듭니다. 그런데 헌법은 누가 만드나요? 헌법을 제정하는 힘을 헌법 제정 권력이라고 하는데, 우리 헌법 전문의 첫머리에 나와 있습니다. "유구한 역사와 전통에 빛나는 우리 대한국민은……"에서 "우리 대한국민"이 바로 헌법 제정 권력이자 제정 주체입니다. 헌법의 개정은 국회의원 3분의 2의 표결을 거쳐, 국민투표로 확정짓습니다. 그러니까 국회의원 200명 이상, 그리고 투표 국민의 과반수니까, 헌법 제정과 개정은 2천만 명 이상이 찬성투표를 해야 확정됩니다. 국회는 연말이면 수십 개의 법률을 통과시키지만, 헌법의 조문 하나를 개정하기 위해서는 전 국민이 참여해야 하는 것입니다. 그래서 헌법의 제정·개정자는 전체 국민이라 할 수 있습니다. 개정 절차도 가장 까다롭기에 경성헌법이라 부릅니다.

또 하나 더 중요한 헌법만의 특징이 있습니다. 법률을 보면 여러 규제와 처벌 조항들로 채워져 있습니다. 기본권의 제한과 위반 시 제재 조항들입니다. 법률만 보면 우리 국가의 법제는 권리보장규범이 아니라 규제과다규범으로 채워져 있는 것 같습니다. 그럼 국민의 권리, 인권은 어디서 보장받나요. 바로 헌법입니다. 모든 나라의 헌법은 자유와 권리의 규범으로 채워져 있습니다. 헌법에 따르면 우리 국민은 자유롭고, 평등하고, 복지 요구도 할 수 있습니다. 이는 헌법이라는 법문서의 핵심 내용이기도 합니다.

근대헌법의 출발점이라 할 만한 〈프랑스 인권선언〉(1789) 제16조는 "권리의 보장이 확보되어 있지 않고 권력의 분립이 확정되어 있지 않은 사회는 헌법이 없는 사회다"라고 명시하고 있습니다. 근대헌법의 핵심요소로 인권 보장과 권력 분립을 못 박고 있지요. 이후 모든 나라의 헌법에서는 기본적 인권의 보장과 국가권력의 분립을 명시하고 있습니다. 우리 헌법도 앞부분은 인권 보장, 뒷부분은 통치기구 간의 권력 분립으로 나눌 정도입니다. 이 같이 헌법은 개인의 권리를 보장함과 동시에 국가권력의 남용을 견제하는 최고의 제도적 장치입니다.

모든 나라의 헌법은 나름 그럴싸한 규정을 갖추고 있습니다. 적어도 헌법 조문만 놓고 보면 어떤 나라도 나쁜 나라라고 말하기 어려울 정도지요. 헌법은 대내적 장치임과 동시에, 국제사회에 내놓는 그 나라의 얼굴이기 때문입니다. 어떤 나라든 헌법은 현실보다 더 가치 있고 모양 있게 되어 있습니다. 특히 기본권 분야가 그렇습니다. 우리 역시 마찬가지입니다. 군사독재시대의 헌법도 기본권 분야를 놓고 보면 딱히 흠잡기 어렵지요. 하지만 그 헌법상의 기본권은 실효성을 갖지 못하는 명목상의 것이거나 장식적인 것이기 십상입니다. 그런 헌법은 '명목헌법'이니 '장식헌법'이니 하는 비판을 받았습니다.

헌법의 최고규범성, 실효성을 확보하기 위한 장치 중 하나는 위헌법령심사입니다. 법률, 명령, 규칙이 헌법에 위반하는가를 점검하는 장치가 위헌법령심사입니다. 다시 말해 국회나 대통령이 만든 법규가 국민이 만든 헌법상의 기본권을 침해하는가, 권력 분립에 어긋나는가를 심사하는 것입니다. 미국에서는 연방대법원이 위헌심사를 하고, 독일에서는 헌법재판소가 위헌심사를 합니다. 여러 나라에서 이 같이 위헌심사기구를 두고 있습니다. 그러나 위헌심사가 제대로 작동하는 나라는 그리 많지 않습니다.

우리나라도 제헌헌법 때부터 위헌심사 장치를 두었습니다. 1948년부터 1987년까지 위헌심사를 통해 위헌으로 판정된 것은 단 4건에 불과했습니다. 특히 유신체제, 5공체제하에서 위헌심사를 담당하기로 되어 있던 헌법위원회는 그냥 조문에만 존재하는 조직이었습니다. 개점휴업이 아니라 아예 개점도 하지 않았고, 단 한 건도 심사하지 않았습니다. 이에 대한 반성으로 1987년 헌법 개정 시 독일식에 가까운 헌법재판소 제도를 신설했습니다. 1988년 출범한 한국의 헌법재판소

헌법재판소

우리나라는 세계에서 가장 헌법재판이 활발한 국가 중 하나입니다. 헌법재판을 통해 위헌 법률 제정 가능성이 줄어들었고, 많은 법률이 헌법불합치 판정을 통해 폐지되거나 교정되었습니다. 사진은 2017년 2월 22일 헌법재판소 대심판정에서 이정미 헌재소장 권한대행의 주재로 진행된 박근혜대통령탄핵심판 16차 변론 모습입니다.

* 사진제공: 연합뉴스.

는 지난 30년간 아주 활발한 위헌법률심사를 했습니다. 그뿐 아니라 공무원 탄핵심판, 기관 간의 권한쟁의심판도 맡았습니다. 재판 중 문제가 된 법률 조항에 대해 법관들이 위헌심사를 제청하는 것을 위헌법률심사라 하고, 국민이 직접 헌법재판소에 위헌심사를 신청하는 것을 헌법소원이라고 합니다. 재판당사자 혹은 그 변호인들이 헌법소원을 할 수 있게 됨으로써 헌법재판소의 기능은 훨씬 활기를 띠게 되었습니다.

세계에서 가장 헌법재판 기능이 활발한 국가 중 하나가 우리나라입니다. 헌법재판을 통해 위헌 법률이 만들어질 가능성이 크게 줄어들었고, 많은 법률이 위헌이나 헌법불합치 판정을 받아 폐지되거나 교정되었습니다. 헌법재판소의 적극적 역할을 통해, 거꾸로 선 법단계는 바로 선 법단계로 바뀌었습니다. 주먹보다는 법이, 명령보다는 법률이, 법률보다는 헌법이 우위에 서는 체계 말입니다. 국민이 주인 되는 나라의 실제 모습에 더욱 가까이 다가간 셈이지요.

13

국민을 위한,
국민에 의한,
국민의 규범

법은 나무와 같다

62

법이란
무엇인가

조금 엄숙하게 말하자면 "법은 가치관련적 현실"이라 합니다. 현실에 뿌리내리되 이상을 지향한다는 뜻이지요. 땅에 뿌리내리되 하늘로 향하는 나무, 풀 등과 비슷합니다. 땅을 걷되 하늘을 보는vision 사람의 모습과 다를 바 없습니다.

땅을 벗어나 너무 하늘로만 향해버리면 어떻게 될까요. 미국의 〈금주법〉 같은 게 좋은 예입니다. 〈금주법〉은 술을 제조·판매한 자를 형사처벌하겠다는 법이었습니다.

'만악의 근원이 알코올이니, 알코올 없는 세상을 만들어야겠다.' 얼마나 가정과 사회의 행복을 고민한 법입니까. 하여, 미국에선 아예 헌법 규정에 포함되기까지 했습니다. 법 통과되고 만세를 불렀겠지요. 하지만 결과는 참혹했습니다. 알코올 없는 세상을 만들기는커녕 가짜 술 유통 급증에 저질 술로 인한 사망까지 속출한 것입니다. 물론 이 같은 피해는 거의 대부분 돈 없는 국민의 몫이었지요. 결국 금주법 헌법 규정, 금주법 처벌 규정은 폐기되고 말았습니다.

하늘 지향성이 전혀 없이, 현실 자체를 정당화하거나 아예 땅속으로 파고들어가 버리면 어떻게 될까요? 유신 시절의 〈긴급조치〉 같은 게 대표적인 예입니다. 권력자가 권력 유지에 반하는 모든 걸 형사처벌감으로 삼아버렸으니까요.

이때는 실정법에 대한 신뢰가 사라지고, 국민의 저항권·자연권에 호소하는 움직임이 일어납니다. "악법도 법"이라고 강변하는 이들이 있었습니다만 "악법은 악"일 뿐입니다. 이 때문에 진정한 법에 호소하고픈 마음이 저절로 생겨났던 거지요. 그게 저항권을 기초로 한 자연법입니다. 악한 실정법, 너무 막강해서 오래갈 듯하지만, 국민 마음속에서는 법이 아닌지라 결국 오래 못갑니다.

삼청교육대, 보호감호 보세요. 전두환 정권이 강권으로 만든 것들인데, 버티려고 해도 결국은 사라졌습니다.

법이 정의의 수호자라는 것도 기만성이 많습니다.

법 앞의 평등도 쉽지 않고, 때로는 기만성이 있습니다.

"전능하고 평등한 법은, 누구나 센강 다리 아래에서 잠자는 자를 처벌한다"는 조항을 가정해 봅시다. 누구나 처벌하므로 일견 평등해 보입니다. 하지만 그건 만인평등법이 아닙니다. 열악한 빈민/부랑자처벌법으로 현실화되어버린 것뿐입니다.

법에는 이상에의 호소가 있습니다. 법 중의 법인 '평등권'만 해도, 지속적인 사회 변화와 무관하게 유지·적용되거나 잠재력을 담고 있습니다. 그러니 법에 당했다고 몸서리치지 말고, 그 법의 가치 실현을 위한 노력을 계속해야 합니다.

63
법은
나무처럼

법을 어떻게 형상화할까 고민할 때
흔히 정의의 여신상을 떠올립니다.
그러나 무서운 칼엔 자애로움이 없고,
저울은 너무 기계적 느낌이라서 그닥입니다.

저는 가끔 '법은 나무와 같다'고 얘기합니다.
현실에 바탕을 두되 가치를 지향해야 하고요.
〈질서〉라는 땅에 뿌리내리되,
〈정의〉를 줄기로 삼아 성장하고,
〈인권〉이라는 가치로 열매를 맺어갑니다.
하늘로 향해 좌-우-상-하의 절묘한 균형을 잡아내니 〈형평〉이라
하겠다는 거지요.

훌륭한 민주국가 만들기는 우리의 손으로

100년의 헌법, 100년의 대한민국에서 출발하여, 우리의 헌법에 내재된 여러 원칙과 가치를 짚어봤습니다. 교과서적 편제가 아니라, 우리 역사 속에서 작동한 헌법과 국가와 국민의 이야기입니다.

헌법은 대통령, 국회, 헌법재판소에서 자주 언급됩니다. 그러나 헌법은 무엇보다 국가의 주인인 주권자 국민의 것입니다. 헌법은 국민을 위한, 국민에 의한, 국민의 규범입니다. 헌법적 가치에 따라 살아간다는 것은 우리 국민 개개인을 존엄하고 가치 있는 존재로, 평등하게 서로 존중한다는 것입니다.

주권자 여러분께, 또한 주권자인 나에게, 여러 지식과 경험과 용기와 지혜가 필요합니다. 우리는 독선과 오만에 빠지지 말고, 서로 존중하고 대화하면서, 우리의 공동체를 아름답게 가꾸기 위해 노력해야 합니다. 두 가지 인용구로서 맺고자 합니다.

식견을 기르자
양심을 가다듬자

용기를 내자

그리하여 우리들의 손으로 우리나라를 훌륭한 민주국가로 길러 나가자.

몇몇 지도자들이 잘해주겠지 하고 지도자의 얼굴만 쳐다보는 낡아빠진 노예적 사상이나,

외국사람의 돈이나 힘으로 우리들의 문제를 해결하려는 위험천만한 사대사상을 깨끗이 버려야할 때는 온 것이다(유진오).[61]

조국의 민주개혁과 평화적 통일의 사명에 입각하여,

정의·인도와 동포애로써

민족의 단결을 공고히 하고,

모든 사회적 폐습과 불의를 타파하며,

자율과 조화를 바탕으로 자유민주적 기본질서를 더욱 확고히 하여,

정치·경제·사회·문화의 모든 영역에 있어서 각인의 기회를 균등히 하고,

능력을 최고도로 발휘하게 하며,

자유와 권리에 따르는 책임과 의무를 완수하게 하여,

안으로는 국민생활의 균등한 향상을 기하고,

밖으로는 항구적인 세계평화와 인류공영에 이바지함으로써

우리들과 우리들의 자손의 안전과 자유와 행복을 영원히 확보할 것을 다짐하면서(헌법 전문, 1987)[62]

주석

1 〈유진오·행정연구회의 공동헌법초안〉(소위 공동안), 1948; 김수용, 《건국과 헌법—헌법논의를 통해본 대한민국건국사》, 경인문화사, 2008, 252쪽 참조.

2 이승만, 〈1948. 7. 1 제헌의회에서의 발언〉, 국회도서관, 《헌법제정회의록(제헌의회)》, 1967, 341쪽.

3 국사편찬위원회, 《한국독립운동사 자료 2》(임정편 II), 국사편찬위원회, 1968, 386~389쪽.

4 "대한민국 원년 4월 10일 하오 10시에 개회하야 4월 11일 상오 10시에 폐회하니라." 국사편찬위원회, 《한국독립운동사 자료 2》, 1968, 386쪽.

5 이현희, 《대한민국임시정부사연구》, 혜안, 2001, 469쪽.

6 여운홍, 《몽양 여운형》, 청하각, 1967, 40쪽.

7 《소앙선생문집(하)》, 157쪽(〈자전〉); 신우철, 《비교헌법사: 대한민국 입헌주의의 연원》, 법문사, 2008, 293쪽에서 재인용.

8 조소앙이 기초한 〈대한독립선언서〉(소위 무오독립선언서)는 "우리 대한동포 남매와 …… 우방동포여, 우리 대한은 완전한 자주독립과 우리들의 평등복리를 자손여민에 세세상 전하기 위하야 이에 이족전제異族專制의 학압虐壓을 해탈하고 대한민주의 자립을 선언하노라"라고 하여, 대한을 쓰고 있으며, 대한민주란 말을 쓰고 있다.

9 여운홍, 《몽양 여운형》, 1967, 41쪽.

10 가령 1910년대 상해지역에서 독립운동의 구심점이었던 신규식은 《한국혼》에서 다음과 같이 썼다. "우리들의 대한이 망했을 지라도 우리들 사람마다의 마음 속에는 스스로 하나의 대한이 있는 것이니, 우리들의 마음은 곧 대한의 혼인 것이다." 신규

식, 《한국혼》, 서문당, 1977, 15쪽.

[11] 가령 안중근은 옥중에서 쓴 휘호에서 늘 "대한국인 안중근"이라 썼다.

[12] 가령 여운형이 주된 역할을 했던 신한청년당(1918년 11월 창립)의 강령 중 첫째가 "대한독립을 기도함"이다. 김희곤, 《중국관내 한국독립운동단체연구》, 지식산업사, 1995, 84쪽.

[13] 여운홍, 《몽양 여운형》, 1967, 41쪽.

[14] 이 내용은 김수용, 《건국과 헌법―헌법논의를 통해본 대한민국건국사》(경인문화사, 2008), 211, 233, 239, 273, 307쪽들을 참고하여 압축 정리한 것이다.

[15] 국회도서관, 《헌법제정회의록》, 제헌의회, 1967, 281쪽. 인용은 송봉해 의원의 발언.

[16] 국회도서관, 《헌법제정회의록》, 1967, 281쪽. 인용구는 장병만 의원의 발언.

[17] 신용하, 〈1910년대 신민회의 민족독립운동〉, 《3·1운동과 독립운동의 사회사》, 서울대학교출판부, 2001, 8쪽.

[18] 〈기미독립선언서〉의 한 구절. 박은식은 1920년 저술한 역저에서, 1차 세계대전 후 세계 개조의 첫 번째 동기로 러시아에서 (짜르) 전제를 뒤엎고 공화주의로 변한 것, 두 번째로 독일과 오스트리아에서 황제를 축출하고 공화제로 고쳐 평화를 이끈 것, 미국 대통령이 민족자결주의를 제창한 것을 지적하고 있다. 모두 전제정에서 민주공화정으로의 이행과 제국주의를 제압하고 민족의 자결, 자유와 자치를 강조하는 흐름에 주목하고 있었던 것이다. 박은식, 《한국독립운동지혈사》, 소명출판, 2008, 155~158쪽.

[19] 〈유진오·행정연구회의 공동헌법초안〉(소위 공동안), 1948, 김수용, 《건국과 헌법―헌법논의를 통해본 대한민국건국사》, 2008, 252쪽 참조.

[20] 이승만, 〈1948.7.1 제헌의회에서의 발언〉, 국회도서관, 《헌법제정회의록(제헌의회)》, 1967, 341쪽.

[21] 김수용, 《건국과 헌법―헌법논의를 통해본 대한민국건국사》, 2008, 306쪽.

[22] 다음을 아울러 참조하라. "그네들(독립운동가: 필자주)의 공동 분투한 총 결과는 기미년 3월 1일에 와서 비로소 현저한 성격을 내외에 표창하였으니 즉 4천년 조국의 광영 있는 독립을 선포함과 2천만 민족의 숙원이었던 자유와 평등을 세계에 선포하여 대한민국의 건립과 임시정부의 조직으로써 한국 민족의 위대한 민족성을 국제적으로 선양하였다." 대한민국임시정부공보, 1940년 2월 1일(대한민국 22년 2월 1일). 즉

기미년운동은 국가의 독립과 인민이 자유·평등이라는 두 개의 지향이 결합되어 있
는 것으로 본다.

23 국사편찬위원회,《한국독립운동사 자료 2(임정편 II)》, 1968, 2쪽.

24 《한국독립운동사자료집—조소앙 편(3)》, 한국정신문화연구원, 1996, 316쪽. 대한민
국 23년 11월 28일.

25 임시정부 외교부장 조소앙은 12일 오후 2시 출입기자단과의 정례회견을 통해 혁명
운동에 대한 개념을 말하고 결론으로 통일단결을 주장했는데 그 요지는 다음과 같
다. 〈임정 조소앙, 혁명운동의 개념과 통일단결에 관해 기자회견〉,《자유신문》1945
년 12월 14일.

26 〈3·1절 기념식사 중에서. 기미독립기념회와 3·1기념회가 3·1절 기념식을 각각 거
행〉,《동아일보》1946년 3월 2일.

27 신우철,《비교헌법사: 대한민국 입헌주의의 연원》, 2008, 300쪽. 신우철은 중국에서
'민주공화국'이라는 명칭이 1925년 중화민국헌법초안 제1조에 처음 등장한다고 밝
히고 있다.

28 이상의 요약은 신용하, 〈조소앙의 사회사상과 삼균주의〉,《한국학보》제104호(2001),
26쪽에 따랐다.

29 조소앙, 〈한국독립당지근상〉,《문집》상권, 108쪽; 신용하, 〈조소앙의 사회사상과 삼
균주의〉, 2001, 26쪽에서 재인용.

30 예컨대 임시정부의 가장 대표적인 헌법 문서인 〈대한민국 건국강령〉의 해당부분은
다음과 같다. "보통선거에는 만18세 이상의 남녀로 선거권을 행사, 신앙·교육·거주
연수·사회출신·재산상황과 과거행동을 분별치 아니하며, 선거권을 가진 만23세 이
상의 남녀는 피선거권이 있으되, 개인의 평등과 비밀과 직접으로 함." 건국강령을
위한 조소앙의 초안에는 여성의 권리를 특히 강조하고 있다. "부녀는 경제와 국가와
문화와 사회생활상 남자와 평등권리가 있음."《한국독립운동사자료집—조소앙 편
(3)》, 한국정신문화연구원, 1996, 306쪽.

31 〈태 90도는 가장 경형〉,《독립신문》1919년 9월 23일. "내지왜경이 소위 보안법위반
이라 하야 독립시위운동에 참가한 농민 기타에게 과하는 최경의 형은 태 90도인데
그간 6개월간에 태형에 처한 자 전국을 통하야 수만명에 달하다. 태를 맞고 출옥한
농민은 대개 둔부가 화농미란하야 그 참상을 불인견이오 더욱 서기와 치료의 불급

으로 인하야 사망하는 자 반수에 과하는지라"고 보도하고 있다.

[32] 조선태형령 제13조는 "본령은 조선인에 한하여 이를 적용한다"고 규정하고 있다.

[33] 여운홍, 《몽양 여운형》, 1967, 41~42쪽.

[34] 〈정부개정안에 대하여〉, 《독립신문》 제4호(1919년 9월 2일).

[35] 〈임헌법초안의 내용〉, 《독립신문》 제4호(1919년 9월 2일).

[36] 대한민국임시정부기념사업회 엮음, 《피로 묵 삶아 기록한 꽃송이: 독립신문 게재시》, 2018, 56쪽.

[37] 대한민국임시정부기념사업회 엮음, 《피로 묵 삶아 기록한 꽃송이: 독립신문 게재시》, 2018, 82쪽.

[38] 1912년 북경에 있던 조성환이 미국의 안창호에게 보낸 편지의 한 부분 등을 발췌했다. 박찬승, 《대한민국은 민주공화국이다》, 돌베개, 2013, 118~121쪽에서 재인용.

[39] 한인섭, 〈[한인섭 칼럼] 김구 선생의 대한민국〉, 《한겨레》 2014년 10월 27일.

[40] 이종찬 회고록, 《숲은 고요하지 않다》 2, 한울, 2015, 64~66쪽.

[41] 이종찬 회고록, 《숲은 고요하지 않다》 2, 2015, 65쪽.

[42] 김준엽 현대사, 《장정 4: 나의 무직시절》, 나남, 1990, 185~186쪽.

[43] 《동아일보》 1987년 2월 23일.

[44] 한인섭, 〈[한인섭 칼럼] 끝이 좋지 않았던 '유신학자 한태연'〉, 《한겨레》 2015년 11월 2일.

[45] 한인섭, 〈[아침논단] '6·10 항쟁' 기억의 전승을 위해〉, 《조선일보》 2007년 6월 5일.

[46] 한인섭, 〈'주권자 혁명' 시대로 행진하기〉, 《한겨레》 2016년 12월 17일.

[47] 유진오, 《헌법기초회고록》, 일조각, 1980, 65쪽.

[48] 대법원 1975. 4. 8. 선고 74도3323 판결.

[49] 대법원 1980. 5. 20. 선고 80도306 판결.

[50] 대법원 1980. 5. 20. 선고 80도306 판결.

[51] 헌재 2014. 12. 19. 2013헌다1.

[52] 한인섭, 〈[한인섭 칼럼] 약자들의 도심집회는 민주국가의 정상풍경〉, 《한겨레》 2013년 4월 10일.

[53] 대법원 2018. 11. 1. 선고 2016도10912 전원합의체 판결.

[54] 한인섭, 〈투사·지식인·아버지 … 그 절절한 흔적들〉, 《한겨레》 2012년 1월 3일.

55 신우철, 《비교헌법사: 대한민국 입헌주의의 연원》, 2008, 438쪽.

56 강만길 엮음, 《조소앙》, 한길사, 1982, 16쪽.

57 한인섭, 〈[한인섭 칼럼] 무상급식 아닌 "의무급식"이다〉, 《한겨레》 2015년 3월 16일.

58 한인섭, 〈[한인섭 칼럼] 세상을 바꾸는 한 표의 힘〉, 《한겨레》 2014년 6월 2일.

59 한인섭, 〈[한인섭 칼럼] 한기택이라는 판사〉, 《한겨레》 2015년 10월 5일.

60 《법조춘추》, 서울지방변호사회, 1989, 90~91쪽.

61 유진오, 《헌법입문》, 1952.

62 〈대한민국 헌법 전문〉(1987).

神人一致로中外協應하야漢城에起하지三十有日에平和的獨立을三百餘州에光復하고國民의信任으로完全히組織한臨時政府는恒久完全한自主獨立의福利로我子孫黎民에世傳키爲하야臨時議政院의決議로臨時憲章을宣佈하노라

大韓民國臨時憲章

第一條　大韓民國은民主共和制로함

第二條　大韓民國은臨時政府가臨時議政院의決議에依하야此를統治함

第三條　大韓民國의人民은男女貴賤及貧富의階級이無하고一切平等임

第四條　大韓民國의人民은信敎·言論·著作·出版·結社·集會·信書·住所·移轉·身體及所有의自由를享有함

第五條　大韓民國의人民으로公民資格이有한者는選擧權及被選擧權이有함

第六條　大韓民國의人民은敎育納稅及兵役의義務가有함

第七條　大韓民國은神의意思에依하야建國한精神을世界에發揮하며進하야人類의文化及平和에貢獻하기爲하야國際聯盟에加入함

第八條　大韓民國은舊皇室을優待함

第九條　生命刑身體刑及公娼制를全廢함

第十條　臨時政府난國土恢復後滿一個年內에國會를召集함

大韓民國元年四月　日

臨時議政院議長　李東寧
臨時政府國務總理　李承晚
內務總長　安昌浩
外務總長　金奎植
交通總長　文昌範

100년의 헌법

◉ 2019년 4월 19일 초판 1쇄 발행
◉ 2019년 5월 7일 초판 2쇄 발행
◉ 글쓴이   한인섭
◉ 펴낸이   박혜숙
◉ 책임편집   정호영
◉ 디자인   이보용
◉ 펴낸곳   도서출판 푸른역사
　우) 03044 서울시 종로구 자하문로8길 13
　전화: 02)720-8921(편집부) 02)720-8920(영업부)
　팩스: 02)720-9887
　전자우편: 2013history@naver.com
　등록: 1997년 2월 14일 제13-483호

ISBN 979-11-5612-134-3   03360